船舶综合电力系统控制保护关键技术及应用

黄文焘　邰能灵　余墨多　著

科学出版社

北　京

内 容 简 介

本书系统阐述了大型船舶电力系统控制与保护新方法及其应用。主要内容包括船舶综合电力系统数学建模与仿真、电力推进自主优化控制、电能质量动态优化控制、船舶电站主动互补机制与功率优化分配、船舶源网载分级协调自主趋优控制、多重自适应智能广域协调保护、直流综合电力系统保护以及故障分层递进智能诊断等。

本书可作为高等院校船舶工程、电气工程及相关专业的本科生、研究生的专业教材、培训教材，亦可供船舶电气设计、建造施工、建造检验等领域的相关人员参考。

图书在版编目(CIP)数据

船舶综合电力系统控制保护关键技术及应用／黄文焘，邰能灵，余墨多著. —北京：科学出版社，2020. 11

ISBN 978-7-03-066831-8

Ⅰ. ①船… Ⅱ. ①黄… ②邰… ③余… Ⅲ. ①船舶—电力系统—控制系统 Ⅳ. ①U665

中国版本图书馆 CIP 数据核字(2020)第 220565 号

责任编辑：许　健／责任校对：谭宏宇
责任印制：黄晓鸣／封面设计：殷　靓

科学出版社 出版
北京东黄城根北街 16 号
邮政编码：100717
http://www.sciencep.com
南京展望文化发展有限公司排版
江苏凤凰数码印务有限公司印刷
科学出版社发行　各地新华书店经销

*

2020 年 11 月第 一 版　开本：B5(720×1000)
2020 年 11 月第一次印刷　印张：15 1/2
字数：302 000

定价：100.00 元

(如有印装质量问题，我社负责调换)

前　言

本书是在国家科技重大专项“12缆深水物探船设计关键技术研究”、工信部高新技术船舶专项“大型液化天然气船工程开发·总体设计开发研究”“极地重型破冰船关键技术研究”、科技部“海洋石油981半潜式钻井平台开发与应用”、教育部“‘东方红3’深远海综合科学考察船电能质量与电磁兼容系统”等成果基础上提炼而成，借鉴了国内外成果以及自主开发，反映了国际上大型船舶电力系统控制与保护的最新理念，可为船舶电力系统设计和制造提供技术指导和参考。

本书以大型船舶综合电力系统共性关键技术的研究、开发与应用为目标，充分考虑综合电力系统源网载的协调互补特性，建立船舶电站、电网、推进负载等数学模型与仿真模型，针对负载与电源变化、电网结构调整、系统谐波、励磁涌流等扰动，考虑扰动程度及其影响范围，建立源网载分级控制架构与协调自主趋优化控制技术；根据故障特征与系统运行特点，提出自适应保护与故障分层智能诊断方法，实现综合电力系统故障的快速诊断、隔离。

全书共十章。第一章绪论，主要介绍大型船舶现状及本书章节安排；第二章建立船舶综合电力系统数学模型，并形成PSCAD/EMTDC仿真，为控制与保护研究提供基础；第三章至第六章从大功率电力推进负载、船舶电网、船舶电站以及“站-网-载”整体，研究了自主优化控制方法；第七章与第八章以交流船舶电网与直流船舶电网为对象，提出了多重自适应保护方法；第九章提出“区域判别-设备辨别-属性识别-定位计算”分层递进诊断方法，实现故障的快速诊断与有效隔离；第十章总结本书的内容与创新点，阐述本书为大型船舶综合电力系统控制与保护提供的新技术成果，并展望未来船舶电力系统的发展。本书系统地研究了大型船舶电力系统控制保护关键技术，体现了我国船舶电气技术的快速发展，实现与国际先进技术的接轨、并跑到领先的过程，可用于未来新型舰船目标船型的设计。

本书研究内容共取得70余项核心知识产权，相关技术已成功应用于我国自主研发的12缆物探船、16缆物探船、钻井平台、多类型综合科考船、26000 D甲板运输船、多功能海上特种作业船、大型集装箱船系列、多类型港口岸电等，技术应用的经济效益达10余亿元，本书主要内容获2019年上海市科技进步一等奖。

本书由黄文焘、邰能灵、余墨多共同完成。其中，第二、三、五、七、九章由黄文焘编写;第四章、第八章由邰能灵编写;第六章由余墨多编写;第一章、第十章由黄文焘和邰能灵共同编写。研究生樊飞龙、吴攀、李美依、孙志豪、孙磊等参加了大量计算分析工作。

由于水平有限,加上时间仓促,书中难免会有错漏及不妥之处,敬请读者提出宝贵意见。

作　者

2020 年 7 月 15 日

目　录

第一章　绪　　论

1.1　背景与意义

船舶工业在国民经济中具有重要地位，是国民经济发展的重要战略性产业，是为国防建设和航运、海洋开发等行业提供技术装备的现代综合性产业，具有技术先导性强、产业关联度大、资本与劳动密集相结合等特点。它不仅对国家经济发展起到综合性的促进作用，而且能带动众多相关产业向高、精、尖方向发展，是国家综合国力的体现。近年来，我国经济的快速发展、工业化水平的大幅提高，以及国际贸易的快速发展，带动了国际造船行业市场的好转，世界船舶制造中心加速向我国转移，我国船舶工业经过长期积累，基础设施、造船能力都有了显著提高，使得近年来中国造船完工量快速增加[1]。

近十年来，船舶工业已成为高新技术应用的重要领域，船型技术发展呈现出前所未有的活力。各种新船型不断成功开发并投入运行，促进了海洋运输和资源开发的变革。在市场需求不断变化、设计技术不断进步的双重因素推动下，几乎所有船型都在不断优化和创新。例如，超大型油轮（very large crude carrier，VLCC），在20世纪60年代到80年代共发展二代，80年代末推出了第三代节能型VLCC，随后在国际防污染规则推动下，又开发出双壳型和中甲板型VLCC船型，进入21世纪又出现了双机双桨的第四代VLCC；集装箱船至今已发展了六代（7 000～8 000 TEU），正在发展第七代（10 000～12 000 TEU）[2]；巴拿马型散货船，从最初的6万载重吨级，发展到现在的8万吨级，随着巴拿马运河的拓宽，新巴拿马型将更具有吸引力。与此同时，诸如压缩天然气（compressed natural gas，CNG）运输船、可燃冰运输船、高冗余度安全油船、大型旅游船等各种新概念船相继被提出。近年来，为了提高船舶作业效率，发挥船舶的经济优势，地质调查、能源开采、货物运输、特种作业等新型船舶已成为世界各国制定海洋战略与发展海洋经济的关键技术手段。船舶类型发展既是国内外海洋调查、开采、运输迫切需要的结果，也是前沿船舶基础理论和先进船舶技术方法大范围应用下的产物。

船舶大型化是船型发展的最明显特点之一，也是船舶创新的主要方向[3]。据中国船级社统计数据显示，仅2018年就有全球首艘40万吨智能超大型矿砂船（very large ore carrier，VLOC）、30.8万吨VLCC“凯力”轮、44 500载重吨极地凝析油船、35万吨海上浮式生产储卸油装置、17 000立方米液化乙烯船和21 000 TEU

超大型集装箱船“中远海运宇宙”轮等 40 余艘不同类型大型船舶通过船舶检验而交付使用。船舶大型化的特征不仅仅体现在总吨位上，电力系统总功率和供配电电压等级也不断刷新纪录。近年来，在新建造下水并投入营运的各类大型/超大型船舶中，超大型集装箱船（ultra large container ship，ULCS）单船运载集装箱的容载能力达到 10 000~12 000 TEU，甚至达到了 22 000 TEU，船长超过 300 m，电力推进功率达到 100 000 kW。大型/超大型油船（ULCC/VLCC）的发展也表现出了相同的特点。

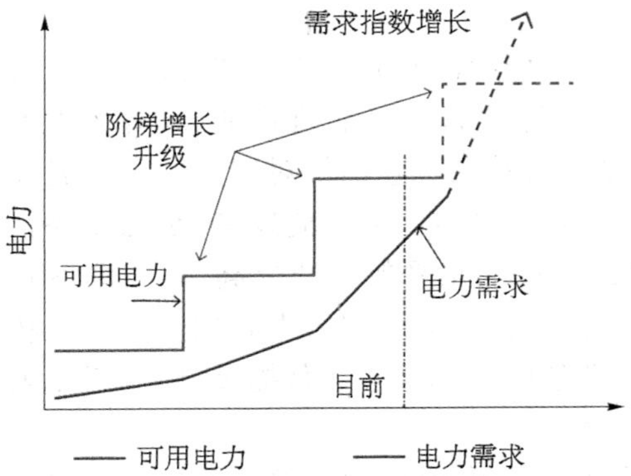

图 1－1　大型船舶负载增长与电力供应

大型船舶电力系统多项数据超出了以往同类型船舶的若干倍，由于大功率推进系统、定位系统、科考系统与冷箱等负载的应用，大型船舶电力需求呈指数增长，如图 1－1 所示。大功率负载上船将极大地改变平台的能量供需结构，船舶电力系统的设计应首先考虑大功率负载的需求，统筹全船的能源系统，以提高系统运行的可靠性、安全性、优质性和经济性。大型船舶综合电力系统主要包括发电、配电、电力变换、电力控制、平台负载、推进电机、能量存储等模块，将相互独立的机械推进系统和电力系统以电能的形式合二为一，通过电力网络为大功率作业设备、电力推进、精密仪器、通信导航和日常用电设备等提供电能（图 1－2），一方面通过对发电、供电、配电的控制与保护

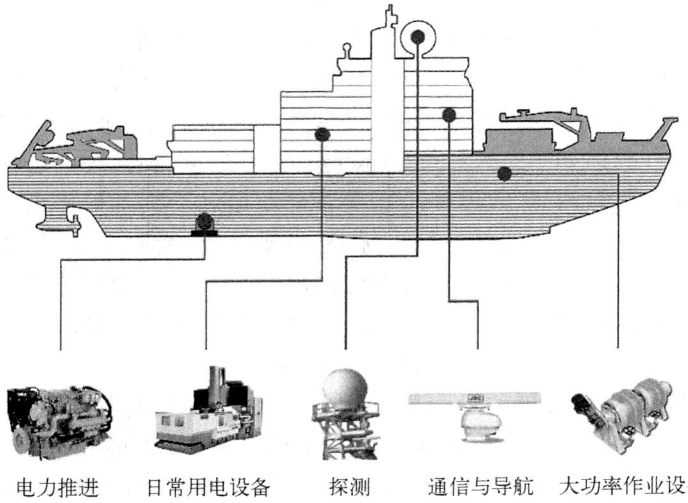

图 1－2　船舶综合电力系统典型负载

[J]. IEEE Transactions on Industry Applications, 2006, 42(1): 155 - 163.
[5] Moreno V M, Pigazo A. Future trends in electric propulsion systems for commercial vessels [J]. Journal of Maritime Research, 2007, IV(2): 81 - 100.
[6] Skjong E, Volden R, Rødskar E, et al. Cunningham, past, present, and future challenges of the marine vessel's electrical power system [J]. IEEE Transactions on Transportation Electrification, 2016,(4): 522 - 537.
[7] 工业和信息化部. 产业技术创新能力发展规划(2016—2020年)[EB/OL]. http://www.miit.gov.cn/n1146285/n1146352/n3054355/n3057267/n3057273/c5330967/content.html [2019-10-12].
[8] Geertsma R D, Negenborn R R, Visser K, et al. Design and control of hybrid power and propulsion systems for smart ships: a review of developments[J]. Applied Energy, 2017, 194: 30 - 54.
[9] 张琦兵,邰能灵,王鹏,等.大型船舶电力系统的静态电压稳定分析[J].船电技术,2010, 30(10): 7 - 11.
[10] Sulligoi G, Vicenzutti A, Arcidiacono V, et al. Voltage stability in large marine-integrated electrical and electronic power systems[J]. IEEE Transactions on Industry Applications, 2016, 52(4): 3584 - 3594.

第二章　船舶综合电力系统数学建模与仿真

建立船舶综合电力系统数学模型与仿真模型是开展船舶综合电力系统控制、继电保护及稳定性分析等研究的基础。本章针对船舶综合电力系统，按源网载的划分对船舶综合电力系统的模型进行探究，抓取大型船舶电源、电网、负载的特征，建立相应的数学模型；建立包含源网载的船舶综合电力系统仿真模型；并通过实例分析验证船舶综合电力系统数学模型与仿真模型。

2.1　船舶电力系统数学模型

2.1.1　船舶电源数学模型

(1) 柴油机模型

把燃料燃烧时所放出的热能转化为机械能的机器被称为热力发动机（简称热机）。柴油机是热机的一种。它将燃料直接喷射到汽缸内燃烧，依靠燃料燃烧时燃气的膨胀来推动活塞对外做功。在热力过程中，只有“工质”膨胀过程才具有做功能力，而我们要求发动机连续不断地产生机械功，就必须使工质反复进行膨胀。因此，必须设法使工质重新恢复到初始状态，然后再进行膨胀。因此，柴油机必须经过进气、压缩、膨胀、排气四个热力过程之后，才能恢复到起始状态，使柴油机连续不断地产生机械功，故上述的热力过程称为一个工作循环[1-5]。

典型的船用柴油机一般包括气缸、曲柄连杆机构、涡轮增压器、中冷器、扫气箱、排气管、燃油喷射系统、控制系统、冷却系统等多个相对独立而又相互关联的部件和系统，柴油机模型就是由这些部件和系统的独立子模块根据物理规律结合而成的。根据具体柴油机的不同，柴油机模型中包含的子模块也有所变化，但一般包括缸内工作过程的计算、动力学、扫气箱、排气管、涡轮增压器等。各子模块中最重要的是缸内工作过程的计算，它包括缸内涡流、传热、燃烧和火焰传播、热力学以及热化学性质。

将柴油发电机简化成一个当量系统，它由两个旋转质量（柴油机和发电机）和一个无惯性的联接轴所组成。忽略两个旋转质量间的旋转角速度差，则该系统扭矩平衡方程为

$$M_e - M_l = (J_e + J_l)\frac{d\omega}{dt} \tag{2-1}$$

$$\frac{dn}{d\varphi} = \frac{5}{n\pi} \cdot \frac{M_e - M_l}{J_e + J_l} \tag{2-2}$$

其中，ω 是柴油机角速度；M_e 是柴油机有效输出扭矩；M_l 是负载扭矩；J_e 是柴油机的等效转动惯量；J_l 是负载的等效转动惯量；n 是柴油机转速；φ 是曲轴转角。

依据能量守恒、质量守恒计算系统瞬时热力参数，采用零维模型计算缸内模型如式(2-3)至式(2-6)所示。

$$\frac{d(m_z u_z)}{d\varphi} = \frac{dQ_f}{d\varphi} + \frac{dQ_w}{d\varphi} - p_z\frac{dV_z}{d\varphi} + \frac{dm_E}{d\varphi}h_E - \frac{dm_A}{d\varphi}h_A \tag{2-3}$$

$$\frac{dm_z}{d\varphi} = \frac{dm_f}{d\varphi} + \frac{dm_A}{d\varphi} - \frac{dm_E}{d\varphi} \tag{2-4}$$

$$P_z V_z = m_z R_z T_z \tag{2-5}$$

$$\frac{dQ_f}{d\varphi} = \frac{1}{L_u \cdot g_u \cdot x_k}\left(\frac{dm_f}{d\varphi} - \frac{m_f}{x_k} \cdot \frac{dx_k}{d\varphi}\right) \tag{2-6}$$

其中，u_z 是气缸内燃气比内能；Q_f 是燃油燃烧所释放的热量；Q_w 是通过气缸诸壁面交换的热量；m_z 是排气管内排气质量；m_A、m_E 是流入、排出气缸的气体质量；m_f 是排气阀排出的废气量；h_A、h_E 是进入、排出气体的比焓；V_z 是气缸工作容积；P_z 是气缸气体压强；R_z 是气缸的气体常数；T_z 是气缸气体温度；g_u 是每次循环每缸喷入燃油的质量；L_u 是 1 kg 燃油理论上完全燃烧所需的空气量；x_k 是瞬时气缸内气体所含有的燃料产物数值相当的燃油量与气缸油量的比值。

进、排气系统中的过程是不稳定的流动过程，阀门处的压力波动取决于系统结构参数和发电机运转参数。忽略压力在进气口前和排气被压处的传播和反射现象，简化空气滤清器、排气消声器等设备，可得进、排气管模型的状态方程：

$$PV = mRT \tag{2-7}$$

从进气系统流出的气体流量 m_{zk} 等于流入与进气总管相连的气缸的气体 m_{Ek} 之和：

$$\frac{dm_{zk}}{d\varphi} = -\sum_{j=1}^{n}\left(\frac{dm_{Ek}}{d\varphi}\right)_j \tag{2-8}$$

根据排气管的物理特性,可得其质量守恒方程为

$$\frac{\mathrm{d}G_{\mathrm{Bc}}}{\mathrm{d}\varphi}=\sum_{i=1}^{n}\left(\frac{\mathrm{d}G_{\mathrm{e}}}{\mathrm{d}\varphi}I_{\mathrm{e}}\right)_i+\frac{\mathrm{d}G_{\mathrm{T}}}{\mathrm{d}\varphi} \tag{2-9}$$

其中,G_{Bc} 是进、排气管气体质量;$\frac{\mathrm{d}G_{\mathrm{e}}}{\mathrm{d}\varphi}$ 是流入排气管气体带进的能量;$\frac{\mathrm{d}G_{\mathrm{T}}}{\mathrm{d}\varphi}$ 是通过涡轮的气体流量。

根据上述公式可推导出进、排气管的温度变化率:

$$\frac{\mathrm{d}T_{\mathrm{c}}}{\mathrm{d}\varphi}=\frac{1}{c_{\mathrm{vc}}\cdot G_{\mathrm{Bc}}}\sum_{i=1}^{n}\left(\frac{\mathrm{d}G_{\mathrm{e}}}{\mathrm{d}\varphi}I_{\mathrm{e}}\right)_i+\frac{\mathrm{d}G_{T}}{\mathrm{d}\varphi}I_{\mathrm{c}}+\frac{\mathrm{d}Q_{c}}{c_{\mathrm{vc}}\cdot G_{\mathrm{Bc}}\mathrm{d}\varphi}-\frac{c_{\mathrm{vmc}}T_{\mathrm{B}}\mathrm{d}G_{\mathrm{Bc}}}{c_{\mathrm{vc}}\cdot G_{\mathrm{Bc}}\mathrm{d}\varphi} \tag{2-10}$$

其中,T_{c} 是进、排气管的温度;I_{c} 是气缸内气体的比焓;$\frac{\mathrm{d}Q_{\mathrm{c}}}{\mathrm{d}\varphi}$ 是进、出排气管的散热率;c_{vc} 是气体的比定容热容;c_{vmc} 是进、排气管气体的平均比定容热容。

中冷器降低压力机压入的空气温度,增加进入气缸的空气量,提高功率和降低热负荷。涡轮增压器依靠排出的废气驱动废气涡轮产生能量,并传递给压气机,将大气压条件下的新鲜空气进行压缩并输入进气系统,是增压柴油机的重要组成部分之一,主要由压气机模型和涡轮模型组成。

压气机模型:

$$\frac{\mathrm{d}W_k}{\mathrm{d}\varphi}=\frac{1}{\eta_k}\frac{\mathrm{d}m_k}{\mathrm{d}\varphi}\frac{k}{k-1}RT_k\left[1-\left(\frac{p_{ki}}{p_k}\right)^{(1-k)/k}\right] \tag{2-11}$$

其中,W_k 是压气机实际消耗的功;η_k 是压气机效率;$\frac{\mathrm{d}m_k}{\mathrm{d}\varphi}$ 是通过压气机的新鲜空气质量流量;p_{ki}、p_k 分别为压气机进、出口的空气压力。

涡轮模型:

$$\frac{\mathrm{d}W_{\mathrm{T}}}{\mathrm{d}\varphi}=\eta_{\mathrm{T}}\frac{\mathrm{d}m_{\mathrm{T}}}{\mathrm{d}\varphi}\frac{k}{k-1}RT_{\mathrm{T}}\left[1-\left(\frac{p_{\mathrm{T}}}{p_{\mathrm{T}_0}}\right)^{(1-k)/k}\right] \tag{2-12}$$

其中,W_{T} 是涡轮做功;η_{T} 是涡轮效率;$\frac{\mathrm{d}m_{\mathrm{T}}}{\mathrm{d}\varphi}$ 是通过涡轮的废气质量流量;T_{T} 是涡轮出口燃气温度;p_{T}、p_{T_0} 是涡轮进出口的空气压力。

根据以上分析,可以得到柴油机整体数学模型,如图 2-1 所示。

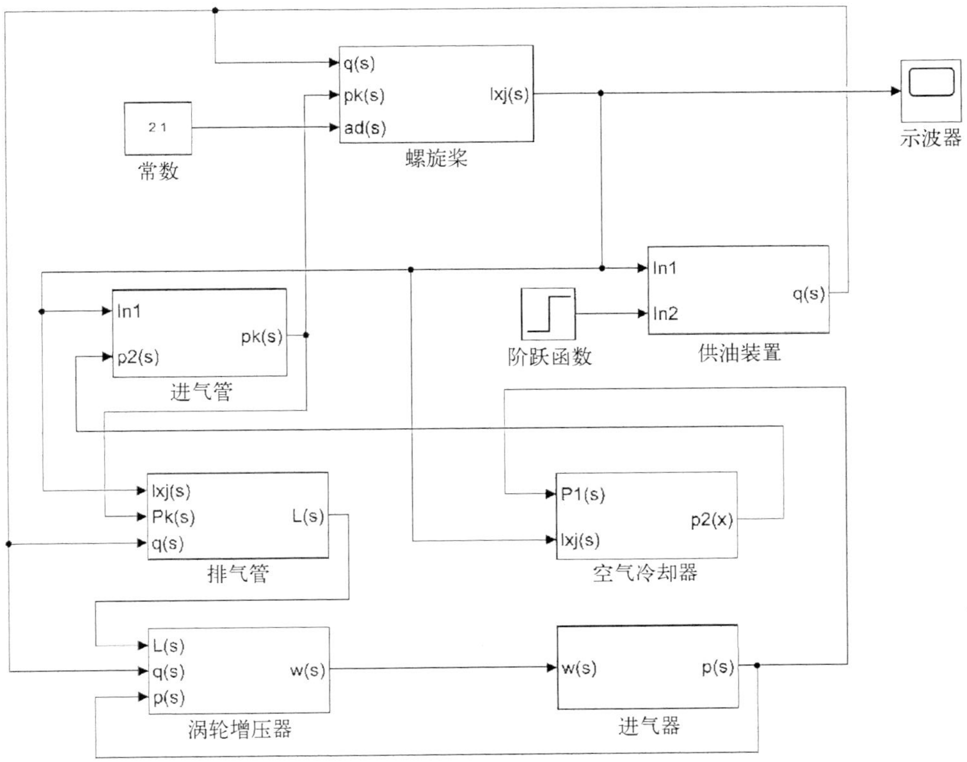

图 2-1　柴油机整体模型

(2) 发电机模型

图 2-2 所示为单机-负荷模型,可得传输功率的表达式(本章中各式皆采用标么值):

$$P = \frac{U_{\mathrm{G}}^2}{Z_{\mathrm{L}}}\cos\phi \qquad Q = \frac{U_{\mathrm{G}}^2}{Z_{\mathrm{L}}}\sin\phi \quad (2-13)$$

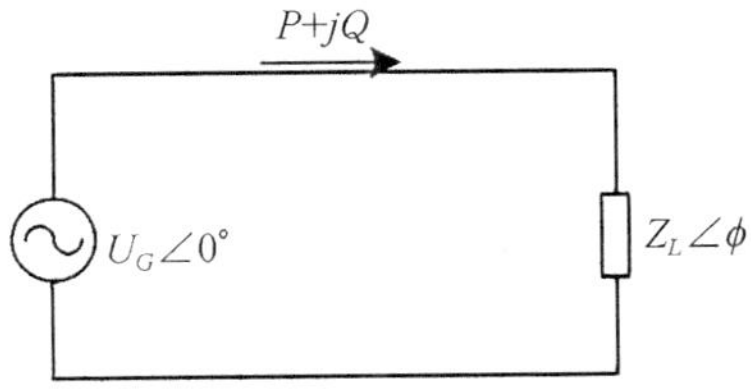

图 2-2　单机-负荷模型

其中,U_{G} 为机端电压。

发电机转动方程为

$$\frac{\mathrm{d}\delta}{\mathrm{d}t} = (\omega - 1)\omega_0 \tag{2-14}$$

$$\frac{\mathrm{d}\omega}{\mathrm{d}t} = \frac{1}{T_{\mathrm{J}}}(P_{\mathrm{T}} - P_{\mathrm{E}}) \tag{2-15}$$

其中，δ 为发电机功角；ω 为发电机转速；T_J 为惯性时间常数；P_T 是原动机输入功率；P_E 为发电机输出电磁功率；ω_0 是发电机额定转速。

发电机励磁绕组方程为

$$E_{qe} = E_q + T'_{d0}\frac{dE'_q}{dt} \tag{2-16}$$

其中，E_{qe} 为强制空载电势；E_q 为发电机空载电势；T'_{d0} 为定子绕组开路时，励磁绕组本身的时间常数；E'_q 为发电机暂态电势。

式(2-14)和式(2-15)的小干扰方程式为

$$\frac{d\Delta\delta}{dt} = \Delta\omega\omega_0 \tag{2-17}$$

$$\frac{d\Delta\omega}{dt} = -\frac{1}{T_J}\Delta P \tag{2-18}$$

$$\Delta E_{qe} = \Delta E_q + T'_{d0}\frac{d\Delta E'_q}{dt} \tag{2-19}$$

当不计调节器和励磁系统的暂态过程时，有

$$\Delta E_{qe} = -K_U\Delta U_G \tag{2-20}$$

其中，K_U 为调节器的综合放大系数。

式(2-17)~式(2-19)三个方程中共有六个未知量，需补充三个方程式，将 ΔP、ΔE_q 与 ΔU_G 表示成 $\Delta E'_q$ 及 $\Delta\delta$ 的函数即可。

图 2-3 为图 2-2 所对应的发电机电势相量图，由图可得

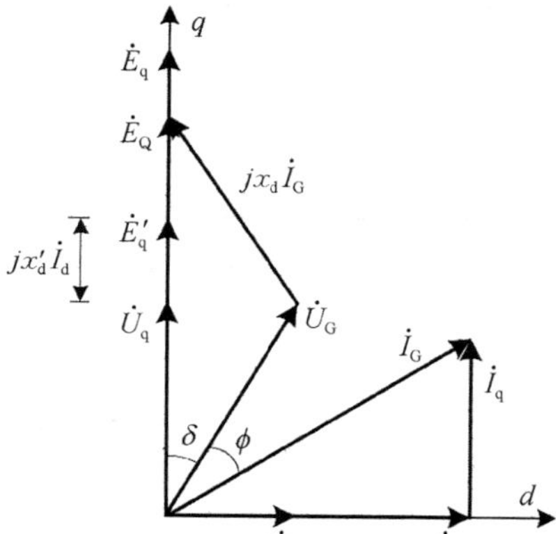

图 2-3　发电机电势相量图

$$E'_q = U_G\cos\delta + \frac{x'_d}{Z_L}U_G\sin(\delta+\phi) \tag{2-21}$$

则传输功率表达式变为

$$P = \frac{(E'_q)^2}{Z_L[\cos\delta + x'_d\sin(\delta+\phi)/Z_L]^2}\cos\phi \tag{2-22}$$

因此得

$$\Delta P = K_1\Delta\delta + K_2\Delta E'_q \tag{2-23}$$

其中，

$$K_1=\frac{\partial P}{\partial \delta}\bigg|_0=\frac{-2(E'_{q0})^2[-\sin\delta_0+x'_d\cos(\delta_0+\phi)/Z_L]\cos\phi}{Z_L[\cos\delta_0+x'_d\sin(\delta_0+\phi)/Z_L]^3} \tag{2-24}$$

$$K_2=\frac{\partial P}{\partial E'_q}\bigg|_0=\frac{2E'_{q0}\cos\phi}{Z_L[\cos\delta_0+x'_d\sin(\delta_0+\phi)/Z_L]^2} \tag{2-25}$$

根据图 2-3 的相量图可得

$$E_q=E'_q+I_d(x_d-x'_d)=E'_q\frac{Z_L\cos\delta+x_d\sin(\delta+\phi)}{Z_L\cos\delta+x'_d\sin(\delta+\phi)} \tag{2-26}$$

$$\Delta E_q=\frac{1}{K_3}\Delta E'_q+K_4\Delta\delta \tag{2-27}$$

其中，

$$K_3=\frac{\partial E_q}{\partial E'_q}\bigg|_0=\frac{Z_L\cos\delta_0+x'_d\sin(\delta_0+\phi)}{Z_L\cos\delta_0+x_d\sin(\delta_0+\phi)} \tag{2-28}$$

$$K_4=\frac{\partial E_q}{\partial \delta}\bigg|_0=E'_{q0}\frac{[-Z_L\sin\delta_0+x_d\cos(\delta_0+\phi)][Z_L\cos\delta_0+x'_d\sin(\delta_0+\phi)]-[Z_L\cos\delta_0+x_d\sin(\delta_0+\phi)][-Z_L\sin\delta_0+x'_d\cos(\delta_0+\phi)]}{[Z_L\cos\delta_0+x'_d\sin(\delta_0+\phi)]^2} \tag{2-29}$$

$$\Delta U_G=K_5\Delta\delta+K_6\Delta E'_q \tag{2-30}$$

其中，

$$K_5=\frac{\partial U_G}{\partial \delta}\bigg|_0=\frac{-E'_q[-\sin\delta_0+\cos(\delta_0+\phi)x'_d/Z_L]}{[\cos\delta_0+\sin(\delta_0+\phi)x'_d/Z_L]^2} \tag{2-31}$$

$$K_6=\frac{\partial U_G}{\partial E'_q}\bigg|_0=\frac{1}{\cos\delta_0+\sin(\delta_0+\phi)x'_d/Z_L} \tag{2-32}$$

将式(2-23)~式(2-27)代入式(2-28)~式(2-32)得

$$\frac{\mathrm{d}}{\mathrm{d}t}\begin{bmatrix}\Delta\delta\\ \Delta\omega\\ \Delta E'_q\end{bmatrix}=\begin{bmatrix}0 & \omega_0 & 0\\ -\dfrac{K_1}{T_J} & 0 & -\dfrac{K_2}{T_J}\\ \dfrac{K_4+K_UK_5}{-T'_{d0}} & 0 & \dfrac{1/K_3+K_UK_6}{-T'_{d0}}\end{bmatrix}\begin{bmatrix}\Delta\delta\\ \Delta\omega\\ \Delta E'_q\end{bmatrix} \tag{2-33}$$

基于以上大型船舶电力系统静态稳定的方程，本章提出基于暂态动能改善的功角稳定问题量化指标：

$$L_\delta = \sum_{i \in S} | \sigma_i | (E_i - E'_i) + \sum_{i \in A} | \sigma_i | (E_i - E'_i) \tag{2-34}$$

其中，σ_i 为发电机 i 的参与因子；E_i 为无控制措施下系统对应的绝对暂态动能；E'_i 为施加控制措施后原系统渐进稳定点（DSP）处对应的绝对暂态动能；S 为临界群发电机集；A 为余下群发电机集。

系统静态稳定的充要条件是式（2－33）中的系数矩阵特征根实部为负，由此可以判断特定运行状态下系统的静态稳定性。式（2－17）～式（2－32）所示的单机负荷模型与单机无穷大网络所示的静态稳定性有较大的差别。首先显示在 6 个系数的计算式不同，单机负荷模型中，母线电压不再恒定，因此，母线电压、暂态电势及功角初始值都会随负荷的变化而变化。另外，从上述 6 个系数的计算式可看出，除了 K_2 恒正以外，其余各系数的正负都待定，与单机无穷大系统中，K_2、K_3、K_4 及 K_6 在功角为 0°～180°时恒正有较大的不同。

2.1.2 船舶综合电力系统供配电网模型

研究船舶电力系统配电系统的网架结构是研究船舶电力系统的重要步骤，它在船舶电力系统设计之初就与船舶电站容量、规模和复杂程度相关[6-8]。一个电力网络，每一个母线可看作一个节点，每个节点含有若干个状态量，如电网中的电压、功率、功率因数等，这样就构成了一个庞大的复杂网络，一般如式（2－35）所示，即

$$\dot{x}_i = f(x_i) + \sum_{j=1}^{N} g(x_j), \ i = 1, 2, \cdots, N \tag{2-35}$$

其中，$x_i = [x_{i1}(t), x_{i2}(t), \cdots, x_{iN}(t)]^T$ 表示复杂网络系统中的节点的状态量，整个复杂网络包含 N 个节点。$f(x_i)$ 表示节点 i 的内部结构；$g(x_j)$ 表示节点 i 与节点 j 之间的耦合关系。

在对复杂电力网络进行建模时，有以下依据：

1）由于复杂网络理论的研究对象都归结为含有节点和边的网络模型，因此，可以将复杂电力网络中的变压器和母线作为研究模型中的节点，复杂电为网络中的传输线路作为研究模型中的边；

2）变电站中含有大量母线，在同一个变电站中，不同等级的母线看作不同的节点，电压等级相同的母线和变压器看作同一个节点；

3）采用电气距离作为衡量复杂电力网络不同节点之间的距离，这样更能体现复杂网络模型的电气特性。

根据以上建模依据,可以把一个复杂电力网络看做一个含有节点和边的网络模型,这样就可以研究整个复杂电力网络的特性了。很显然,模型中的每个节点都有自己的运动特性。在这里,指的是功率、电压、电流、相角之间的关系,这些因素之间的关系显然不是线性的,因此,可以用非线性函数 $f(x_i)$ 表示,由于信号的传输一些因素存在一定的延时,因此,在研究复杂电力网络模型时考虑了延时函数,用函数 $g(x_i - \tau)$ 表示,整个复杂电力网络之间的耦合强度用字母 c 表示,节点之间的关系用字母表示,这样就得到了复杂电力网络的数学模型为

$$\dot{x}_i(t) = f[x_i(t)] + g[x_i(t-\tau)] + c\sum_{j=1}^{N} a_{ij}x_j(t-\tau),\ i = 1, 2, \cdots, N \quad (2-36)$$

当前,船舶电力系统配电系统广泛采用三种网架结构: ① 辐射网结构;② 环形网结构;③ 带状网结构。

(1) 辐射网结构

辐射网结构船舶电力系统的电力网络架构如图 2-4 所示。在辐射网结构中,船舶的发电机与发电机配电板通过电缆相连,每个发电机配电板又通过断路器相互连接。每个发电机配电板下均连接有一个负荷中心。这样层层递增的形式,形成了辐射网结构。为了保证为负荷供电的可靠性,每个负荷中心配电板下都接有一个一般负荷和一个重要负荷,一般负荷直接与负荷中心配电板相连,形成单端供电;重要负荷则通过手动转换开关(manual bus transfers, MBT)和自动转换开关(automatic bus transfers, ABT)与两个负荷中心配电板相连,形成双路供电,以保证重要负荷的供电可靠性。

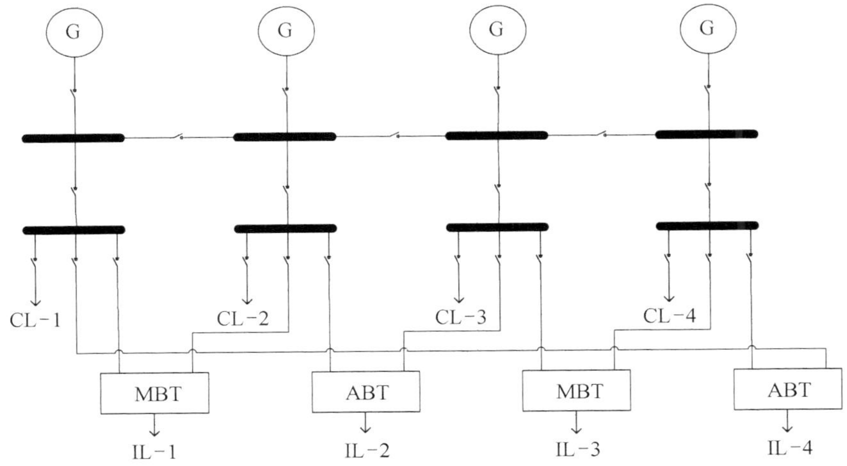

图 2-4　辐射网结构船舶电网

(2) 环形网结构

图 2－5 为环形网结构船舶电网。图中，发电机配电板相互连接，形成环形网结构。在每个发电机配电板下通过断路器连接一个负荷中心。负荷中心下级的连接与辐射网结构相同。每个负荷中心配电板下连接一个普通负荷和一个重要负荷，普通负荷单路供电，与负荷中心配电板连接；重要负荷通过转换开关与两个负荷中心配电板连接，形成双路供电。

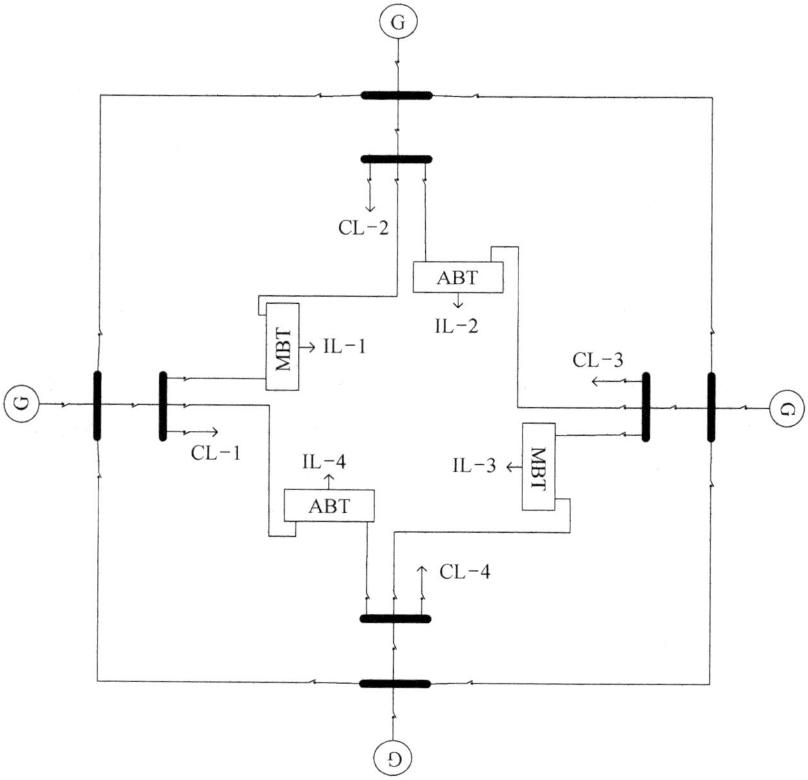

图 2－5　环形网结构船舶电网

(3) 带状网结构

在带状网结构中，船舶往往存在两条母线，分别是左舷母线与右舷母线。根据负荷中心与左、右舷母线的连接方式，带状网结构电网有两种典型结构：一种结构是负荷中心通过断路器分别与左、右舷母线相连，如图 2－6 所示；另一种结构是负荷中心只与一侧母线相连，如图 2－7 所示。

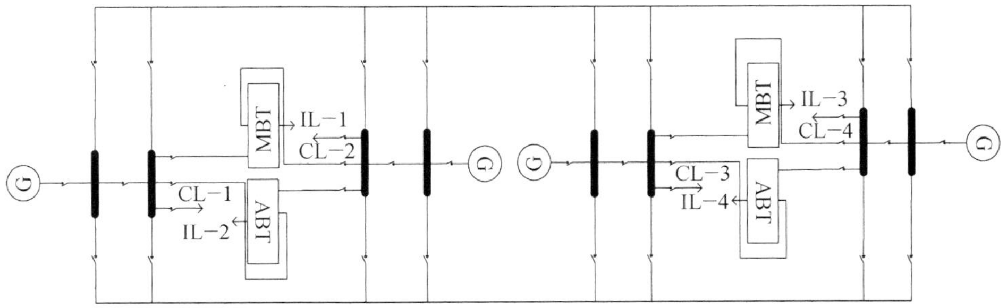

图 2－6　带状网结构船舶电网(1)

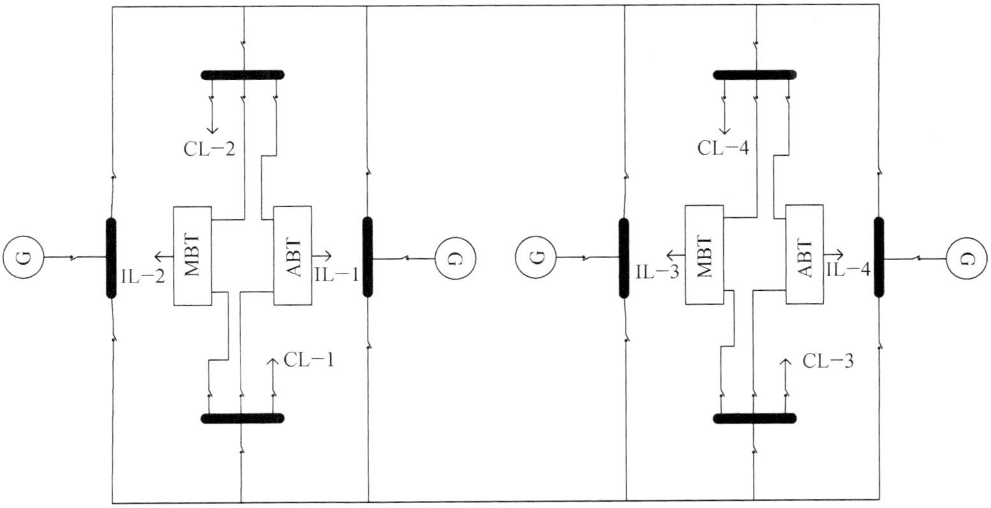

图 2－7　带状网结构船舶电网(2)

2.1.3　船舶综合电力系统负载数学模型

(1) 船舶综合电力系统负荷类型

不同类型、用途的船舶有着不同的运行工况，但运行工况分类大致相同，可分为：航行工况、起锚工况、停泊工况、装卸货工况与应急工况。当船舶停靠在港依靠陆上电源供电时，它一般处于装卸货工况。因此在研究岸电系统与船舶匹配性时，对船舶进行负荷分析只需对船舶在装卸货状态时的工作负荷进行分析[9-12]。

船舶的电气负载可分为连续使用负载、短时或重复短时使用负载，以及偶然使用负载。船舶在装卸货时，使用的部分负载以及它们的分类如表 2－1 所示。

表 2－1　船舶部分电气负载

连续使用负载	短时或重复短时使用负载	偶然使用负载
消防泵	日用淡水泵	探照灯
起货机	空调压缩机	机舱起吊机
冷却泵	空调冷却水泵	厕所、浴室抽风机
绞缆机	空调送风机	厨房抽风机
货舱通风机	冷库压缩机	通信设备
PLC 及工控设备	锅炉给水泵	锅炉鼓风机
照明设备	舱底水泵	锅炉燃油泵
消防通用泵	压载泵	主机燃油循环泵

对于货轮而言，起货机所需功率较大，并且对于不同的船舶而言，其同时系数、负载系数不一，因而起货机的负荷大小、使用频率对船舶的整体负荷波动的影响较大。同时，起货机工作时频繁启动、停转、换向，会对电网造成冲击。对于邮轮而言，照明设备、空调压缩机等生活设备所占负荷比重较大，负荷在短时间内的波动较货轮而言较小。典型各类船舶负荷特点如表 2－2 所示。

表 2－2　典型各类船舶负荷特点

	常规设备	卸货装置	电制
散货船	用电负荷小	中小型散货船自身设有货舱吊； 大型、超大型可不设货舱吊，由港口货物吊进行卸货操作	一般采用低压系统
油船	设有大功率压载泵、惰气系统	原油及成品/原油船设置货油泵； 纯成品油船采用液压或电动深井泵	一般采用低压系统，个别电力推进的船舶采用中压系统
集装箱船	设有大功率货舱通风系统、冷藏系统	中小型集装箱船自身设有货舱吊； 大型、超大型可不设货舱吊	8 000 kW 以下采用低压系统； 8 000～10 000 kW 低压与中压两种电制均有采用； 10 000 kW 以上采用中压系统

（2）大功率电力推进负载数学模型

24 脉波整流机组的主电路原理如图 2－8 所示。整流机组主要由两台 12 脉波轴向双分裂式牵引整流变压器和四组全波整流桥组成。每台变压器阀侧二套绕组分别接成△接法和 Y 接法，其线电压天然形成 30°的相差。两台变压器的网侧采用延边三角形接法，分别移相±7.5°，这样形成的两台变压器的四套阀侧绕组的线电压相量互差 15°相位，分别经全波整流后，在直流侧并联运行，形成 24 脉波整流系统。

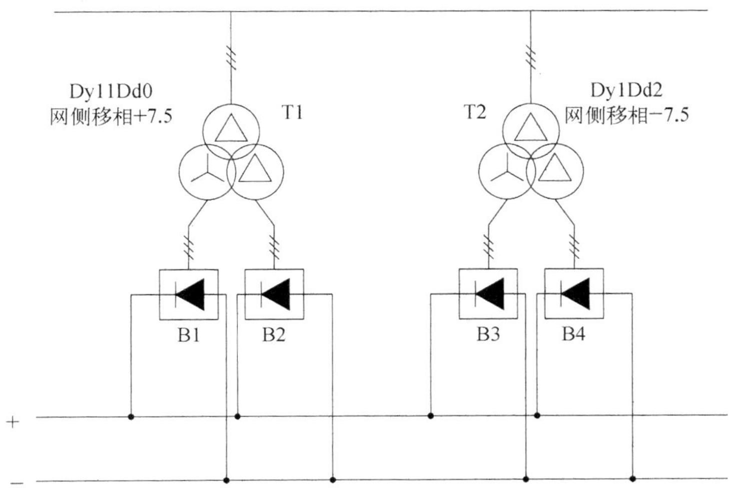

图 2-8　24 脉波整流机组主电路原理图

由于三相桥式 6 脉波整流器输出电压谐波小，为了减少输出谐波，则每台整流变压器由两个 6 脉波桥式整流器 A Bridge、B Bridge（C Bridge、D Bridge）以并联方式来构成 12 脉波桥式整流机组 T1（T2）。2 台 12 脉波整流机组并联运行构成等效 24 脉波整流器。

对于两台机组并联运行的 24 脉波输出电压计算，首先得出 24 脉波的整流波形如图 2-9 所示。

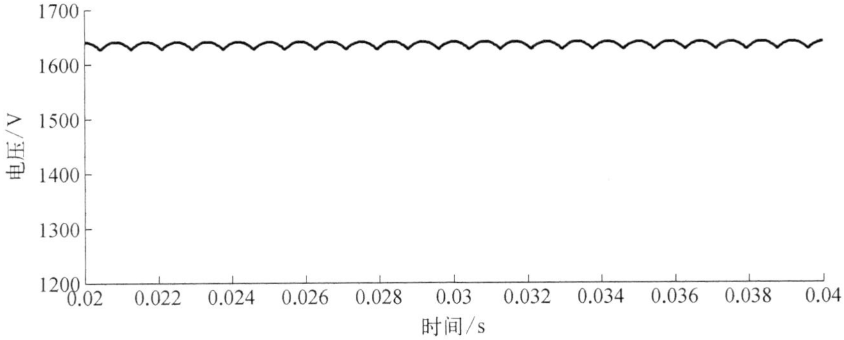

图 2-9　24 脉波整流器空载输出电压波形

空载直流输出电压 U_{d} 为

$$U_{\mathrm{d}} = \left(1/\frac{\pi}{12}\right)\int_{-\frac{\pi}{24}}^{\frac{\pi}{24}}\sqrt{2}U_2\cos(\omega t)\,\mathrm{d}\omega t = 1.41U_2 \tag{2-37}$$

其中，U_2 为整流变压器的阀侧空载线电压；U_{d} 为 24 脉波整流机组的空载直流输出电压。

在理想空载条件下,直流输出电压 $U_d = 1.35U_2$, 根据以上计算可以得到 24 脉波整流机组虽然是四个六脉波模块的并联运行,但输出电压并不是简单的并联,在实际空载条件下,由于二极管的单向导电性质,均衡电流是不能流通的,实际上四桥单独交替运行后构成了 24 脉波整流机组。

因此,从直流侧端口看,24 脉波整流机组的数学模型可等效为一个含低内阻的 24 脉动谐波电压源。该谐波电压源模型是把 24 脉动换流桥等效为 24 脉动谐波电压源,其中理想电压源为 $24k$ 次的 (k 为自然数)谐波电压,串联电抗为换相电抗的平均值,因此叫 24 脉动模型。

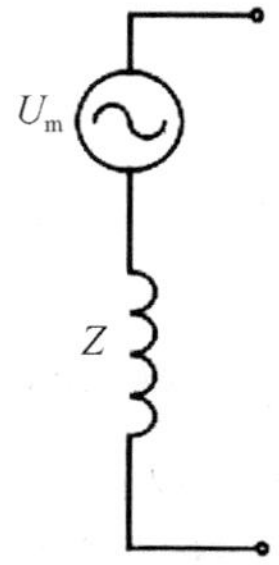

图 2－10　24 脉波整流器的数学模型

24 脉波整流机组的数学模型如图 2－10 所示。24 脉动换流器将在直流侧产生 $24k$ 次谐波电压。Z 为 24 脉动换流器内阻抗; U_m 为 24 脉动谐波电压源。$24k$ 次谐波电压源的存在,使得正常情况下,24 脉动换流器直流侧的电压电流交流分量存在 1 200 Hz、2 400 Hz 及其他高频分量。

U_m 为 24 脉动谐波电压源,对应的直流侧波形如图 2－9 所示,可见其 24 脉动波形已经十分接近恒定的直流波形,为便于稳定性分析,故将 U_m 设为一个恒定的定值,取值为 $1.41U_2$。故 24 脉波整流机组的数学模型简化表示为一个值为 $1.41U_2$ 的恒定电压源和一个定值内阻抗(图 2－10 中 $U_m = 1.41U_2$)。

24 脉波整流机组的数学模型表达式为

$$\begin{cases} U_{24} = I_{24} \times Z_{\text{load}} \\ I_{24} = U_m / (Z + Z_{\text{load}}) \end{cases} \tag{2-38}$$

消去负载阻抗 Z_{load} 即为

$$I_{24} = (U_m - U_{24}) / Z \tag{2-39}$$

其中, U_{24} 和 I_{24} 分别表示 24 脉波整流机组的端电压和输出电流; Z 为 24 脉动换流器内阻抗; U_m 为 24 脉动谐波电压源 ($U_m = 1.41U_2$)。

推进负载是接入 24 脉波整流器出口侧,从直流侧看进去相当于一个逆变器加一个电动机模型。逆变器的作用是将 24 脉波整流器出口的直流电能转化为可供推进负载消耗的交流电能,并通过 SVPWM 控制,调节推进负载的交流侧电压和频率。

逆变器控制推进负载的交流电压和频率恒定,因此推进负载消耗的功率是恒定的。为简化分析,可将推进负载(包括逆变器和电动机)等效为恒功率负载。

推进负载的数学模型表达式为

$$\begin{cases} U_{\text{TJ}} = U_{\text{dc2}} \\ I_{\text{TJ}} = P_{\text{TJ\_N}} / U_{\text{dc}} \end{cases} \tag{2-40}$$

其中，U_{TJ} 和 I_{TJ} 分别表示推进负载的电压和电流；U_{dc2} 表示 24 脉波整流器直流侧出口的额定直流母线电压，为恒定值；P_{TJ_N} 表示推进负载的额定功率。

（3）公用负荷模型

大型船舶电力系统公用负荷主要包括各种机械的电力拖动设备、大型船舶电气照明、通信、日用负荷以及照明负荷等。公用负荷属于综合负荷类型，可由电动机负荷及静态负荷按一定比例构成。电动机主要是感应电动机，感应电动机在 dq 轴坐标系的等效电路如图 2－11 所示。

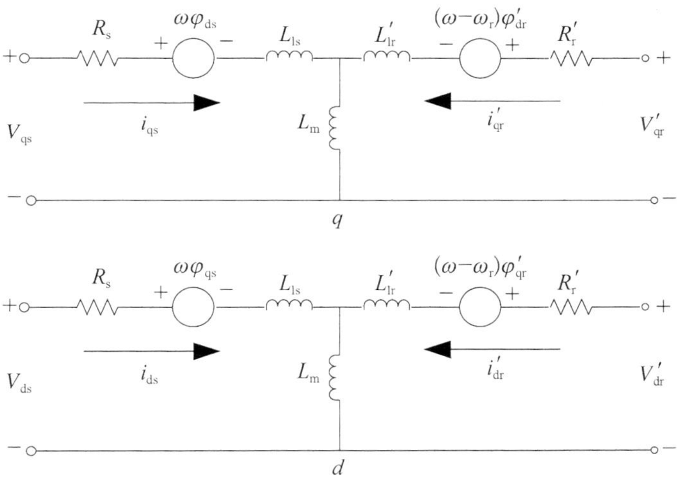

图 2－11　感应电动机 dq 轴模型电路图

图中所有的电气变量都是折算到定子侧的值，所有的定子量和转子量都是在两轴坐标系里面（dq 轴坐标系），模型的描述方程如式(2－41)所示。

$$\begin{cases} V_{qs} = R_s i_{qs} + \dfrac{d\varphi_{qs}}{dt} + \omega\varphi_{ds} \\ V_{ds} = R_s i_{ds} + \dfrac{d\varphi_{ds}}{dt} - \omega\varphi_{qs} \\ V'_{qr} = R'_r i'_{qr} + \dfrac{d\varphi'_{qr}}{dt} + (\omega - \omega_r)\varphi'_{dr} \\ V'_{dr} = R'_r i'_{dr} + \dfrac{d\varphi'_{dr}}{dt} - (\omega - \omega_r)\varphi'_{qr} \end{cases} \tag{2-41}$$

其中，

$$
\begin{aligned}
&\varphi_{qs} = L_s i_{qs} + L_m i'_{qr}；\ \varphi_{ds} = L_s i_{ds} + L_m i'_{dr}；\\
&\varphi'_{qr} = L'_r i'_{qr} + L_m i_{qs}；\ \varphi'_{dr} = L'_r i'_{dr} + L_m i_{ds}；\\
&L_s = L_{ls} + L_m；\ L'_r = L'_{lr} + L_m。
\end{aligned}
\tag{2-42}
$$

变量与下标定义如下：V_{qs} 为定子 q 轴电压；V_{ds} 为定子 d 轴电压；R'_r 为折算到定子侧的转子阻抗；R_s 为定子阻抗；φ_{ds} 为定子 d 轴磁链；φ_{qs} 为定子 q 轴磁链；φ'_{dr} 为折算到定子侧的转子 d 轴磁链；φ'_{qr} 为折算到定子侧的转子 q 轴磁链；i_{qs} 为定子 q 轴电流；i_{ds} 为定子 d 轴电流；i'_{qr} 为折算到定子侧的转子 q 轴电流；i'_{dr} 为折算到定子侧的转子 d 轴电流；L_s 为定子电感；L'_r 为折算到定子侧的转子电感；L_m 为互感；L_{ls} 为定子漏感；L'_{lr} 为折算到定子侧的转子漏感；ω 为旋转磁场角速度；ω_r 为转子角速度。

2.2　船舶综合电力系统仿真模型

2.2.1　柴油发电机模型

柴油发电机模型由两部分构成，即柴油机模型和同步发电机模型（图 2－12）。

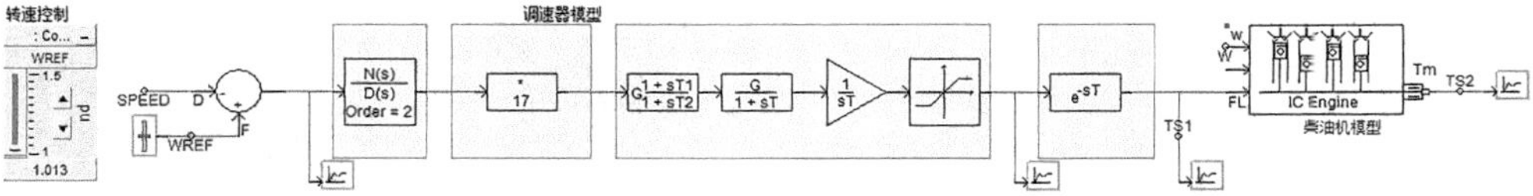

(a) 柴油机模型

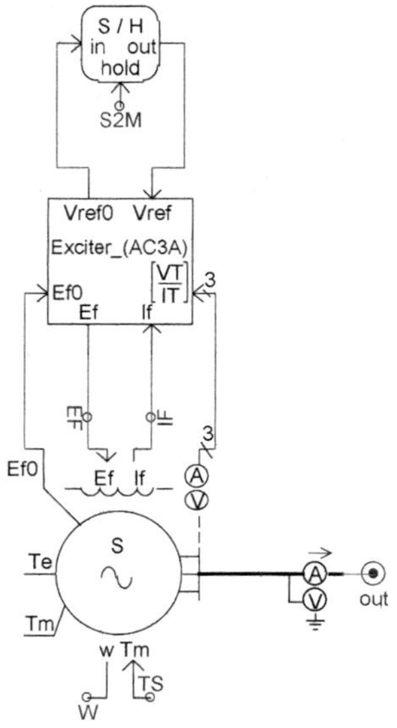

(b) 同步发电机模型

图 2－12　柴油发电机模型

柴油机和同步发电机利用 PSCAD 系统自带模型，柴油机为四冲程机型，控制系统参考 *User Reference for PSCAD/EMTDC*，柴油机控制方程如式(2-43)所示。

$$K_G(\omega_{\text{ref}} - \omega) \cdot \frac{1 + sT_1}{1 + sT_2} \cdot \frac{1}{1 + sT_R} \cdot \frac{1}{T_{sM}} \cdot \frac{1}{s} = \mu \tag{2-43}$$

同步发电机选择为凸极机，采用 IEEE 标准 AC5A(IEEE Alternator Supplied Rectifier Excitation System #5)励磁模型，该模型为无刷自励励磁方式。发电机电压等级、容量、频率及同步阻抗均按实际模型参数设置。某型远洋测量船的柴油发电机参数如表 2-3 所示。

表 2-3　某型远洋测量船柴油发电机典型参数

典型参数	数值
额定电压/V	6 600
额定功率/MW	5.80
功率因数	0.8
额定频率/Hz	50
直轴同步电抗/%	158
直轴暂态电抗/%	22.7
直轴次暂态电抗/%	13.9
零序电抗/%	9.03
负序电抗/%	14.9

2.2.2　24 脉波整流机组模型

24 脉波整流机组的主仿真模型如图 2-13 和图 2-14 所示。整流机组主要由两台 12 脉波轴向双分裂式牵引整流变压器和四组不可控整流桥组成。每台变压器阀侧二套绕组分别接成△接法和 Y 接法，其线电压天然形成 30°的相差。两台变压器的网侧采用延边三角形接法，分别移相±7.5°，结构如图 2-13 所示。这样形成的两台变压器的四套阀侧绕组的线电压相量互差 15°相位，分别经不可控整流后，在直流侧并联运行，形成 24 脉波整流系统[13,14]。

24 脉波整流电路仿真模型如图 2-14 所示，电源侧绕组延边三角形接线以移相变压器△/△+7.5°和△/△-7.5°组成，移相后接入△-△/△-Y 连接变压器，目的是在每台变压器的二组低压绕组间引入 30°相位差[15-17]。

由于三相桥式 6 脉波整流器输出电压谐波大，为了减少输出谐波，则每台整流变压器由两个 6 脉波桥式整流器以并联方式来构成 12 脉波桥式整流机组。2 台 12 脉波整流机组并联运行构成等效 24 脉波整流器。参数如表 2-4 所示。

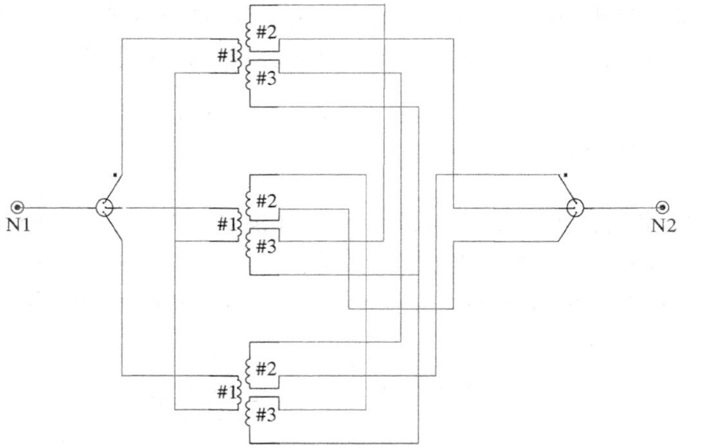

图 2-13　三绕组移相变压器仿真模型

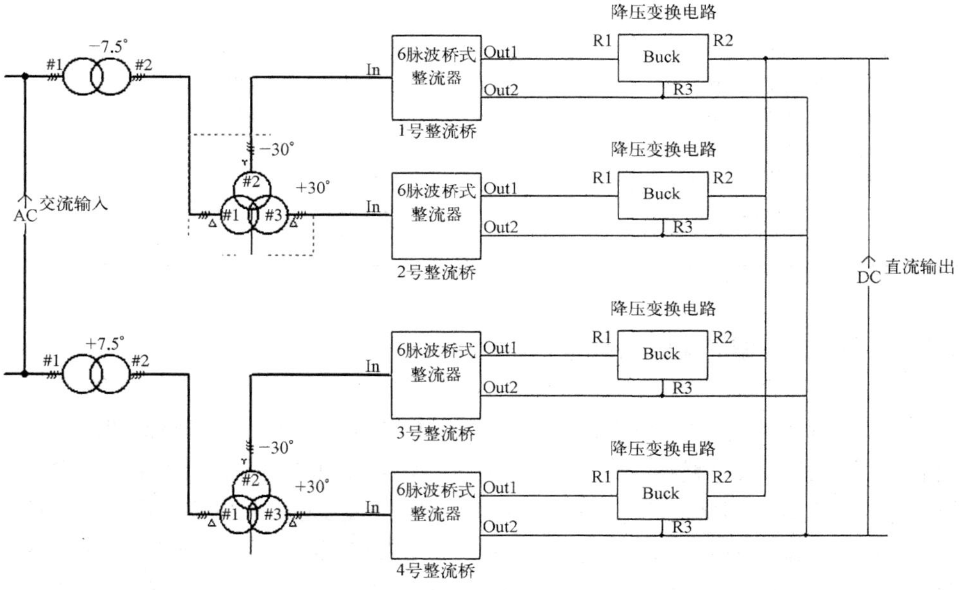

图 2-14　24 脉波整流机理仿真模型

表 2-4　24 脉波整流机组参数

参　　数	数　　值
额定功率/MW	3.20
额定电压/kV	6.6
额定频率/Hz	50
第一级移相角/(°)	±7.5
第二级移相角/(°)	±30

2.2.3　推进负载模型

电力推进模型主要分为三块：整流电路、逆变器（SVPWM 控制）和异步电动机。具体电路及控制方式如图 2－15 及图 2－16 所示，参数如表 2－5 所示。

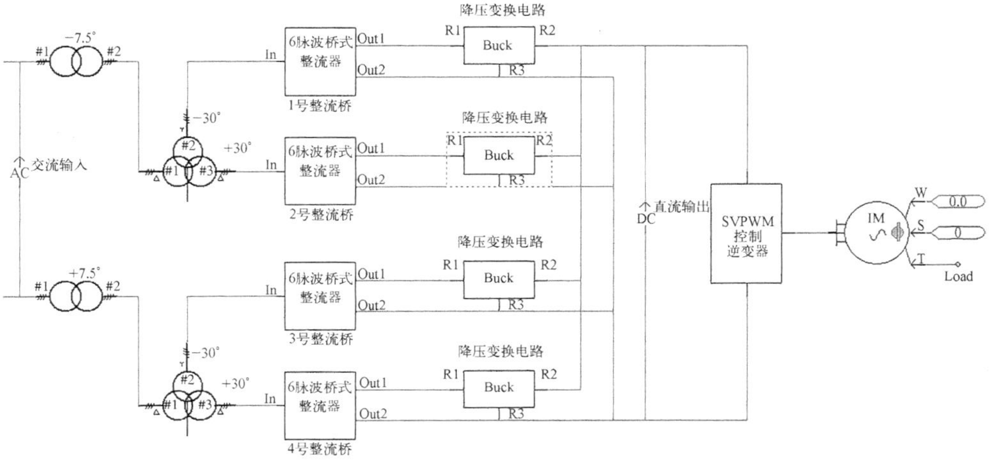

图 2－15　电力推进建模

表 2－5　推进负载参数

参　　数	数　　值
变频器电压等级/V	2×1 900
整流方式	无能量回馈整流
输出频率范围/Hz	0~90
推进电机端电压/V	2 900
推进电机额定功率/MW	10
推进电机额定转速/(r/min)	120
额定功率因数	0.85

其中，整流电路为 24 脉波整流电路，SVPWM 模块用于为逆变器产生开关脉冲，根据电动机转速确定参考转矩，再根据参考转矩得到参考电流和转子在 dq 坐标系中参考位置。可以实时改变负载转矩和转子转速参考值模拟不同工况，电动机转速能快速跟随参考值。

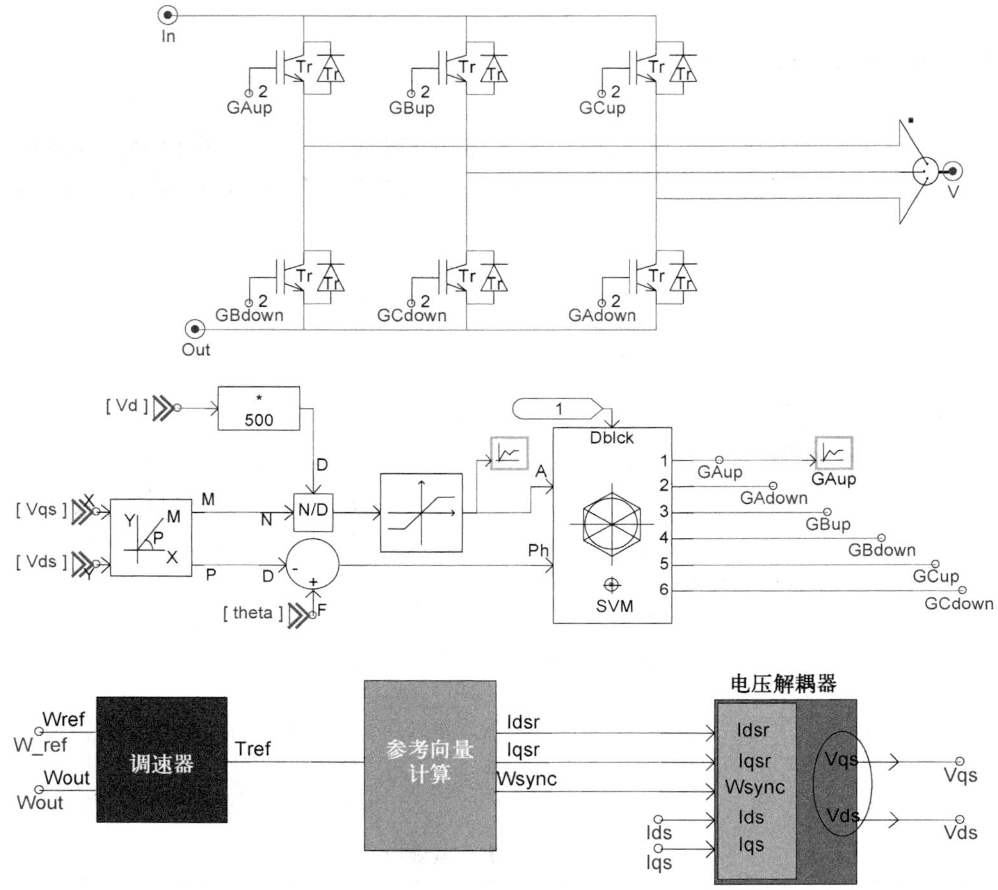

图 2－16　逆变电路模型及 SVPWM 调制模型

2.2.4　日用负载模型

日用负载概括为电机类负载(非变频驱动)和阻感性负载两类,可由电动机负荷

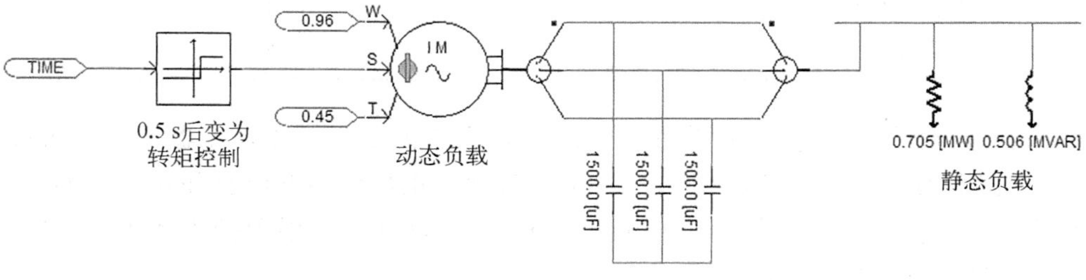

图 2－17　日用负载模型

及静态负荷按一定的比例构成[18-20]，模型如图 2-17 所示。

2.3　实例分析

本节根据某船电力系统参数及运行工况，结合已建立的仿真模型，对多个实例进行了仿真分析。

2.3.1　大型船舶电力系统生产模拟典型场景实例

为了验证仿真模型，考虑到篇幅的限制，本章对最大方式及最小运行方式（装卸货工况）的主要发电机组、母线和支路进行计算。通过计算结果的分析，验证仿真模型的正确性。

参数说明：Gen1、Gen2、Gen3、Gen4 分别为 11MW、11MW、11MW、5.5MW 的发电机。BUS-HA、BUS-HB 是连接发电机组的 6.6 kV 母线，C10 是两母线的连接电缆；BUS-CA、BUS-CB 分别是连接 BUS-HA、BUS-HB 的 6.6 kV 配电盘，其中 C6、C13 分别是两者的连接电缆；BUS-LA、BUS-LB 分别为 0.45 kV 的母线，其中 C28、C14 分别为 BUS-HA 与 BUS-LA 的连接电缆、BUS-HB 与 BUS-LB 的连接电缆；BUS-LNL 是 0.23 kV 母线。BOW THRUSTER 是船首侧推器；CARGO PUMP_1 是货船泵；PM1、PM2 为主推进电机。

（1）最大运行方式仿真结果如表 2-6 所示。

表 2-6　最大运行方式的仿真结果

发电机	额定功率 /MW	额定电压 /kV	有功 /MW	无功 /Mvar	电流 /A	功率因数 /%	发电因数 /%
Gen1	11	6.6	10.923	3.8	1012	94.45	99.3
Gen2	11	6.6	10.9	4	1016	93.88	99.1
Gen3	11	6.6	10.9	5	1 049	90.89	99.1
Gen4	5.5	6.6	5.4	2.508	520.9	90.69	98.2

Bus ID	额定电压/kV	电压百分比	有功/MW	无功/Mvar	电流/A
BUS-CA	6.6	99.95	3.483	1.883	346.5
BUS-CB	6.6	99.95	3.483	1.883	346.5
BUS-HA	6.6	99.97	21.816	7.797	2 027
BUS-HB	6.6	99.96	20.17	8.117	1 903
BUS-LA	0.45	99.44	0.357	0.192	523.2
BUS-LB	0.45	99.03	0.643	0.334	938.7
BUS-LNL	0.23	98.82	0.008	0.005	22.76

电缆编号	电缆长度/m	电缆型号	有功/MW	无功/Mvar	电流/A	功率因数/%	电压降/%	有功损耗/kW	无功损耗/kvar
C6	15	3-3/C 70	3.483	1.883	346.5	87.97	0.02	0.589	0.193
C10	35	10-3/C 150	3.875	0.612	343.3	98.78	0.01	0.189	0.1
C13	15	3-3/C 70	3.483	1.883	346.5	87.97	0.02	0.589	0.193
C14	30	2-3/C 95	0.645	0.345	64	88.14	0.01	0.043	0.016
C28	30	21-3/C 150	0.357	0.192	523.2	88.11	0.05	0.179	0.095

负　荷	额定容量/kW	额定电压/kV	有功/kW	无功/kvar	电流/A	功率因数/%	负荷因数/%
BOW THRUSTER	2 000	6.6	1 937	780	183.1	92.75	95.2
CARGO PUMP_1	522	6.6	514	278	51.12	87.97	95.3
PM1	14 000	3	13 249	4 711	2 717	94.22	90.4
PM2	14 000	3	13 249	4 711	2 717	94.22	90.4

4 台发电机在额定电压下正常工作，功率因数均在 90%以上。母线电压百分比在 99%以上，电流电压稳定。电缆电压降均小于 0.05%，电缆损耗比较低，负载工作正常，符合某实际船舶的运行工况。

（2）最小运行方式（装卸货工况）仿真结果如表 2-7 所示。

表 2-7　最小运行方式（装卸货工况）的仿真结果

发电机	额定功率/MW	额定电压/kV	有功/MW	无功/Mvar	电流/A	功率因数/%	发电因数/%
Gen1	11 MW	6.6	8.194	3.506	779.6	91.94	74.5

Bus ID	额定电压/kV	电压百分比/%	有功/MW	无功/Mvar	电流/A
BUS-CA	6.6	99.96	3.597	1.501	341.1
BUS-CB	6.6	99.95	3.597	1.501	341.1
BUS-HA	6.6	99.98	8.192	3.505	779.6
BUS-HB	6.6	99.97	4.238	1.823	403.7
BUS-LA	0.45	99.48	0.356	0.177	512.6
BUS-LB	0.45	99.09	0.64	0.31	920.5
BUS-LNL	0.23	98.86	0.008	0.005	22.75

电缆编号	电缆长度/m	电缆型号	有功/MW	无功/Mvar	电流/A	功率因数/%	电压降/%	有功损耗/kW	无功损耗/kvar
C6	15	3-3/C 70	3.597	1.501	341.1	92.28	0.02	0.571	0.187
C10	35	10-3/C 150	4.239	1.823	403.7	91.86	0.01	0.261	0.139
C13	15	3-3/C 70	3.597	1.501	341.1	92.28	0.02	0.571	0.187
C14	30	2-3/C 95	0.641	0.321	62.76	89.4	0.01	0.042	0.015
C28	30	21-3/C 150	0.356	0.177	512.6	89.5	0.05	0.172	0.091

负　　荷	额定容量 /kW	额定电压 /kV	有功 /kW	无功 /kvar	电流 /A	功率因数 /%	负荷因数 /%
CARGO PUMP_1	522	6.6	531	223	50.4	92.22	95.1

在最小方式(即装卸货工况)下,只有 GEN1 工作,功率因数为 91.94%,发电因数为 74.5%;母线电压百分比正常,电缆电压降小于 0.05%,损耗正常;由于推进电机、船首侧推器等不工作,只需货船泵等负载,负载工作正常,符合某实际船舶的运行工况。

2.3.2　不同工况下船舶电力系统电压仿真

对应于表 2-8 中的举例参数(其中,R 为线路阻抗 Z_l 的实部;X 为 Z_l 的虚部,PF 为功率因数;E_1 为机端电压),当负荷功率变化时,由式(2-33)及式(2-34)计算电压 $SVSI_P$ 和 $SVSI_Q$ 曲线。其中,图 2-18 与图 2-19 对应不同的功率因数。如图所示,$SVSI_P$ 和 $SVSI_Q$ 能很好地衡量节点电压稳定的情况。图 2-18 中当负荷功率因数较高时,$SVSI_P$ 较 $SVSI_Q$ 大,而且 $SVSI_P$ 最先穿越零点。所以,功率因数较高时,有功对电压稳定的影响更大,节点电压临界稳定点由 $SVSI_P$ 决定。图 2-19 中,功率因数较低,需要的无功增多,当负荷增加到一定程度时,$SVSI_Q$ 大于 $SVSI_P$

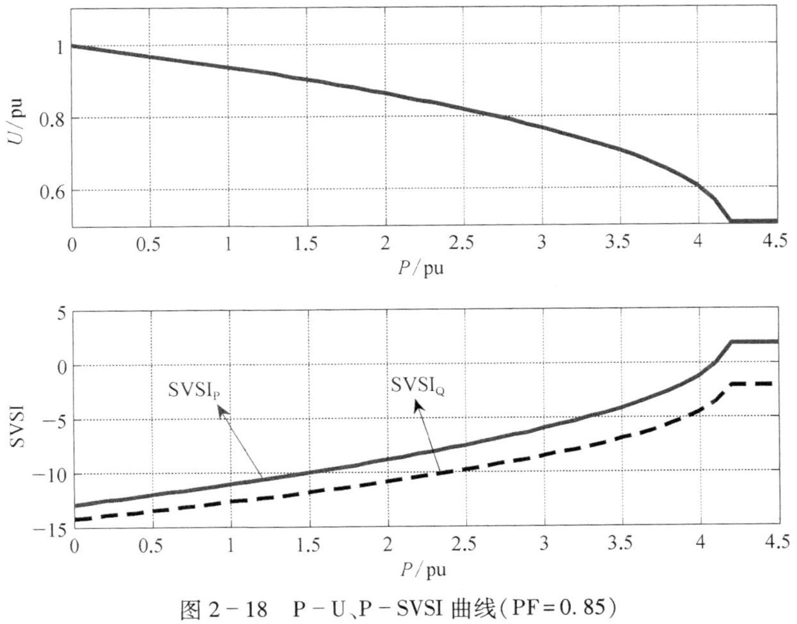

图 2-18　P-U、P-SVSI 曲线(PF=0.85)

注: pu 即标幺值,是电力系统分析和工程计算中常用的数值标记方法,表示各物理量及参数的相对值。

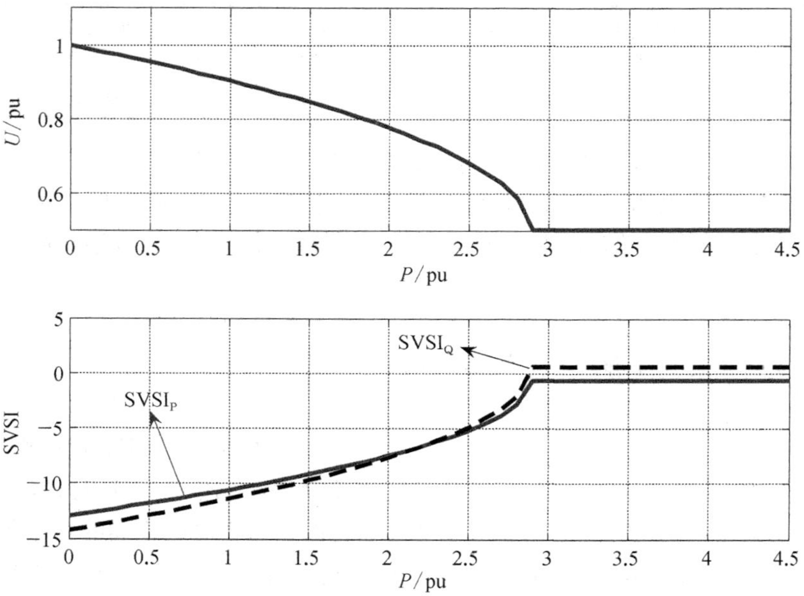

图 2－19　$P-U$、$P-$SVSI 曲线(PF＝0.6)

并先穿越零点。此时,无功对电压稳定的影响更大,节点的电压临界稳定点由 $SVSI_Q$ 决定。图 2－18 与图 2－19 比较可知,功率因数较低的负荷需要更多的无功,电压静态不稳定更容易发生。

表 2－8　算例参数

	R	X	PF	E_1
1	0.034 986 226	0.038 567 493 12	0.85	1.0
2	0.034 986 226	0.038 567 493 12	0.60	1.0

另外,由图可知,无论 $SVSI_P$ 还是 $SVSI_Q$ 先穿越零点,此时电压并未到达真正的电压临界稳定点,所以式(2－33)、式(2－34)及式(2－35)计算的稳定指数趋于保守。但实际由于其误差很小,是可以忽略的。$SVSI_P$ 与 $SVSI_Q$ 两个参数的好处在于,能分别对有功及无功对电压稳定的影响进行评估,从而更有利于负荷或发电机的调整。对于连接多条支路的母线节点,可以分别计算每条支路的 SVSI,然后取最大值。

表 2－9～表 2－11 为不同工况下 SVSI 的计算结果,如表中数据所示,各种工况下船舶电力系统电压总是静态稳定的,而且有很大的稳定裕度,主要是因为船舶电网覆盖面积较小,电网中电缆长度较短。另外,对比各表中 $SVSI_P$ 与 $SVSI_Q$ 可知,船舶电力系统在各种工况下,皆有 $SVSI_Q < SVSI_P$,SVSI 由 $SVSI_Q$ 决定。说明船

船电网的电压不稳定现象主要由无功不足引起，这是因为船舶电网中除推进系统采用同步电动机外，大部分为异步电动机负荷，而同步电机与异步电机在正常运行时对无功的需求较大。所以，为了防止船舶电网中无功不足引起电压失稳，在必要的情况下，可以装设电容器、SVC、Statcom 等无功补偿装置。

表 2－9　装卸货工况

	$SVSI_P$	$SVSI_Q$	SVSI	稳定裕度
BUS1	－156.437	－87.738 3	－87.738 3	87.738 32
BUS2 *	－156.491	－87.696 9	－87.696 9	87.696 9
BUS3	－144.77	－42.303 1	－42.303 1	42.303 08
BUS4	－177.298	－51.841 5	－51.841 5	51.841 47

* 表示连接此母线有两条以上支路，指标计算取各条支路中的最大值。

表 2－10　正常航行工况

	$SVSI_P$	$SVSI_Q$	SVSI	稳定裕度
BUS1 *	－147.432	－82.823 8	－82.823 8	82.823 81
BUS2 *	－147.392	－82.631 8	－82.631 8	82.631 82
BUS3	－144.902	－42.341 7	－42.341 7	42.341 67
BUS4	－177.406	－51.873	－51.873	51.872 97

* 表示连接此母线有两条以上支路，指标计算取各条支路中的最大值。

表 2－11　全速航行工况

	$SVSI_P$	$SVSI_Q$	SVSI	稳定裕度
BUS1 *	－147.402	－82.772 8	－82.772 8	82.772 84
BUS2 *	－147.527	－82.707 2	－82.707 2	82.707 23
BUS3	－144.873	－42.360 5	－42.360 5	42.360 54
BUS4	－177.459	－51.888 7	－51.888 7	51.888 72

* 表示连接此母线有两条以上支路，指标计算取各条支路中的最大值。

2.3.3　大型船舶电力系统功角稳定性指标实例

图 2－20 是在正常航行工况下，BUS2 下的电力推进电机因故障而停运，在有无调速系统条件下的频率动态变化过程的比较。如图 2－20 所示，当发电机组无调速调控系统时（当然实际中一般是不可能的），推进电机停运后频率变化剧烈，已严重失稳。当采用 DT 调速控制系统时，系统频率出现振荡，此时频率在 85%～115%之间波动，严格来说，也属于频率失稳。然而，图 2－20 表明简单的调速控制系统即可在很大程度上抑制频率的剧烈变化，这对船舶电网中的电力设备是有益的。

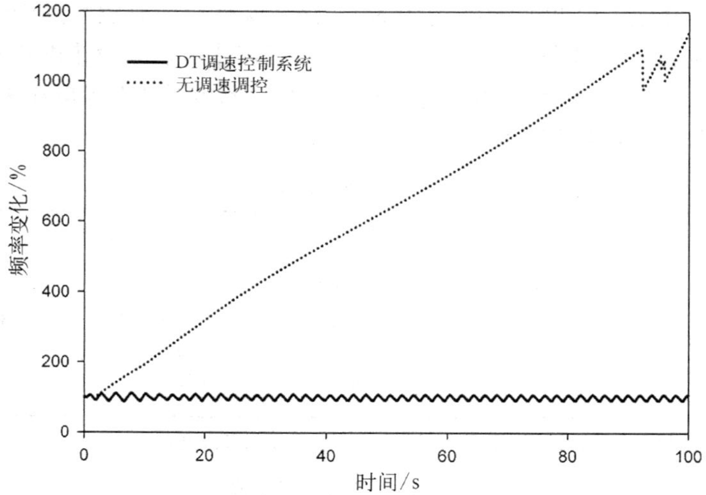

图 2－20　有/无调速系统时频率动态变化过程比较

图 2－21～图 2－23 是采用不同的调速控制系统时发电机转速、母线电压以及母线电压频率的动态变化过程，包括 GTF、GTS 及 2301 三种调速控制系统。结果表明，采用上述三种调速控制系统时，发电机的转速有很好的控制，经过 20 s 动态过程后都趋于稳定。从最终的动态稳定效果来说，GTS 效果更好，发电机更接近额定转速、母线为额定电压、频率更接近额定频率。然而在动态过程中，GTS 出现了自发的小幅振荡，对系统的动态运行有一定影响。从响应的速度来说，2301 有更好的效果，经过一次摇摆振荡后，系统便进入另一个稳态而稳定运行，且摇摆振荡

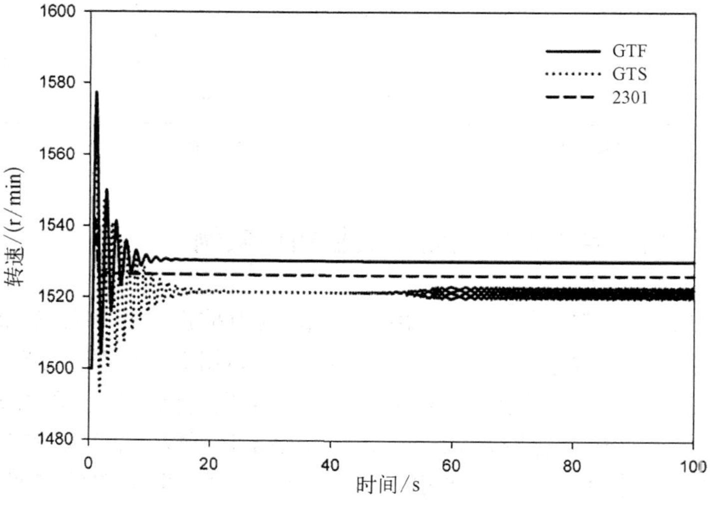

图 2－21　发电机转速

中,发电机转速、母线电压以及母线电压频率的偏移量都最小。三种控制方式中,GTF控制效果较差,整体上GTF、GTS与2301较图2-20所示的DT调速控制系统要好。

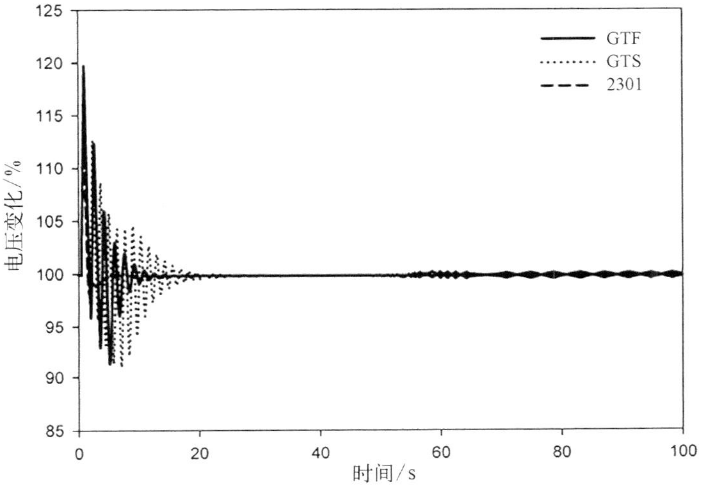

图2-22　母线电压变化

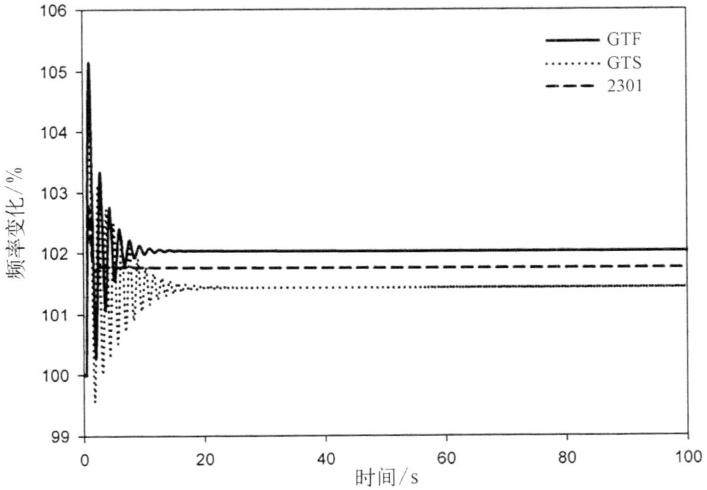

图2-23　母线电压频率变化

2.3.4　大型船舶电力系统生产模拟典型场景实例

为了验证仿真模型,考虑到篇幅的限制,本章对最大运行方式及最小运行方式

（装卸货工况）的主要发电机组、母线和支路进行计算。通过计算结果的分析，验证仿真模型的正确性。

（1）最大运行方式

最大运行方式仿真结果如表 2 - 12 所示。

表 2 - 12　最大运行方式的仿真结果

发电机	额定功率/MW	额定电压/kV	有功/MW	无功/Mvar	电流/A	功率因数/%	发电因数/%
Gen1	11	6.6	10.923	3.8	1 012	94.45	99.3
Gen2	11	6.6	10.9	4	1 016	93.88	99.1
Gen3	11	6.6	10.9	5	1 049	90.89	99.1
Gen4	5.5	6.6	5.4	2.508	520.9	90.69	98.2

Bus ID	额定电压/kV	电压比例/%	有功/MW	无功/Mvar	电流/A
BUS - CA	6.6	99.95	3.483	1.883	346.5
BUS - CB	6.6	99.95	3.483	1.883	346.5
BUS - HA	6.6	99.97	21.816	7.797	2 027
BUS - HB	6.6	99.96	20.17	8.117	1 903
BUS - LA	0.45	99.44	0.357	0.192	523.2
BUS - LB	0.45	99.03	0.643	0.334	938.7
BUS - LNL	0.23	98.82	0.008	0.005	22.76

电缆编号	电缆长度/m	电缆型号	有功/MW	无功/Mvar	电流/A	功率因数/%	电压降/%	有功损耗/kW	无功损耗/kvar
C6	15	3 - 3/C 70	3.483	1.883	346.5	87.97	0.02	0.589	0.193
C10	35	10 - 3/C 150	3.875	0.612	343.3	98.78	0.01	0.189	0.1
C13	15	3 - 3/C 70	3.483	1.883	346.5	87.97	0.02	0.589	0.193
C14	30	2 - 3/C 95	0.645	0.345	64	88.14	0.01	0.043	0.016
C28	30	21 - 3/C 150	0.357	0.192	523.2	88.11	0.05	0.179	0.095

负　荷	额定容量/kW	额定电压/kV	有功/kW	无功/kvar	电流/A	功率因数/%	负荷因数/%
BOW THRUSTER	2 000	6.6	1 937	780	183.1	92.75	95.2
CARGO PUMP_1	522	6.6	514	278	51.12	87.97	95.3
PM1	14 000	3	13 249	4 711	2 717	94.22	90.4
PM2	14 000	3	13 249	4 711	2 717	94.22	90.4

参数说明：Gen1、Gen2、Gen3、Gen4 分别为 11 MW、11 MW、11 MW、5.5 MW 的发电机。BUS - HA、BUS - HB 是连接发电机组的 6.6 kV 母线，C10 是两母线的连接电缆；BUS - CA、BUS - CB 分别是连接 BUS - HA、BUS - HB 的 6.6 kV 配电盘，其中 C6、C13 分别是两者的连接电缆；BUS - LA、BUS - LB 分别为 0.45 kV 的母线，其中 C28、C14 分别为 BUS - HA 与 BUS - LA 的连接电缆、BUS - HB 与 BUS - LB 的连接电缆；BUS - LNL 是 0.23 kV 母线。BOW THRUSTER 是船首侧推器；CARGO PUMP_1 是货船泵；PM1、PM2 为主推进电机。

4台发电机在额定电压下正常工作，功率因数均在90%以上。母线电压比例在99%以上，电流电压稳定。电缆电压降均小于0.05%，电缆损耗比较低，负载工作正常，符合某实际船舶的运行工况。

(2) 最小运行方式

最小运行方式(装卸货工况)仿真结果如表2-13所示。

表2-13　最小运行方式(装卸货工况)的仿真结果

发电机	额定功率/MW	额定电压/kV	有功/MW	无功/Mvar	电流/A	功率因数/%	发电因数/%
Gen1	11	6.6	8.194	3.506	779.6	91.94	74.5

Bus ID	额定电压/kV	电压比例/%	有功/MW	无功/Mvar	电流/A
BUS-CA	6.6	99.96	3.597	1.501	341.1
BUS-CB	6.6	99.95	3.597	1.501	341.1
BUS-HA	6.6	99.98	8.192	3.505	779.6
BUS-HB	6.6	99.97	4.238	1.823	403.7
BUS-LA	0.45	99.48	0.356	0.177	512.6
BUS-LB	0.45	99.09	0.640	0.310	920.5
BUS-LNL	0.23	98.86	0.008	0.005	22.75

电缆编号	电缆长度/m	电缆型号	有功/MW	无功/Mvar	电流/A	功率因数/%	电压降/%	有功损耗/kW	无功损耗/kvar
C6	15	3-3/C 70	3.597	1.501	341.1	92.28	0.02	0.571	0.187
C10	35	10-3/C 150	4.239	1.823	403.7	91.86	0.01	0.261	0.139
C13	15	3-3/C 70	3.597	1.501	341.1	92.28	0.02	0.571	0.187
C14	30	2-3/C 95	0.641	0.321	62.76	89.4	0.01	0.042	0.015
C28	30	21-3/C 150	0.356	0.177	512.6	89.5	0.05	0.172	0.091

负　荷	额定容量/kW	额定电压/kV	有功/kW	无功/kvar	电流/A	功率因数/%	负荷因数/%
CARGO PUMP_1	522	6.6	531	223	50.4	92.22	95.1

在最小方式(即装卸货工况)下，只有GEN1工作，功率因数为91.94%，发电因数为74.5%；母线电压百分比正常，电缆电压降小于0.05%，损耗正常；由于推进电机、船首侧推器等不工作，只需货船泵等负载，负载工作正常，符合某实际船舶的运行工况。

2.3.5　大型船舶电力系统多区域随机模拟实例

系统参数如下：设置 1 号主发电机为平衡节点；其余三台主发电机均设为 PV 节点，指定输出有功分别为 10.5 MV、10.5 MW、5 MW；所有负荷均为 PQ 节点。以图 2－2 所示的电力系统图为模型，系统频率为 60 Hz，其中有两块 6.6 kV 主配电盘通过联络线互相连接，每块配电盘上均有两台发电机对其进行供电，其中连至左侧配电盘的发电机均为 11 MW，右侧为一台 11 MW 以及一台 5.5 MW 发电机。主配电盘下级连着 CA、CB 两块泵机配电盘以及艏侧推电机，并通过两条变压器支路连至 450 V 低压配电盘。CA、CB 下级各连接着 4 台货泵电机和 2 台压缩机。450 V 低压配电盘下级连接应急系统和其他一些低压负荷以及 230 V 低压系统。

分别对 3.3 kV、6.6 kV 以及 11 kV 电压等级的大型船舶电力系统潮流进行计算。比较其在额定电流、电压降落百分数、线路损耗等参数的变化。表 2－14 所列为该船电力系统中部分电缆线路的数据，其中 C1～C11 为中压侧电缆，而 C30～C36 为低压侧电缆。

表 2－14　不同电压等级下系统潮流计算结果

电缆	额定参数		额定电流/A			电压降落比例			线路损耗/kW		
编号	长度/m	电缆型号	11 kV	6.6 kV	3.3 kV	11 kV	6.6 kV	3.3 kV	11 kV	6.6 kV	3.3 kV
C1	40	1－3/C 150	678.2	1 131	2 268	0.01	0.03	0.14	1.404	3.903	15.699
C2	45	1－3/C 150	602.9	1 005	2 016	0.01	0.03	0.14	1.248	3.469	13.955
C3	40	1－3/C 150	710	1 184	2 373	0.01	0.04	0.14	1.538	4.277	17.189
C4	45	1－3/C 150	339.6	566.1	1 133	0.01	0.02	0.08	0.396	1.101	4.406
C5	30	1－3/C 95	23.87	39.64	77.95	0	0	0.01	0.006	0.017	0.064
C6	15	1－3/C 70	224.4	374.2	749.8	0.01	0.02	0.07	0.247	0.687	2.759
C7	300	1－3/C 70	120.4	201	410.3	0.1	0.27	2.18	2.133	5.949	24.785
C8	25	1－3/C 150	428.2	714	1 430	0.01	0.02	0.08	0.525	1.458	5.854
C10	35	1－3/C 150	60.63	101	201	0	0	0.01	0.006	0.016	0.065
C11	25	1－3/C 150	428.2	714	1 430	0.01	0.02	0.08	0.525	1.459	5.855
C30	30	1－3/C 150	583.5	581.4	571.6	0.06	0.05	0.05	0.223	0.221	0.214
C31	30	1－3/C 150	977.5	975.2	964.7	0.09	0.09	0.09	0.625	0.622	0.609
C32	10	1－3/C 50	41.33	41.34	41.39	0.07	0.07	0.07	0.024	0.024	0.024
C34	10	1－3/C 50	463.1	463.2	463.7	0.82	0.82	0.82	3.031	3.033	3.039
C35	250	1－3/C 50	67.09	67.1	67.15	2.82	2.82	2.82	1.591	1.591	1.594
C36	50	1－3/C 95	11.23	11.24	11.3	0.05	0.05	0.05	0.004	0.004	0.005

上述计算结果表明，对于部分中压侧电缆（C1～C12）来说，随着电压的升高，额定电流随之线性降低；而电压降落比例以及电缆上的损耗则随电压的升高而呈平方倍数地降低。选择其中较有代表性的线路进一步对不同电压等级进行潮流计算，如表

2－15 所示。其中包括连接 1 号主发电机 G1 的电缆 C1、连接左侧变压器的电缆线路 C5、连接左侧货泵配电盘的电缆 C6 以及连接左侧推进变压器的电缆 C8。

表 2－15　部分线路在不同电压等级下潮流计算结果

系统电压/kV	电流/A				电压降落比例				有功损耗/kW			
	C1	C5	C6	C8	C1	C5	C6	C8	C1	C5	C6	C8
2.000	3 757.0	123.6	1 243.0	2 369.0	0.37	0.04	0.18	0.22	43.080	0.162	7.583	16.063
3.300	2 268.0	78.0	749.8	1 430.0	0.14	0.01	0.07	0.08	15.699	0.064	2.759	5.854
5.000	1 493.0	52.1	494.2	942.8	0.06	0.01	0.03	0.04	6.807	0.029	1.198	2.543
6.600	1 131.0	39.6	374.2	714.0	0.03	0.00	0.02	0.02	3.903	0.017	0.687	1.458
8.000	932.8	32.8	308.7	588.9	0.02	0.00	0.01	0.01	2.655	0.011	0.467	0.992
9.000	829.0	29.1	274.3	523.4	0.02	0.00	0.01	0.01	2.098	0.009	0.369	0.784
11.000	678.2	23.9	224.4	428.2	0.01	0.00	0.01	0.01	1.404	0.006	0.247	0.525

根据图 2－23、图 2－24 与图 2－25 可知，对于部分低压的线路（C30～C36），由于低压系统参数未被改变，而中压系统的电压等级改变将不会影响到低压系统，因

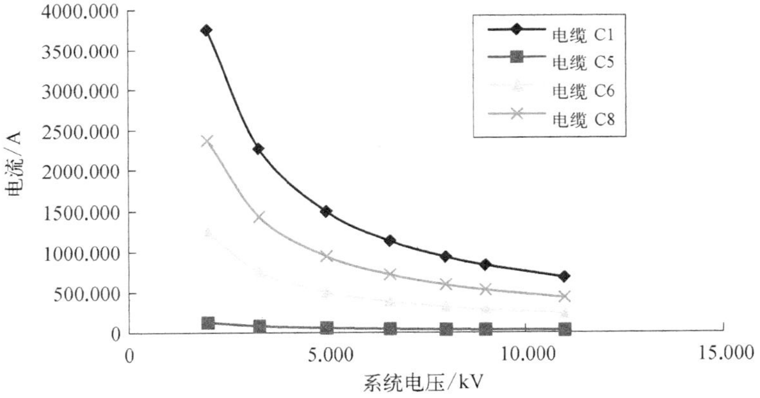

图 2－24　正常运行电流与系统电压的关系

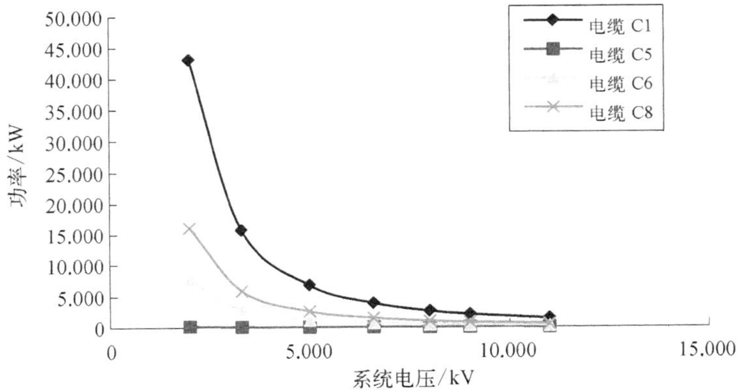

图 2－25　线路有功损耗与系统电压的关系

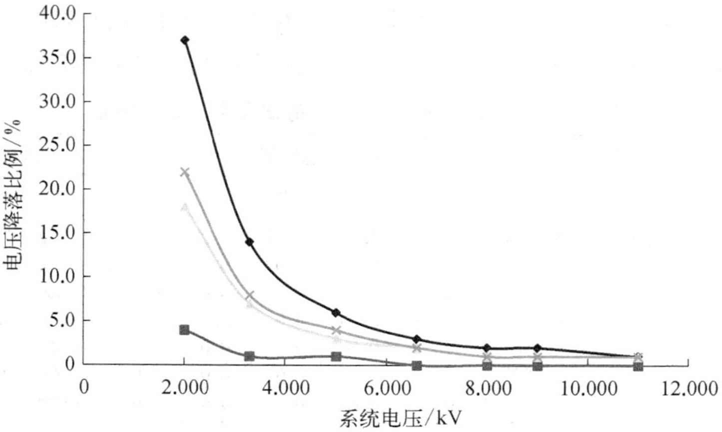

图 2-26　电压降落百分比与系统电压的关系

此可以看到三种情况下的参数相近。

从以上几点来看,系统电压等级的上升将会很大程度上改善系统正常运行时的电压质量和线路损耗,并降低线路上的电流。

2.4　本章小结

本章针对船舶综合电力系统构建了含电源、供配电网及负载的数学模型,并提出了系统稳定安全性指标;以某型远洋探测船船舶综合电力系统为例,建立了含柴油发电机组、换流器组、推进电机及日用负载的船舶综合电力系统仿真模型;最后本章以某型船舶实例,进行了功角、电压及频率稳定性分析,并通过仿真模拟实际生产场景,验证了船舶综合电力系统数学模型及仿真模型的正确性。

参考文献

[1] Yang W, Zaijun W, Zhengming L. Research on wind energy distributed generation in microgrid[C]. Hangzhou: International Conference on Power System Technology, 2010.

[2] Bozhko S, Asher G, Li R, et al. Large offshore DFIG-based wind farm with line commutated HVDC connection to the main grid: Engineering studies[J]. IEEE Transactions. Energy Conversion, 2008, 23: 119-127.

[3] Shahabi M, Haghifam M R, Mohamadian M. Microgrid dynamic performance improvement using a doubly fed induction wind generator[J]. IEEE Transactions. Energy Conversion, 2009, 24: 137-145.

[4] Kayikci M, Milanovic J V. Dynamic contribution of DFIG-based wind plants to system frequency disturbances[J]. IEEE Transactions. Power System, 2009, 24: 859-867.

[5] Guanglong X, Buhan Z, Jianghong W. Research on the propagation characteristic of non-

stationary wind power in microgrid network based on empirical mode decomposition[C]. Hangzhou: International Conference on Power System Technology, 2010.
[6] Bouabdallah A, Olivier J C, Bourguet S, et al. Safe sizing methodology applied to a standalone photovoltaic system[J]. Renewable Energy, 2015, 80: 266 – 274.
[7] Bakhshi R, Sadeh J, Mosaddegh H R. Optimal economic designing of grid-connected photovoltaic systems with multiple inverters using linear and nonlinear module models based on Genetic Algorithm[J]. Renewable Energy, 2014, 72: 386 – 394.
[8] Dizqah A M, Maheri A, Busawon K. An accurate method for the PV model identification based on a genetic algorithm and the interior-point method[J]. Renewable Energy, 2014, 72: 212 – 222.
[9] Mohsenzadeh M, Hosseini R. A photovoltaic/thermal system with a combination of a booster diffuse reflector and vacuum tube for generation of electricity and hot water production[J]. Renewable Energy, 2015, 78: 245 – 252.
[10] Almeida P M, Barbosa P G, Oliveira J G. Digital proportional multi-resonant current controller for improving grid-connected photovoltaic systems [J]. Renewable Energy, 2015, 76: 662 – 669.
[11] Graditi G, Colonnese D, Femia N. Efficiency and reliability comparison of DC – DC converters for single phase grid connected photovoltaic inverters[C]. Pisa: Power Electronics Electrical Drives Automation and Motion (SPEEDAM), 2010.
[12] Wang X Y, Mahinda V D, Choi S S. Determination of battery storage capacity in energy buffer for wind farm[J]. IEEE Transactions Energy Convers, 2008, 23(3): 868 – 878.
[13] Teleke S, Baran M E, Huang A, et al. Control strategies for battery energy storage for wind farm dispatching[J]. IEEE Transactions Energy Convers, 2009, 24(3): 725 – 732.
[14] Sercan T, Mesut E B, Subhashish B, et al. Rule-based control of battery energy storage for dispatching intermittent renewable sources[J]. IEEE Transactions Sustainable energy, 2010, 1(3): 117 – 124.
[15] GWEC. Global wind reports[EB/OL]. http://www.gwec.net/publications/global-wind-report-2[2019 – 10 – 16].
[16] 徐炉明. 全球风电装机容量,中国贡献最大[EB/OL]. http://www.cehome.com/news/20160314/210615.shtml[2019 – 10 – 16].
[17] 国家能源局. 促进光伏产业健康发展[EB/OL]. http://www.nea.gov.cn/ztzl/gfjkfz/index.htm[2019 – 10 – 16].
[18] 中研普华. 2013 – 2017 年中国智能建筑行业市场前瞻与投资战略规划分析报告[R]. 深圳: 中研普华管理咨询公司,2013.
[19] 清华大学建筑节能研究中心. 中国建筑节能年度发展研究报告[M]. 北京: 中国建筑工业出版社,2015.
[20] 冯希科,郃能灵,宋凯,等. DG 容量对配电网电流保护的影响及对策研究[J]. 电力系统保护与控制,2010,38(22): 156 – 165.

第三章　船舶大功率电力推进自主优化控制

充分利用电力电子变换器的控制灵活性以及负载的调控互补性，可有效降低负载对船舶综合电力系统冲击的影响，同时降低船舶综合电力系统谐波水平，进而提升推进系统的稳定优质运行。本章对大功率全电推进系统变频装置与多工况自主优化控制技术进行研究。分析变频器暂态机理，提出自适应下垂控制方法，提出大功率推进系统运行稳定性评估与预测方法；研究变频器虚拟同步电机控制原理，提出基于准 PR 控制的自适应惯量控制方法；通过仿真对船舶综合电力系统暂态安全稳定性影响因素的影响程度进行分析，结果表明所提控制算法可以满足系统稳定输出需求，同时具有良好的动态性能。

3.1　变频器自适应下垂控制方法

3.1.1　变频器暂态机理

针对兆瓦级大功率多电平变流器以及配套的变频调速控制系统，在发生供配电系统电压波动或跌落时，变频器会脱离原本的稳定运行状态，功角将会根据电压的变化在功角曲线簇之间不断变化[1]。若变频器的输出功率与额定功率不相等，其输出功率与功角将会在控制的作用下沿着功角曲线向额定功率恢复。

变频器的暂态过程可分为三个阶段：电压跌落前、电压跌落中与电压跌落恢复后。图 3-1 为变频器暂态运行轨迹。电压跌落前，变频器工作在额定状态，此时的功角曲线如图中黑色曲线所示。电压跌落后，变频器的功角曲线随之降低，如图中绿色曲线所示。此时，变频器的输出有功功率将会下降，低于额定值。当变频器的输出有功功率小于额定值时，控制将会使变频器的工作频率增加，从而使得功角逐渐增加。变频器将会沿着电压跌落后的曲线不断向前变化。

蓝色曲线为电压跌落的功角曲线。其中 E_1、E_2、E_3、E_4 与 E_5 为线路切除后功角曲线与额定有功功率的交点，称为功率平衡点。变频器工作在 $E_1 \sim E_5$ 时有功功率与额定功率相等，功角不会再发生变化，将会维持稳定。

若在 A 点跌落电压恢复，变频器的有功功率将会迅速变化至 A'，此时变频器

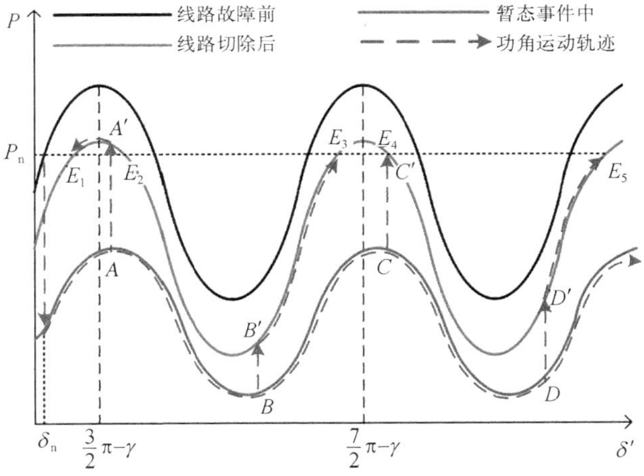

图 3－1　变频器暂态运行轨迹

的有功功率将大于额定功率，功角将会逐渐减小，从而使得变频器的工作点沿着蓝色曲线向功角减小的方向运动，当工作点在 E_1 时，变频器的输出功率等于额定功率，工作点将不再移动，变频器将稳定在 E_1。

若在 B 或 D 点跌落电压恢复，变频器功率将小于额定功率，此时变频器的工作点将会沿着蓝色曲线向功角增大的方向移动，直到达到下一个功率平衡点，达到稳定。

若在 C 点跌落电压恢复，变频器工作点恰好在 E_4，此时变频器的输出有功功率等于额定有功功率，功角不会移动，变频器达到稳定。

3.1.2　变频器自适应下垂控制方法

图 3－2 为变频器下垂参数调整模块的具体结构[2,3]。输出功率 P_o 输入至激活模块，激活模块通过式(3－1)判断是否激活下垂参数调整。

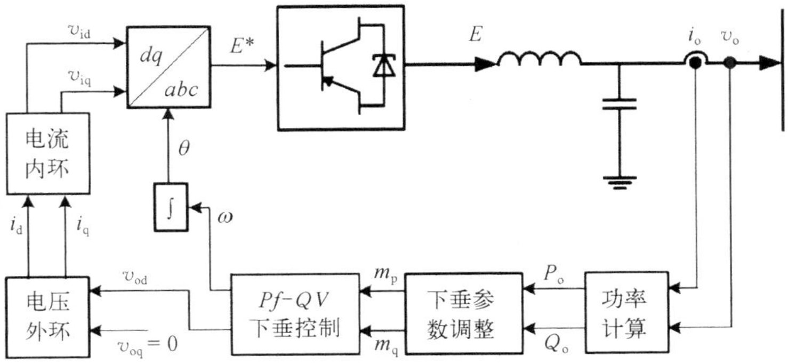

图 3－2　变频器控制结构

$$\left|\frac{\mathrm{d}P}{\mathrm{d}t}\right| \geqslant \alpha P_{\mathrm{n}} \tag{3-1}$$

其中，α 为极限斜率系数，它反映变频器在暂态状态下的功率突变速率，按照经验可取值 0.1~0.2。P_{n} 为新能源额定有功功率。若满足该不等式，则下垂参数调整被激活。

若激活，则将输出功率 P_{o}、Q_{o} 输入微分模块，求 P_{o}、Q_{o} 对时间的微分。将微分后的结果输入至除法模块，得到 P_{o}、Q_{o} 对功角 δ 的微分，除法模块的式如下：

$$\begin{cases} \dfrac{\partial P_{\mathrm{o}}}{\partial \delta} = \dfrac{\partial P_{\mathrm{o}}}{\partial t} \Big/ m_{\mathrm{p}}(P_{\mathrm{n}} - P_{\mathrm{o}}) \\ \dfrac{\partial Q_{\mathrm{o}}}{\partial \delta} = \dfrac{\partial Q_{\mathrm{o}}}{\partial t} \Big/ m_{\mathrm{p}}(P_{\mathrm{n}} - P_{\mathrm{o}}) \end{cases} \tag{3-2}$$

将 $\dfrac{\partial P}{\partial \delta}$、$\dfrac{\partial Q}{\partial \delta}$ 输入至功角判定模块得到有功调整因子 k_{p} 与无功调整因子 k_{q}，功角判定模块式为

$$\begin{cases} k_{\mathrm{q}} = M \Big/ \left|\dfrac{\mathrm{d}P_{\mathrm{o}}}{\mathrm{d}\delta}\right| \\ k_{\mathrm{p}} = N \Big/ \left|\dfrac{\mathrm{d}Q_{\mathrm{o}}}{\mathrm{d}\delta}\right| \end{cases} \tag{3-3}$$

其中，M 是无功判定乘子；N 是有功判定乘子。根据变频器的输出特性，有功功率 P_{o} 对功角 δ 的微分最大值为 $\dfrac{UV_{\mathrm{n}}}{Z}$，其中 V_{n} 是变频器的额定电压。为了保证在暂态过程中降低 m_{p}、提高 m_{q}，取值 M、N 为

$$\begin{cases} M = 1.1\dfrac{UV_{\mathrm{n}}}{Z} \\ N = 0.9\dfrac{UV_{\mathrm{n}}}{Z} \end{cases} \tag{3-4}$$

将有功调整因子 k_{p} 与无功调整因子 k_{q} 输入至调整模块，同时将原始下垂参数 m_{p0} 与 m_{q0} 输入至调整模块，得到调整后的 m_{p} 与 m_{q}。调整模块的式为

$$m_{\mathrm{p}} = \begin{cases} \dfrac{1}{k_{\mathrm{p}}} m_{\mathrm{p0}}, & k_{\mathrm{p}} m_{\mathrm{p0}} < m_{\mathrm{p}}^{\max} \\ m_{\mathrm{p}}^{\max}, & k_{\mathrm{p}} m_{\mathrm{p0}} \geqslant m_{\mathrm{p}}^{\max} \end{cases} \tag{3-5}$$

$$m_q = \begin{cases} k_q m_{q0}, & k_q m_{q0} \geqslant m_q^{\min} \\ m_q^{\min}, & k_q m_{q0} < m_q^{\min} \end{cases} \tag{3-6}$$

将 m_p 与 m_q 输入至变频器的控制系统内，实现对变频器的控制，如图 3－3 所示。

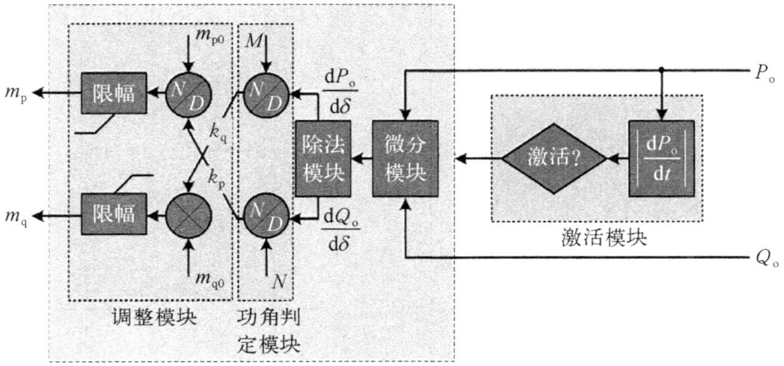

图 3－3　变频器下垂参数调整模块

变频器暂态稳定控制的流程如下所示。

1）外部功率计算模块与激活模块相连，外部功率计算模块将有功功率输入激活模块，激活模块判断暂态稳定控制是否激活。若不激活，则将原始下垂参数 m_{p0} 与 m_{q0} 输入变频器控制系统中；若激活，则启动下垂参数调整模块。下垂参数调整模块包含微分模块、除法模块、功角判定模块与调整模块。

2）微分模块与外部功率计算模块相连，外部功率计算模块将有功功率与无功功率输入微分模块，微分模块计算出有功功率对功角微分，无功功率对功角微分。微分模块与功角判定模块相连，微分模块将有功功率对功角微分值、无功功率对功角微分值，并输入功角判定模块。

3）功角判定模块根据有功功率对功角微分、无功功率对功角微分计算有功调整因子与无功调整因子。功角判定模块与调整模块相连，将有功调整因子与无功调整因子输入调整模块。调整模块根据有功调整因子与无功调整因子计算新的下垂参数。调整模块与变频器控制系统相连，将新的下垂参数输入变频器控制系统。

3.1.3　大功率推进系统运行稳定性评估与预测方法

下垂控制方程如下：

$$\begin{cases} \omega - \omega_n = m_P(P_n - P_o) \\ V - V_n = m_Q(Q_n - Q_o) \end{cases} \tag{3-7}$$

其中，ω 与 V 分别是变频器的输出角频率与输出电压，ω_n 与 V_n 分别是变频器的额定角频率与额定电压；P_o 与 Q_o 分别是变频器的输出有功功率与无功功率，P_n 与 Q_n 分别是变频器的额定有功功率与额定无功功率；m_P 与 m_Q 分别是下垂控制器的下垂有功系数与下垂无功系数，m_P 与 m_Q 通常为正值。下垂控制器在检测到有功功率/无功功率小于/大于额定值时，通过增加/减小变频器的角频率/电压，实现功率的调节。变频器的下垂特性如图 3-4 所示[4]。

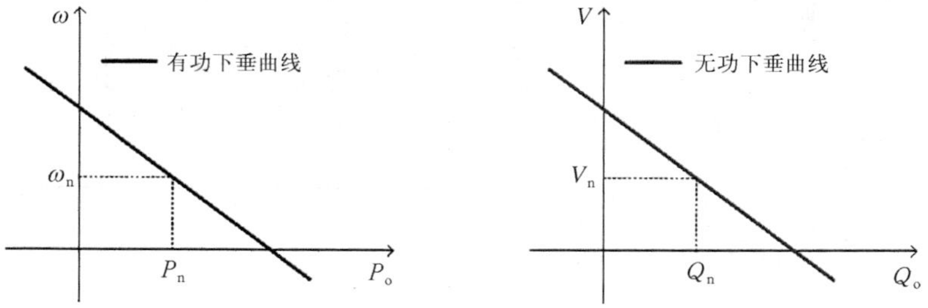

图 3-4　变频器下垂控制特性图

在下垂控制器之后为变频器的电压电流双闭环控制器，该双闭环控制器能够实现变频器稳定电压调节与快速电流调节，如图 3-5 所示。电压控制环的本质是比例-积分控制环，电流控制环的本质是比例控制环。双闭环输出内电势信号经过 dq/abc 变换与调制后作为 PWM 控制信号，调制三相电压。

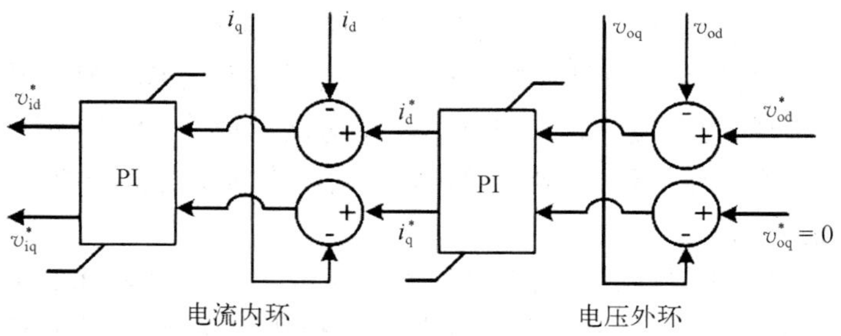

图 3-5　变频器电压电流双闭环控制器

变频器输出侧公共母线具有稳定的运行电压与频率，同时还为系统提供参考电压、参考频率，因此可以将公共母线等效为无穷大电源，其输出电压为 $U\angle 0°$。变频器所连负荷的大小与线路电压相关，用公式表达为

$$\begin{cases} P_L = \dfrac{V}{V_n} P_{nL} \\ Q_L = \dfrac{V}{V_n} Q_{nL} \end{cases} \tag{3-8}$$

其中，P_L 与 Q_L 分别是负荷消耗的有功功率与无功功率；P_{nL} 与 Q_{nL} 分别是负荷的额定消耗有功功率与无功功率。

船舶电源通常与负荷之间电气距离近，不需要通过远距离的线路进行电能的交换，因此，可忽略变频器与负荷之间的线路阻抗。

为了简化问题，可认为变频器与船舶电网之间的馈线及负荷与船舶电网之间的馈线相同，则变频器的输出功率用公示表达为

$$\begin{cases} P_o = \dfrac{V^2\cos\gamma - VU\cos(\gamma+\delta)}{0.5Z} + \dfrac{V}{V_n}P_{nL} \\ Q_o = \dfrac{V^2\sin\gamma - VU\sin(\gamma+\delta)}{0.5Z} + \dfrac{V}{V_n}Q_{nL} \end{cases} \tag{3-9}$$

其中，Z 与 γ 分别是馈线阻抗的大小与阻抗角；δ 为变频器与船舶电网之间的相角差，记作功角。

根据变频器的输出功率公式，以功角 δ 作为变量，变化电压 V 的值，可得到不同的功角-有功功率曲线。由图 3-6 可知，变频器的有功功角特性是正弦型的，且在功角 $\delta=\gamma$ 时变频器的有功输出最低，在功角 $\delta=\pi-\gamma$ 时变频器的有功输出达到最大。且变频器的输出特性将随着其接口处的电压波动而变化，电压越大变频器的整体有功输出越高。

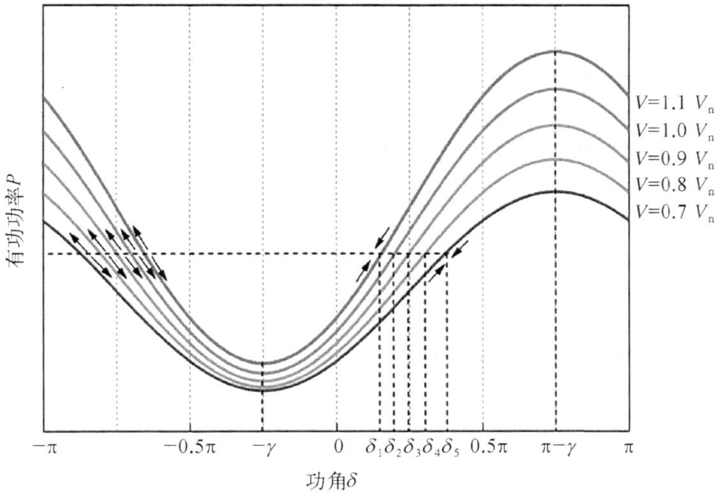

图 3-6　变频器功角曲线

通常变频器的额定频率将设定为船舶电网频率，因此由下垂方程可得

$$m_P(P_n - P_o) = \omega - \omega_n = \omega - \omega_g = \frac{d\delta}{dt} \tag{3-10}$$

其中，ω_g 为船舶电网角频率。当变频器的输出功率小于额定有功功率时，变频器的功角 δ 将会增加；反之，功角将减小。只有当变频器的输出功率等于额定功率时，变频器的功角不再发生变化，系统保持稳定。在 $[-\pi, \pi]$ 的范围内，功角曲线分别在 $[-\gamma, \pi-\gamma]$ 与 $[-\gamma, \pi-\gamma] \cup [\pi-\gamma, \pi]$ 两个区域内出现与额定功率相等的点，分别记作 δ_{n1} 与 δ_{n2}。

当变频器的功角 $\delta \in [-\gamma, \pi-\gamma]$ 时，可得到以下分析结果：

1）若变频器的输出功率小于额定功率，此时 $d\delta/dt > 0$，变频器功率将增加，功角 δ 将向着 δ_{n1} 不断变化，直到输出功率等于额定功率，功角 $\delta = \delta_{n1}$；

2）若变频器的输出功率大于额定功率，此时 $d\delta/dt < 0$，变频器功率将减小，功角 δ 将向着 δ_{n1} 不断变化，直到输出功率等于额定功率，功角 $\delta = \delta_{n1}$；

3）若变频器的输出功率等于额定功率，此时若受到一定扰动，变频器的功率将在额定功率范围内发生一定的波动，但最终将恢复到额定功率。

当变频器的功角 $\delta \in [-\gamma, \pi-\gamma] \cup [\pi-\gamma, \pi]$ 时，可得到以下分析结果：

1）若 $\delta \in [-\pi, \delta_{n2}]$，变频器的输出功率大于额定功率，此时 $d\delta/dt < 0$，变频器功率将不断增加，功角 δ 将背向着 δ_{n2} 不断变化，直到功角进入下一个 $[-\pi, \pi]$ 的区间中；

2）若 $\delta \in [\delta_{n2}, -\gamma]$，变频器的输出功率小于额定功率，此时 $d\delta/dt > 0$，变频器功率将不断减小，功角 δ 将背向着 δ_{n2} 不断变化，直到功角进入区间 $[-\gamma, \pi-\gamma]$ 中；

3）若 $\delta \in [\pi-\gamma, \pi]$ 时，变频器的输出功率大于额定功率，此时 $d\delta/dt < 0$，变频器的功率将不断减小，直到功角进入区间 $[-\gamma, \pi-\gamma]$ 中；

4）若 $\delta = \delta_{n2}$，变频器的输出功率等于额定功率，但此时系统出现小扰动变频器的功角就将不断变化，直到进入区间 $[-\gamma, \pi-\gamma]$ 或下一个 $[-\pi, \pi]$ 的区间中。

由以上分析可知，功角曲线中的两个功率平衡点 δ_{n1} 与 δ_{n2} 中，δ_{n1} 是稳定平衡点，δ_{n2} 是不稳定平衡点。

变频器控制复杂，所连船舶电网、负荷等参数众多，它的暂态稳定性受到多方面因素影响。为了更全面地研究变频器的暂态稳定性，需要分析暂态稳定性的影响因素。扰动后下垂控制的变频器输出功率方程如式(3-11)所示。

$$\begin{cases} P_o = \dfrac{V^2\cos\gamma - VU\cos(\gamma+\delta')}{Z} + \dfrac{V}{V_n}P_{nL} \\ Q_o = \dfrac{V^2\sin\gamma - VU\sin(\gamma+\delta')}{Z} + \dfrac{V}{V_n}Q_{nL} \end{cases} \tag{3-11}$$

分析可知，下垂控制的变频器扰动后功角曲线与电压值、馈线阻抗值、负荷大小相关；此外，额定功率值直接影响了变频器的稳定性。

(1) 网络参数

当故障发生时,电压瞬间下降至一个较低的值,当故障切除后,电压逐渐恢复。对故障切除后的每一个时刻,变频器的功角曲线随着输出电压的变化而改变。功角曲线的极值、幅值等影响着变频器的暂态恢复过程。

系统参数决定着功角曲线的特征,图 3-7 中是四种不同网络参数下变频器的功角曲线。A 组的电压为 a kV,电缆阻抗值为 b Ω,负荷为 c MVA;B 组的电压为 0.5a kV,电缆阻抗值为 b Ω,负荷为 c MVA;C 组的电压为 a kV,电缆阻抗值为 2b Ω,负荷为 c MVA;D 组的电压为 a kV,电缆阻抗值为 b Ω,负荷为 0.5c MVA。它们对有功功角曲线的影响如表 3-1 所示。

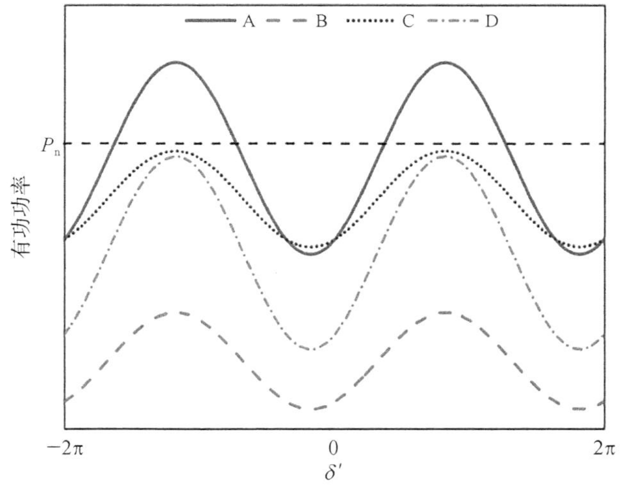

图 3-7　不同网络参数下功角曲线

表 3-1　网络参数对功角曲线的影响

功角曲线	电　压	馈线阻抗	负　荷	稳 定 性
A	a	b	c	稳定
B	0.5a	b	c	不稳定
C	a	2b	c	不稳定
D	a	b	0.5c	不稳定

注:当 $\delta' = 2k\pi \pm \arccos\left(\frac{V}{U}\cos\gamma\right) - \gamma$ 时,A 与 C 的有功功角曲线相交。

根据表 3-1 可知,输出电压、负荷与暂态稳定性呈正相关,馈线阻抗与暂态稳定性呈负相关。究其原因,当电压较低、馈线较长时,下垂控制的变频器与系统的联系较弱,变频器向外输送功率的能力有限,因此容易出现暂态不稳定。

（2）额定功率

根据分析，变频器额定功率是其暂态稳定性关键影响因素之一，当额定值较大时，可能会导致故障恢复后变频器无法达到额定功率，从而出现失稳。图 3－8 所示为不同额定功率下变频器功角变化轨迹。

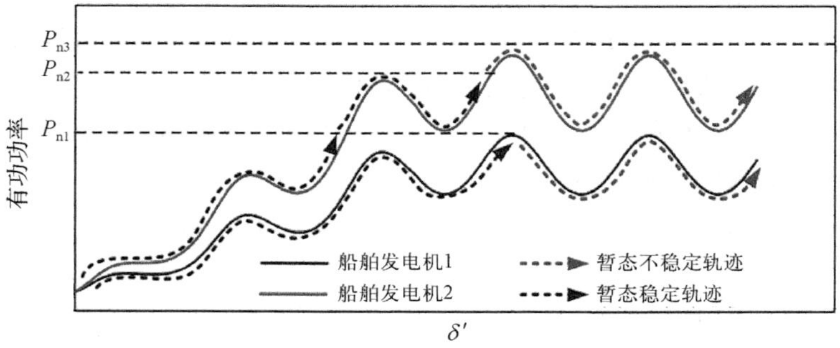

图 3－8　不同额定功率下功角轨迹

图 3－8 中实线为不同额定功率变频器对应的两条功角轨迹，变频器 2 比变频器 21 有功功率值更大。当变频器的额定功率为 P_{n1} 时，无论是哪条轨迹都能够达到功率平衡点，实现暂态稳定。当额定功率为 P_{n2} 时，由于变频器 21 与额定功率值无交点，因此变频器 21 将不断振荡下去，变得暂态不稳定，而变频器 22 与额定功率值有交点，因此能够实现暂态稳定。当额定功率值为 P_{n3} 时，变频器 21 和变频器 22 与额定功率均无交点，因此变频器均出现暂态不稳定。

3.2　变频器虚拟同步电机控制方法

下垂算法无法向系统提供惯性，稳定性不足，不能完全满足大功率全电推进系统的工作要求，无法适应船舶大功率全电推进系统特殊的运行条件。而同步发电机具有诸多优良的特性，在船舶电网波动时仍能输出较为稳定的电压及频率，功率调节能力也较强，能够保证输出电压的稳定和功率平衡，故借鉴同步发电机良好的控制特点，将同步发电机的惯性特性引入至变频器控制中[5,6]。

3.2.1　虚拟同步电机(VSG)控制原理

图 3－9 为基于 VSG 的变频器的有功-频率控制结构，变频器频率控制部分方程为

$$2H\frac{\mathrm{d}\omega}{\mathrm{d}t}=P_{\mathrm{ref}}-P-k(\omega-\omega_{\mathrm{grid}})+\frac{1}{D}(\omega_{\mathrm{ref}}-\omega_{\mathrm{grid}}) \tag{3-12}$$

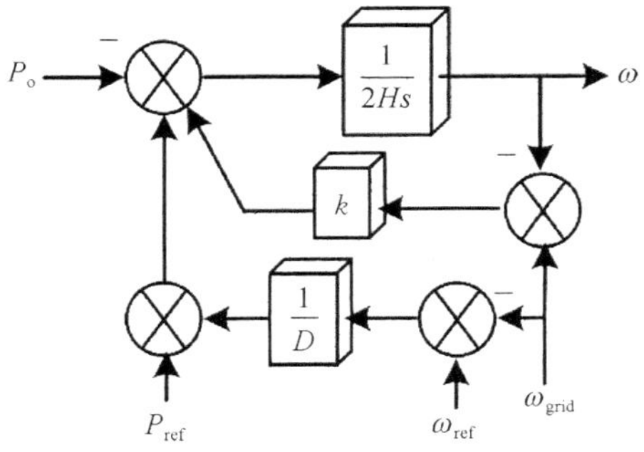

图 3－9　有功-频率控制

其中，P 是 VSG 控制下变频器端口输出的有功功率；k 为阻尼系数；ω 是变频器输出角频率；ω_{grid} 是公共耦合点处角频率；D 是有功下垂系数。有功-频率控制方程中 H 为 VSG 的虚拟惯量常数，$2H$ 表示 VSG 在额定功率指令下从角速度为零的停止状态加速到额定角速度所需要的时间。对同步发电机来说转动惯量标志旋转特性，与发电机尺寸、质量等物理量相关，而在 VSG 控制系统中，由于惯量常数为虚拟控制量，其值可灵活选择，可根据实际需要采用恒定值或函数值，取值范围也比同步发电机更宽，具备更优的控制效果[7,8]。

3.2.2　虚拟同步电机(VSG)扰动机理

VSG 模型中的变量包括 ω_{grid}、ω、P_{ref}、P_o，将模型中的变量值替换为“变量值减去给定值”，于是可以得到 VSG 在给定值附近线性化后的小信号模型[9-11]。此时的 VSG 控制结构可以认为是由两个输入量和两个输出量构成的系统，如图 3－10 所示。

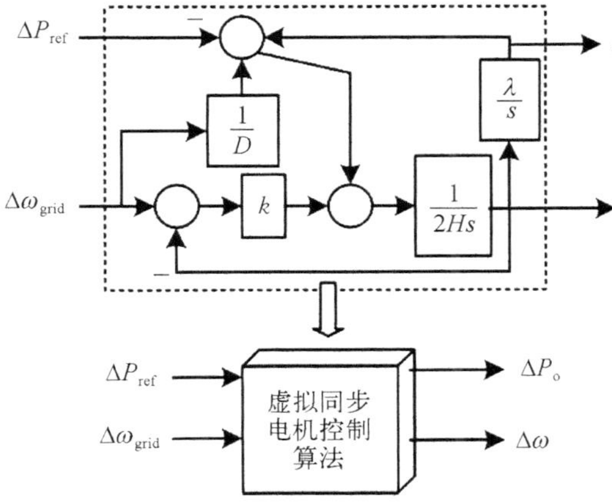

图 3－10　VSG 控制算法流程

公共母线频率恒为工频，保持不变，此时可以建立 VSG 有功功率输入、输出之间的传递函数为

$$G_1(s)=\frac{\Delta P}{\Delta P_{\mathrm{ref}}}=\frac{\lambda}{2Hs^2+ks+\lambda} \tag{3-13}$$

其中，$\lambda=\left.\frac{\partial P}{\partial\delta}\right|_{\delta=\delta_S,\,E=E_S}$；$\delta_S$ 和 E_S 是功率为 P_{ref} 和 Q_{ref} 时变频器的输出电压参量。

当 VSG 有功功率参考值不变时，建立以公共母线角频率波动为输入、VSG 角频率为输出的传递函数：

$$G_2(s)=\frac{\Delta\omega}{\Delta\omega_{\text{grid}}}=\frac{\left(k-\dfrac{1}{D}\right)s}{2Hs^2+ks+\lambda} \tag{3-14}$$

由传递函数表达式可见，VSG 控制器为二阶系统，系统的特征根为：$s_{1,2}=\dfrac{-k\pm\sqrt{k^2-8H\lambda}}{4H}$。

对于 VSG 控制结构的两个传递函数，$G_1(s)$ 所示传递函数可以用于分析变频器自身有功功率阶跃时系统的响应，而 $G_2(s)$ 所示传递函数则可以用于分析变频器受到来自外界系统频率扰动时系统的响应。下面针对功率和频率变化分别分析变频器输出特性。

1）当变频器自身有功功率参考值发生突变时，认为

$$\Delta P_{\text{ref}}=\alpha u(t) \tag{3-15}$$

其中，α 表示突变幅度；$u(t)$ 为单位阶跃函数。此时变频器输出功率偏差为

$$\Delta P(t)=\alpha-\frac{\alpha e^{-\frac{k}{4H}t}}{\sqrt{1-\dfrac{k^2}{8\lambda H}}}\sin\left(\frac{\sqrt{8\lambda H-k^2}}{4H}t+\beta\right) \tag{3-16}$$

其中，$\beta=\arccos\dfrac{k}{\sqrt{8\lambda H}}$。

该偏移量的第一次峰值时间 t_p 和最大超调 $\Delta P(t_p)$ 为

$$t_p=\frac{4\pi H}{\sqrt{8\lambda H-k^2}} \tag{3-17}$$

$$P(t_p)=\alpha+\alpha e^{-\frac{k\pi}{\sqrt{8\lambda H-k^2}}} \tag{3-18}$$

图 3－11 给出了变频器输出有功功率偏移 ΔP 的响应曲线。

从图中可以看出，随着虚拟惯量常数 H 增加，变频器输出有功功率偏移 ΔP 超调量不断增加，波动更加剧烈。也就是说，在该值域范围内，较小的虚拟惯量常数 H 对有功功率调节更有利。

2）若公共母线频率会发生小范围突变，认为

$$\Delta\omega_{\text{grid}}=\alpha[u(t)-u(t-\tau_0)] \tag{3-19}$$

其中，α 表示突变幅度；$u(t)$ 为单位阶跃函数；τ_0 为突变时段。此时变频器输出频

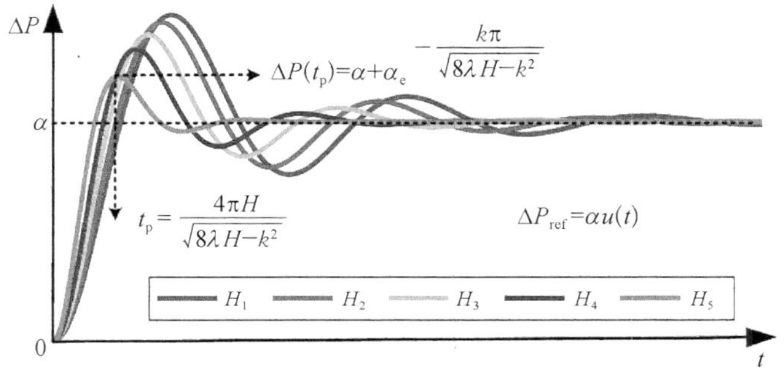

图 3－11　有功功率参考值突变时有功功率偏移 ΔP 的响应曲线

率偏差为

$$\Delta\omega(t)=\frac{2\alpha\left(k-\frac{1}{D}\right)(1-e^{-\tau_0})}{\sqrt{8\lambda H-k^2}}e^{-\frac{k}{4H}t}\sin\left(\frac{\sqrt{8\lambda H-k^2}}{4H}t\right)\tag{3-20}$$

该偏移量的第一次峰值时间 t_p 和最大超调 $\Delta\omega(t_p)$ 为

$$t_p=\frac{4\pi\beta}{\sqrt{8\lambda H-k^2}}\tag{3-21}$$

$$\Delta\omega(t_p)=\frac{2\alpha\left(k-\frac{1}{D}\right)(1-e^{-\tau_0})}{\sqrt{8\lambda H}}e^{-\frac{k\beta}{\sqrt{8\lambda H-k^2}}}\tag{3-22}$$

变频器输出频率偏移 $\Delta\omega$ 的响应曲线如图 3－12 所示。

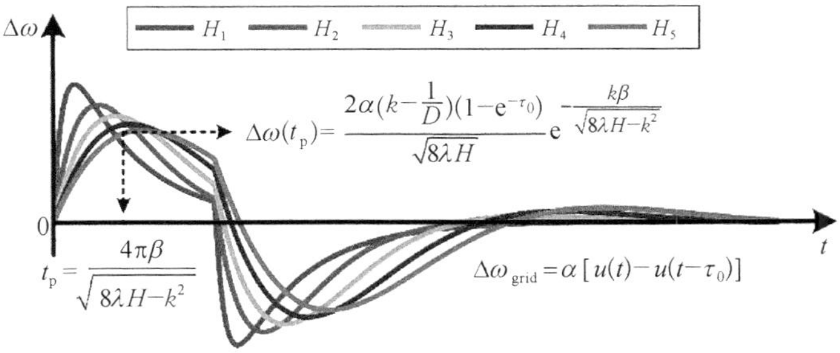

图 3－12　频率突变时变频器输出频率偏移 $\Delta\omega$ 的响应曲线

从图中可以看出，随着虚拟惯量常数 H 的增加，变频器输出频率偏移 $\Delta\omega$ 超调量不断减小，整体波动较为平缓。也就是说，在该值域范围内，较大的虚拟惯量常

数 H 对频率调节更有利。

在不同运行场景下虚拟惯量 H 的大小对变频器系统输出有功功率与频率之间作用相反，一方面，当变频器受到来自外界系统扰动频率突变时，虚拟惯量常数增加可以使变频器输出频率偏移减小，频率波动更为平缓；另一方面，当变频器自身有功功率输出发生变化时，减小虚拟惯量常数可以降低变频器输出有功功率偏移，使有功调节更为平稳。

3.2.3 基于准 PR 控制的自适应惯量控制方案

鉴于同步发电机的恒频恒压特性以及本身的机械惯性和阻尼作用，有学者提出在变频器控制器中，加入适当的控制算法并配备相应环节，使得变频器控制器从外特性上模拟或部分模拟同步发电机的电压/频率控制特性，从而改善船舶电力系统稳定性的问题，而这就是虚拟同步电机技术（virtual synchronous generator，VSG）[12]。

（1）电流控制型 VSG 技术

欧洲 VSYNC 工程，致力于改善电网稳定性的控制研究，到目前为止，有两种比较成熟的电流控制型 VSG 技术，分别是比利时鲁汶大学提出的 VSG 技术和德国劳克斯塔尔工业大学提出的 VISMA（virtual synchronous machine）技术。

VSG 技术其控制思路是通过构造虚拟惯量和一次调频功率指令，通过电流闭环反馈控制来模拟同步发电机的转子惯性[13]。

转子运动方程如下：

$$J\frac{\mathrm{d}\omega}{\mathrm{d}t}=T_{\mathrm{m}}-T_{\mathrm{c}}=\frac{P_{\mathrm{m}}}{\omega}-\frac{P_{\mathrm{c}}}{\omega} \tag{3-23}$$

其中，J 为转动惯量；T_{m}、T_{c} 分别为机械转矩和电磁转矩；P_{m}、P_{c} 分别为机械功率和电磁功率；ω 为实际电网角速度。

为模拟转子的惯性作用，虚拟惯量的功率指令 P_{i} 为

$$P_{\mathrm{i}}=-J\cdot\omega\cdot\frac{\mathrm{d}\omega}{\mathrm{d}t} \tag{3-24}$$

可以看出，当电网频率从额定值变化至另一稳态值时，变频器的输出功率为0，而这不利于电网频率的恢复。

所以，该模型增加了虚拟一次调频指令 P_{droop}：

$$P_{droop}=-\frac{1}{m}\cdot(\omega-\omega_{ref}) \tag{3-25}$$

当电网频率下降，同步发电机输出有功功率；当电网频率上升，同步发电机吸收有功功率。

综上，并网逆变控制器的总有功功率 P_{ref}：

$$P_{ref}=P_{droop}+P_i \tag{3-26}$$

而系统的有功无功功率分别为

$$\begin{aligned} p&=\frac{3}{2}(u_d\cdot i_d+u_q\cdot i_q)\\ q&=\frac{3}{2}(u_d\cdot i_q-u_q\cdot i_d)\end{aligned} \tag{3-27}$$

再结合变频器控制的相关参数，即可得到有功、无功的电流指令。VSG 技术通过模拟转子的惯性作用和一次调频控制，旨在提高系统的稳定性，但是参数选择尤为关键，不仅如此，该模型并没有很好地模拟同步发电机的励磁调节特性，也是一大缺陷。

相比之下，VISMA 技术以隐极式且极对数为 1 的同步发电机为蓝本，其定子的电气方程为

$$L\frac{\mathrm{d}i_{abc}}{\mathrm{d}t}=e_{abc}-u_{abc}-R\cdot i_{abc} \tag{3-28}$$

转子的机械方程为

$$M_{mech}-M_{cl}=J\frac{\mathrm{d}\omega}{\mathrm{d}t}+k_d\cdot f(s)\cdot\frac{\mathrm{d}\omega}{\mathrm{d}t} \tag{3-29}$$

于是可控制滤波电感电流，从而使整个变频器控制系统呈现出同步发电机特性。而且在转矩生成时，还可以根据系统设计加入一次调频和调压环节，更好地模拟出同步发电机特性。

(2) 电压控制型 VSG 技术

从外特性上看，电流控制型 VSG 技术等效于受控电流源，无法适应船舶系统运行。为解决此问题，提出了电压控制型 VSG 技术。

其变频器输出频率控制模拟同步发电机的转子惯性及控制系统一次调频特性，在运行条件下，电压基准幅值经无功功率—电压控制环节给定，此处模拟的是

同步发电机的励磁调节环节。

其具体公式如下：

$$2H\frac{\mathrm{d}\omega}{\mathrm{d}t}=P_{\mathrm{m}}-P_{\mathrm{out}}-K_{\mathrm{D}}(\omega-\omega_{\mathrm{pcc}}) \tag{3-30}$$

$$P_{\mathrm{m}}-P_{\mathrm{ref}}=\frac{1}{D_{\mathrm{p}}}(\omega_{\mathrm{ref}}-\omega_{\mathrm{pcc}}) \tag{3-31}$$

$$E_1=E_{\mathrm{s}}-D_{\mathrm{q}}\cdot Q \tag{3-32}$$

$$E_2=\frac{K_{\mathrm{Q}}(Q_{\mathrm{ref}}-Q)}{s} \tag{3-33}$$

其中，H 为惯性系数；K_{D} 为阻尼系数；ω 为机械角频率；ω_{pcc} 为公共耦合点电压角频率；D_{q}、K_{Q} 皆为虚拟同步发电机励磁参数。

(3) 基于准 PR 控制的自适应电压控制型 VSG 技术

本节提出了一种自适应惯性频率调节控制策略，基于 VSG 技术，通过模拟同步发电机惯性特性，提高系统稳定调节能力，解决了固定惯量常数带来的输出平稳性与动态响应速度难以兼顾的问题。同时，采用准比例谐振(proportional resonant, PR)控制作为下层控制，增强控制系统跟踪性和控制精度。

频率稳定是同步发电机稳定运行的核心，而对 VSG 控制的变频器，是有功-频率控制环节模拟了同步发电机调频过程。以下通过分析有功-频率控制方程，建立基于 VSG 的变频器频率稳定模型。

根据控制方程可以得到 VSG 在额定值附近线性化的扰动模型。此时 VSG 控制结构可以认为是由两个输入量和一个输出量组成的系统。

图 3-13 中，$\lambda=\left.\frac{\partial P}{\partial \delta}\right|_{\delta=\delta_{\mathrm{S}},\,E=E_{\mathrm{S}}}$，$\delta_{\mathrm{S}}$ 和 E_{S} 是功率为 P_{ref} 和 Q_{ref} 时变频器的输出电压参量。

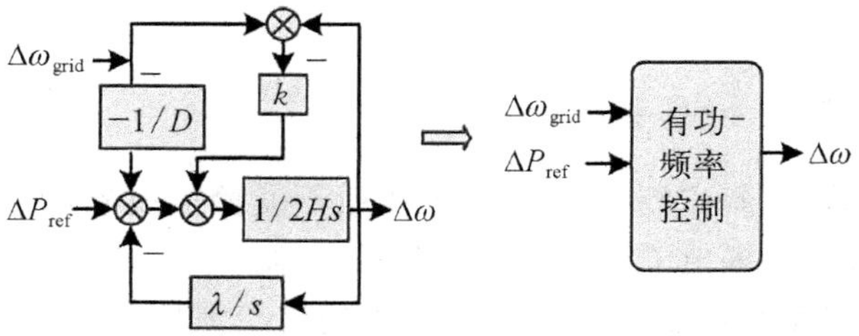

图 3-13　有功-频率控制环节等效输入、输出

目前稳定性分析多针对 $\Delta\omega_{grid}$ 为零,即认为公共母线频率恒为工频保持不变。此时可以建立 VSG 有功率输出、输入之间的传递函数,用于分析变频器自身有功功率阶跃时系统的响应。然而实际运行时,变频器除自身功率调整外,还会受外界频率扰动影响:电网频率可能会出现波动或振荡;电网频率也会有瞬时突变现象,这些频率波动将经过输电线传送至变频器系统。此时,对系统进行小信号稳定性分析时,公共母线频率波动 $\Delta\omega_{grid}$ 不为零,已有的分析方法不再适用。因此,本节分析认为公共母线频率波动 $\Delta\omega_{grid}$ 不为零,考虑变频器受外界因素频率扰动时系统的响应。

基于上述考虑得出系统频率稳定模型如式(3-34)所示。

$$\begin{bmatrix} \dot{\delta} \\ \dot{\omega} \end{bmatrix} = \begin{bmatrix} 0 & 1 \\ -\dfrac{\lambda}{2H} & -\dfrac{k}{2H} \end{bmatrix} \begin{bmatrix} \Delta\delta \\ \Delta\omega \end{bmatrix} + \begin{bmatrix} 0 \\ k - \dfrac{1}{D} \end{bmatrix} \Delta\omega_{grid} \tag{3-34}$$

其中,δ 和 ω 是变频器输出电压相位以及角频率,建立以公共母线角频率波动为输入、变频器角频率波动为输出的系统传递函数:

$$G(s) = \frac{\Delta\omega}{\Delta\omega_{grid}} = \frac{\left(k - \dfrac{1}{D}\right)s}{2Hs^2 + ks + \lambda} \tag{3-35}$$

可以看出,系统零点为 $s=0$;极点为 $s_{1,2} = \dfrac{-k \pm \sqrt{k^2 - 8H\lambda}}{4H}$;增益为 $\left(\dfrac{k}{2H} - \dfrac{1}{2HD}\right)$。

根据不同阻尼系数下,虚拟惯量常数 H 不断增大时系统根轨迹见图 3-14,虚

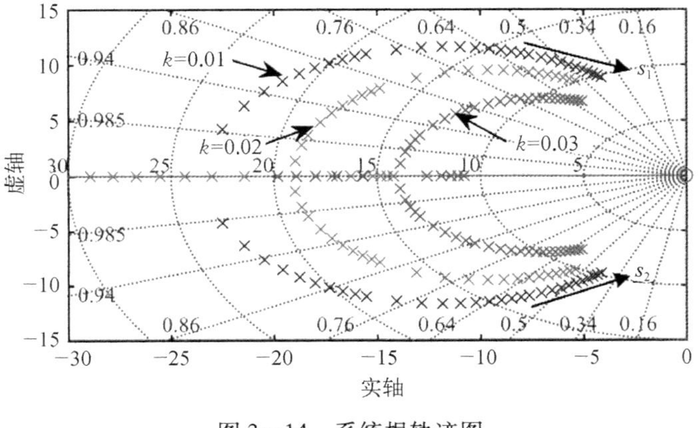

图 3-14　系统根轨迹图

拟惯量常数 H 过高会造成系统的特征根绝对值减小，特征根逐渐向虚轴偏移，系统稳定裕度降低。

考虑公共母线频率会发生范围突变，如式(3－19)所示，不同虚拟惯性常数下，公共母线角频率突变 $\Delta\omega_{grid}$ 一定时，变频器输出频率偏移 $\Delta\omega$ 的响应曲线如图 3－15 所示，其中 H_1 至 H_5 逐渐增大。

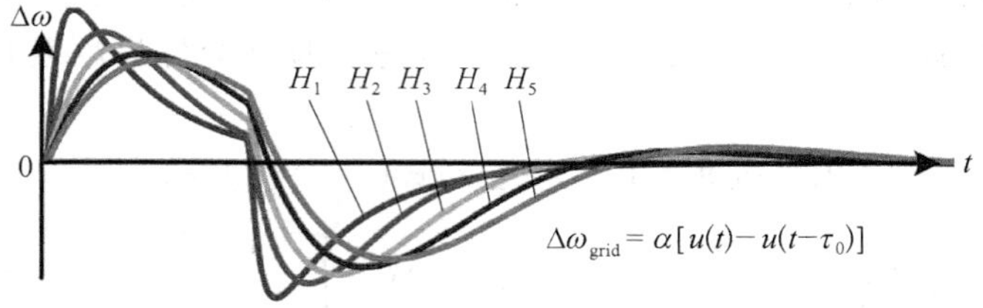

图 3－15　频率突变时变频器输出频率偏移 $\Delta\omega$ 的响应曲线

在电网频率发生阶跃变化时，变频器输出频率偏移呈现振荡与衰减的指数曲线，其中 H_1 至 H_5 逐渐增大。可以看出频率超调量随 H 的减小而增加，在虚拟惯量采用最大的 H_5 时，变频器输出偏移波动最小；而高虚拟惯量常数虽然可以有效平抑外界频率波动对系统的影响，但系统响应较慢，恢复稳定时间较长。当系统突变扰动消除，变频器逐渐恢复至正常运行状态，这时低惯量的优势显现出来，H 越小系统响应越快，可大大缩短暂态波动时间。

因此，在变频器遭受频率突变扰动时，瞬时频率偏移较大，此时应采用大虚拟惯量，可以有效抑制输出超调；而在扰动消除系统恢复时，应更专注于系统响应速度，以较小的虚拟惯量运行，使频率能够快速恢复至额定状态。

当电网出现频率振荡时，其角频率如下式所示：

$$\Delta\omega_{grid} = \beta\cos(\omega_d t)\,e^{-\frac{t}{\tau}} \tag{3-36}$$

其中，β 表示振荡幅度；ω_d 是振荡周期；τ 是振荡衰减的时间常数。

图 3－16 为系统发生角频率振荡衰减情况，在不同虚拟惯性常数下，变频器输

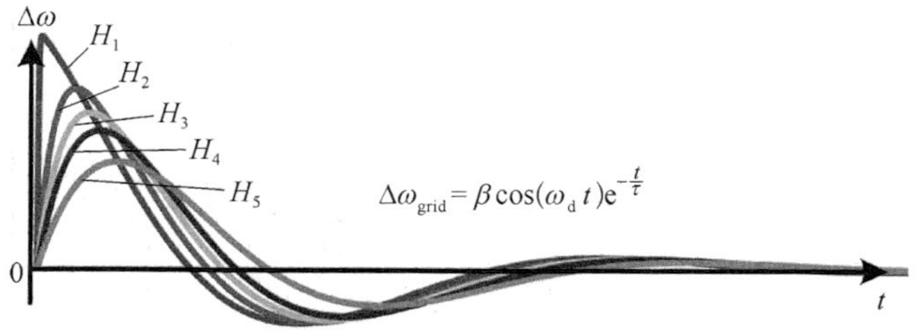

图 3－16　频率振荡衰减变频器输出频率偏移 $\Delta\omega$ 的响应曲线

出频率偏移 $\Delta\omega$ 的响应曲线，此场景下系统呈现出欠阻尼式的振荡衰减响应。从图中可以看出，随着 H 的减小，系统响应更加快速，上升时间和调整时间减小，能更快地使输出衰减至零，但是当虚拟惯量采用最小的 H_1，在发生角频率振荡时偏移量超调较大，变频器输出波动更为剧烈。

从表 3-2 可以看出，虚拟惯量 H 对变频器系统的影响并不是单一的。一方面，惯量常数增加可以有效平抑扰动，在外界频率出现波动时，抑制这些波动对自身频率输出的影响，有效降低超调量；另一方面，惯量常数降低又使得系统响应速度提高，能更迅速、及时应对外界扰动，缩短系统恢复时间。同时惯量常数适当降低也可以增大系统特征根绝对值，提高系统的稳定裕度。因此，根据实时运行状态进行惯量常数的自适应控制是十分必要的。

表 3-2　频率波动时变频器输出角频率偏移响应特点

虚拟惯量	响应特性	特　　点
H_1 至 H_5 逐渐增大	超调量	H_5 时最小
	响应速度	H_1 时最快

结合上述分析，本节提出了自适应惯性控制算法，控制系统中虚拟惯量常数 H 与变频器输出频率 ω 控制方程满足：

$$H = \frac{H_h k_a^2(\omega - \omega_{ref})^2 + H_0}{k_a^2(\omega - \omega_{ref})^2 + 1} \tag{3-37}$$

其中，k_a 为自适应控制灵敏因子；H_0 为变频器工作于工频时控制算法采用的虚拟惯量常数；H_h 为频率偏移无穷大时对应的虚拟惯量常数。

自适应虚拟惯量 H 与 ω 关系曲线如图 3-17 所示，图中深色区域为响应灵敏区，此区域包含稳定运行点 S，此点处变频器输出角频率为 ω_{ref}，控制系统中虚拟惯量常数为 H_0。稳定运行点 S 附近虚拟惯量常数较小，系统特征根绝对值较大，动态稳定裕度较强。同时，稳定运行点附近小范围内斜率较小，惯量常数随频率波动变化较小，可以保证在稳定运行点附近工作时控制参数基本维持不变。整个响应灵敏区内，虚拟惯量常数均较小，这使得面对外界干扰时，控制系统可以迅速响应，压缩调节时间，尽快恢复至额定运行状态。

而当变频器系统遭受扰动时，运行状态偏离稳定运行点，控制系统将进入超调平抑区。此区域惯量常数均较大，这使得外界频率波动对变频器自身频率输出影响大大降低，变频器输出频率将保持平缓，不会有较大的波动。

极限情况下，当频率偏移无穷大时，虚拟惯量常数将为 H_h，因此 H_h 是整个自适应虚拟惯量常数调节的上限。而当变频器输出频率无偏差时，控制算法采用的

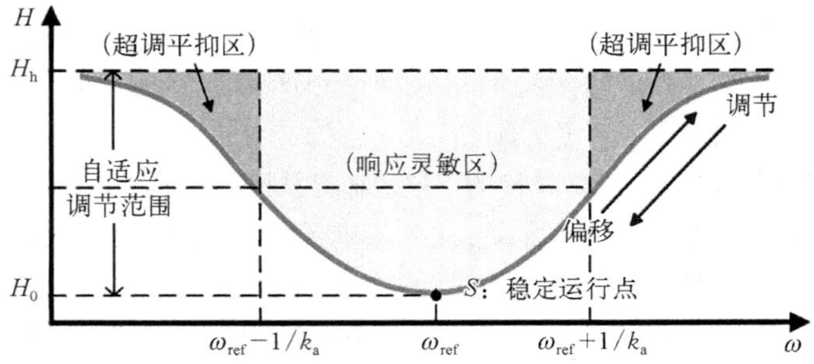

图 3-17　自适应虚拟惯量常数 H 与变频器输出角频率 ω 关系曲线

虚拟惯量常数为 H_0，这是自适应虚拟惯量常数调节的下限。虚拟惯量常数 H 在随着变频器输出频率 ω 变化调节过程中，其值始终大于零，控制系统运行在渐近线之上。这使得控制系统始终存在正阻尼，且特征根始终位于虚轴左侧，确保调节过程中系统稳定性不受到破坏。

当频率偏移达到 $1/k_a$ 时，虚拟惯量常数将为 $(H_0+H_h)/2$，即自适应调节区中值。因此，$\omega=\omega_{ref}\pm1/k_a$ 成为两个区域的分界处，k_a 则可以用于调节响应灵敏区和超调平抑区的相对大小，该参数表征了自适应控制灵敏程度。

图 3-18 给出了采用不同灵敏因子时，响应灵敏区的变化趋势。可以看到随着 k_a 增加，响应灵敏区变小，调节尺度不断降低；但是随着 k_a 增加，相同频率偏移处曲线斜率增大，这意味着控制系统更为灵敏，较小的状态变化即可引起参数调整。即采用较大的 k_a，可以加强响应速度，保证参数重置及时，避免不必要的拖延；若采用较小的 k_a，则可以使控制参数保持较为恒定的状态，避免为系统引入新的扰动。

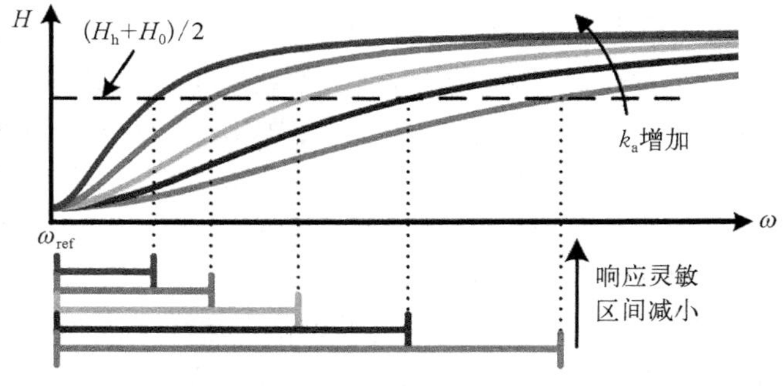

图 3-18　不同灵敏因子下响应灵敏区间变化趋势

电压电流内环控制能够改善控制性能，一方面，LC 滤波器会使得变频器输出电压略有减小，这需要后续控制补偿；另一方面，输出电压幅值与负荷阻抗值成正相关,甚至当连接三相不对称负荷时,输出电压也将会随之呈现出三相不对称,需要通过合理的设计电压电流内环控制器,降低负荷变化对输出电压的影响,使得变频器输出端口电压趋于稳定的参考值。不仅如此,设计良好的内环控制可快速、准确响应上层有功-频率、无功-电压模块给定的参考值,使系统更精确地模拟同步发电机特性。

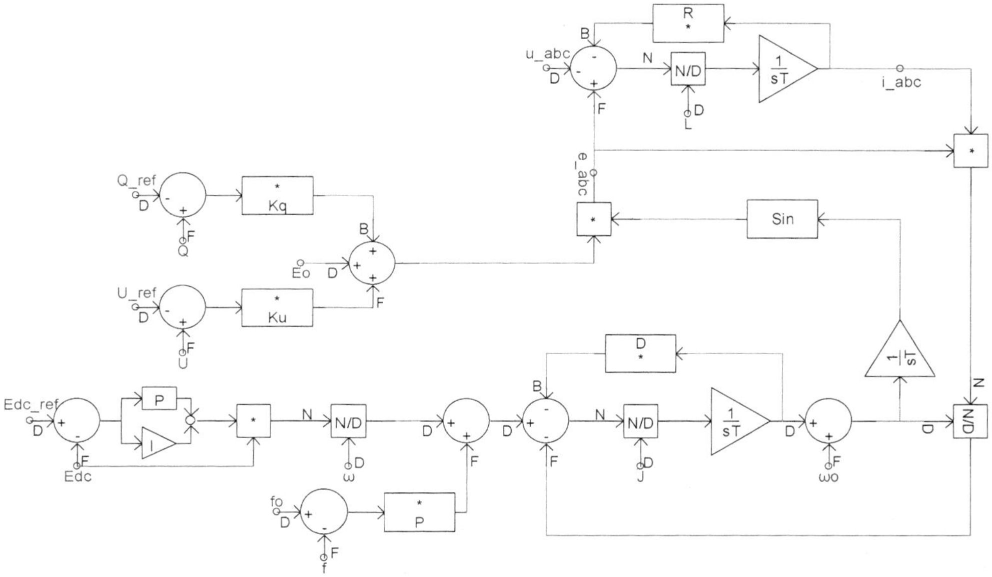

图 3-19　基于 VSG 技术的整流控制系统结构图

基于 VSG 技术的整流控制系统结构图如图 3-19 所示。在正弦环节,根据三相顺序做相应移位便可,由于调频调压环节的加入,整个整流控制模型呈现出良好的同步电机特性,即机械惯性和阻尼作用,从而可以有效地应对当系统故障或遭受扰动时,电压/频率的偏移,加强整流控制模型的稳定性和抗干扰性。

采用相对简化的同步电机模型,假设同步电机为隐极机且极对数为 1,虚拟同步电机的电磁方程表达式为

$$L\frac{\mathrm{d}i_{\mathrm{abc}}}{\mathrm{d}t}=e_{\mathrm{abc}}-u_{\mathrm{abc}}-R\cdot i_{\mathrm{abc}} \tag{3-38}$$

其中, R 和 L 分别为虚拟同步电机的定子电阻和电感; u_{abc} 为虚拟同步电机的机端电压。在对晶闸管进行控制时,对三相电流进行重构。可以看到,由于同步电机转动惯量 J 和阻尼系数 D 的存在,当船舶电网的电压/频率因为故障或其他原因受到扰动时,可以减缓变化趋势,短时间内维持电网电压/频率的相

对稳定。

根据同步电机理论,同步电机的无功输出和机端电压是通过其励磁控制系统来进行调节的。在虚拟同步电机中,将采用虚拟电势 E_f 来模拟励磁控制系统,从而调节无功输出和机端电压。

虚拟同步电机的虚拟电势 E_f 由三部分组成:

$$E_f = E_0 + \Delta E_Q + \Delta E_U \tag{3-39}$$

其中, E_0 为虚拟电机空载电势; ΔE_Q 为因无功调节部分带来的电势变化; ΔE_U 为因虚拟同步电机机端电压调节所带来的电势变化。后两者的具体表达式如下:

$$\Delta E_Q = k_q \cdot (Q_{ref} - Q) \tag{3-40}$$

$$Q = (u_{ab} \cdot i_c + u_{bc} \cdot i_a + u_{ca} \cdot i_b) / \sqrt{3} \tag{3-41}$$

$$\Delta E_U = k_u \cdot (U_{ref} - U) \tag{3-42}$$

其中, k_q 为无功调节系数; k_u 为虚拟同步电机机端电压调节系数,两者调节皆是比例调节。

生成标准的三相电流后,根据标准电流触发晶闸管,传统触发方式为 PI 控制。PI 控制具有算法简单、易于实现和可靠性高的特点,因此被广泛应用于工业领域。但常规的 PI 控制对于三相正弦参考电流存在稳态误差,故在电流控制系统若要采用 PI 控制,先要将三相电流经过派克变换转化为直流分量。此外,在电网遭受扰动时 PI 控制对频率偏移的抗干扰能力较差,因此在逆变或者整流中 PI 控制越来越受到限制。

准 PR 控制则是为了应对这一问题而提出的解决方案,它由两部分组成: ① P 控制,即比例控制,由一比例参数组成;② R 控制,即谐振控制,由谐振环节调节系数、可调参数和基波角频率组成。由于加入了谐振环节,它不仅仅可以做到无差跟踪,又可以利用谐振点来增大固定频率(此处选择电网的基波频率)的增益,可以有效地面对电网频率发生偏移时带来的扰动,稳定整个控制系统,提高其抗干扰性。准 PR 控制的传递函数模型如下:

$$G(s) = K_p + \frac{K_r \cdot \omega_c \cdot s}{s^2 + 2 \cdot \omega_c \cdot s + \omega_0^2} \tag{3-43}$$

其中, K_p 为 P 调节系数; K_r 为谐振环节调节系数; ω_c 为可调参数; ω_0 为基波角频率,即 314 rad/s。在实际模型中,我们取 $K_p = 0.5$、$K_r = 13$、$\omega_c = 1$, 则此准 PR 控制的传递函数伯德图如图 3-20 所示。

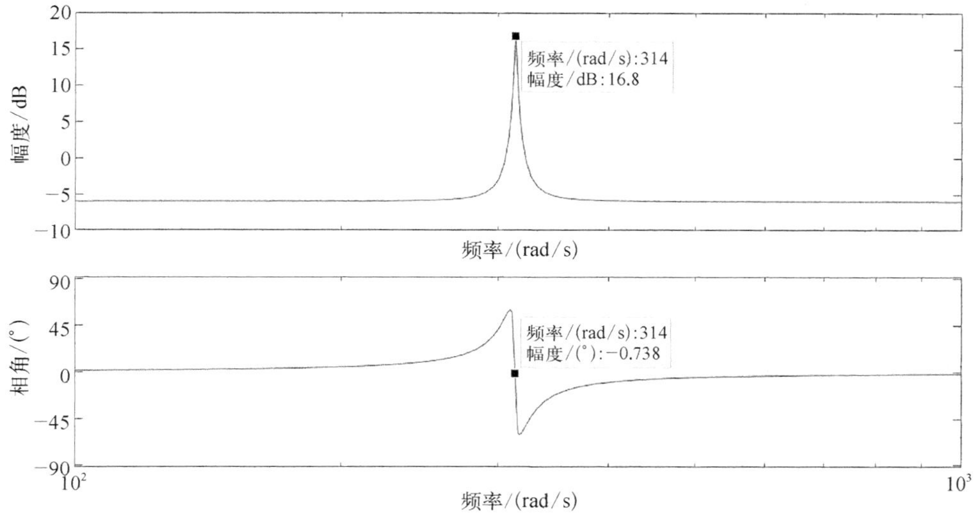

图 3 - 20　准 PR 控制伯德图

与之相比,普通的 PI 控制模型,则不具备以上特点,以 $G(s)=0.5+0.02/s$ 的控制系统为例,$G(s)$ 的 PI 控制伯德图如图 3 - 21 所示。

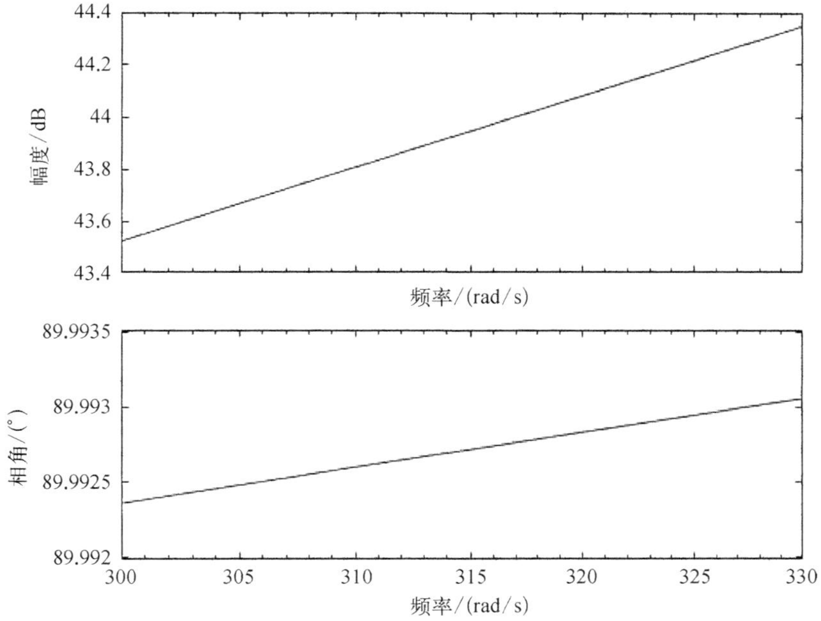

图 3 - 21　PI 控制伯德图

虽然 PI 控制在电网基波频率处有着较高的增益和近 180°的相角裕度,但是由于 PI 控制对频率没有选择性，当电网受到故障或干扰时，电网频率发生一定偏移时，PI 控制无法识别，将会在错误的频率上带来较大的增益效果，不具备稳定性和抗干扰能力，不利于电网频率恢复基准值。而准 PR 控制则不仅仅可以做到无差跟踪，又可以利用谐振点来增大固定频率（此处选择电网的基波频率）的增益，可以有效地面对电网频率发生偏移时带来的扰动，稳定整个控制系统，提高其抗干扰性。

3.3　控制算例分析

3.3.1　变频器自适应下垂控制算例

为了验证和分析含有自适应下垂控制的变频器的暂态稳定性，在 PSCAD/EMTDC 平台上对船舶综合电力系统暂态安全稳定性影响因素的影响程度进行仿真分析。三种网络参数被用作变量进行了分析，它们分别是：线路阻抗大小、电压等级、负荷大小。仿真结果如图 3－22～图 3－27 所示。

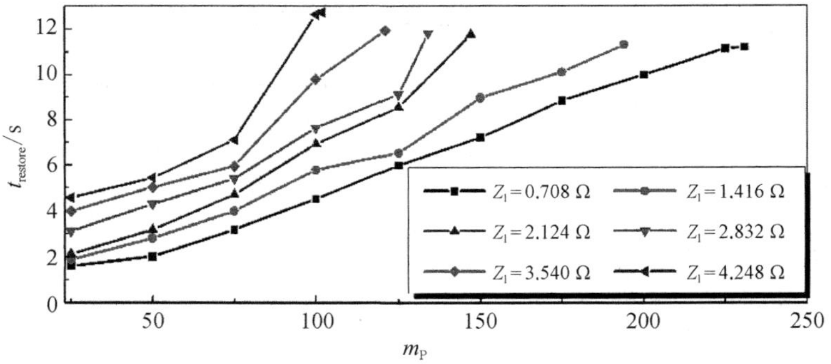

图 3－22　在暂态稳定状态下线路阻抗对系统稳定性影响

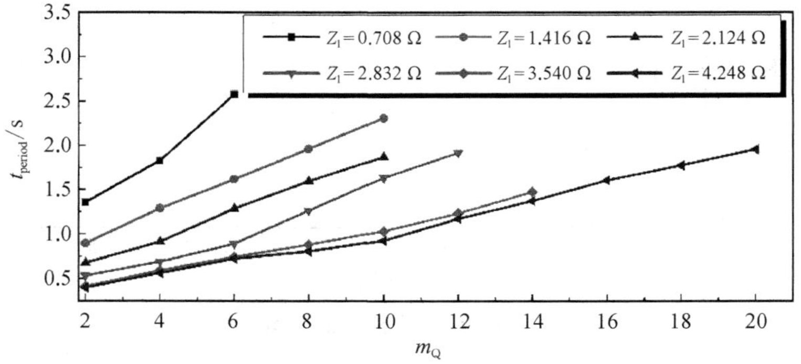

图 3－23　在暂态不稳定状态下线路阻抗对系统稳定性影响

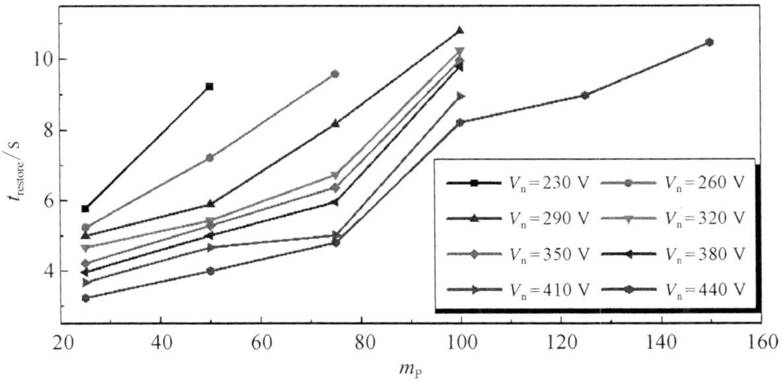

图 3-24　在暂态稳定状态下电压等级对系统稳定性影响

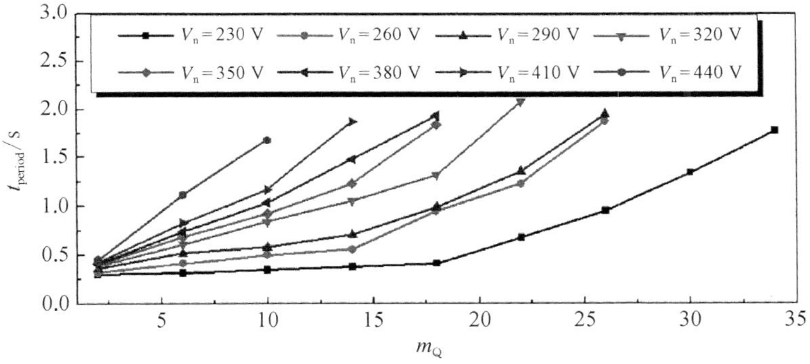

图 3-25　在暂态不稳定状态下电压等级对系统稳定性影响

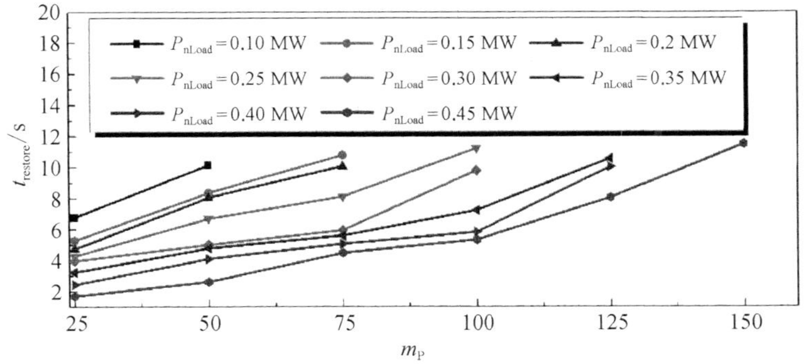

图 3-26　在暂态稳定状态下负荷大小对系统稳定性影响

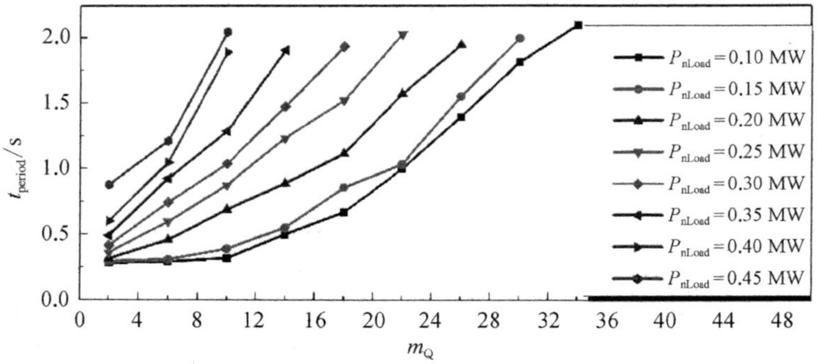

图 3－27　在暂态不稳定性状态下负荷大小对系统稳定影响

从仿真结果可以看出，当故障发生时，电压瞬间下降至一个较低的值，当故障切除后，电压逐渐恢复。对故障切除后的每一个时刻，变频器的功角曲线随着输出电压的变化而不断改变。功角曲线的极值、幅值等影响着船舶电网的暂态恢复过程。

电压、负荷与暂态稳定性呈正相关，馈线阻抗与暂态稳定性呈负相关。究其原因，当电压较低、馈线较长时，船舶综合电力系统输送功率的能力有限，因此容易出现暂态不稳定；对于船舶综合电力系统额定功率，负荷的降低间接增加了船舶综合电力系统需要向负荷输送的功率量，从而会导致船舶综合电力系统稳定性下降。

3.3.2　变频器虚拟同步电机控制算例

为观察故障发生时变频器虚拟同步电机控制在不同惯量下的响应情况，系统运行至 6.8 s 时，线路处发生三相短路故障，故障持续十个工频周波后消除。仿真结果如图 3－28 所示。

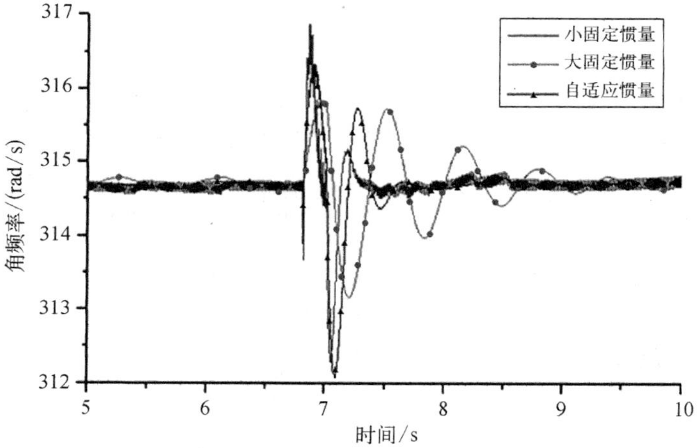

(a) 变频器输出角频率

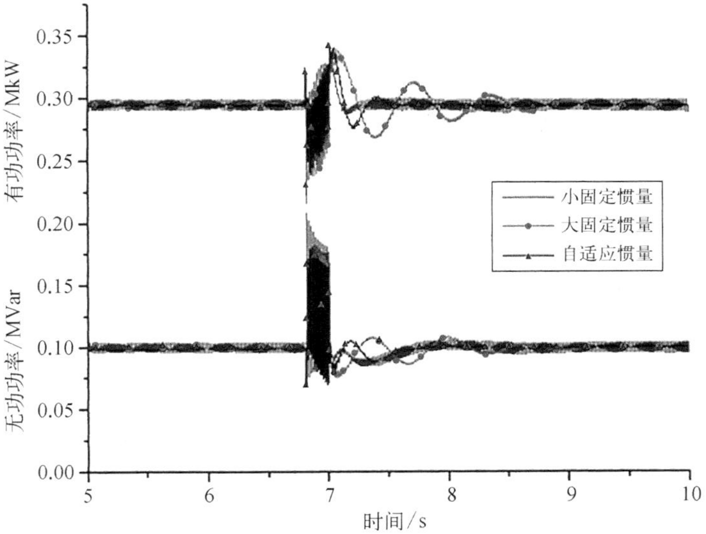

(b) 变频器输出功率

图 3－28　故障时不同惯量下变频器输出特性

可以看出,故障切除后,变频器输出频率和功率均在惯性作用下振荡,最终趋于稳定恢复原运行状态。对比较大的固定虚拟惯量常数值,自适应控制下尽管瞬时超调较大,但波动过程进行得极快,整个振荡被压缩,系统得以快速恢复。而对比较小的固定虚拟惯量常数值,自适应控制下运行曲线较细,这说明自适应控制下稳态波动较小,系统输出更加平稳。

为观察变频器在重载下输出响应情况,令系统运行至 10 s 时,负荷有功需求增加 900 kW,无功需求增加 300 kVar(图 3－29)。

负荷增加后,变频器输出频率和功率会发生振荡,最终频率会恢复为工频对应的角频率,另外,由于功率指令没有发生变化,振荡后变频器输出功率仍为设定的

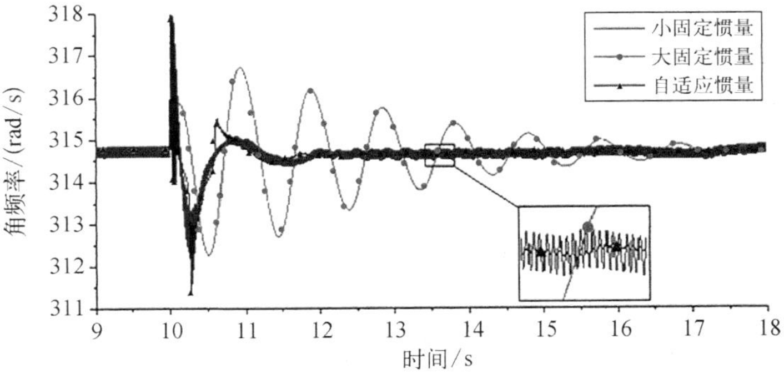

(a) 变频器输出角频率

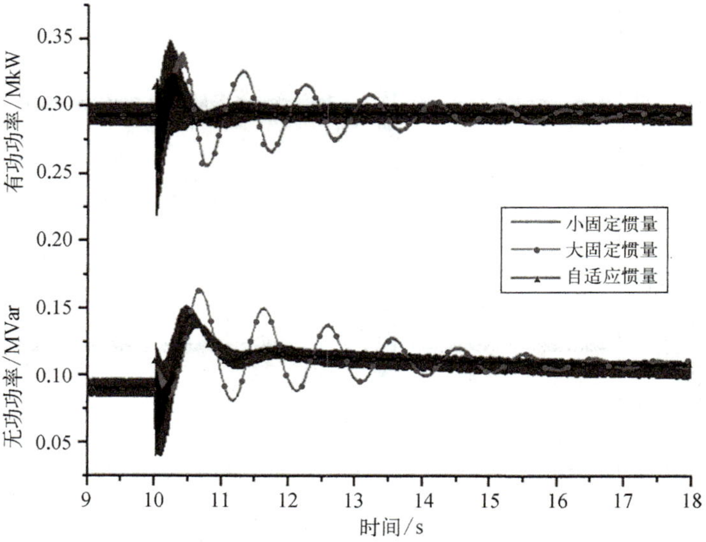

(b) 变频器输出功率

图 3－29　负荷突增时固定虚拟惯量常数与自适应惯性控制下变频器输出电量变化情况

参考值。对比较大的固定虚拟惯量常数值，自适应控制下会出现一个较大的瞬时超调，但随后振荡的各个波峰均有所下降，并且振荡过程更短。而对比较小的固定虚拟惯量常数值，自适应控制下整体动态波动较小。即仅在自适应控制下，可满足系统稳定输出，同时有较好的动态特性。

3.4　本 章 小 结

大功率全电推进系统是综合电力系统谐波与扰动的主要来源之一，传统控制方法以保证推进系统安全可靠运行为主，缺少利用电力电子变换器的控制灵活性以及与负载的调控互补性，难以保证推进系统的稳定与优质运行。本章发明一种多电平功率模块与多电平调制方法，构建兆瓦级大功率多电平变流器，发明配套的变频调速控制系统；针对供配电系统电压波动或跌落，发明具有保护功能的同步电压检测方法与装置，在同步检测交流电压的同时可以快速识别欠压事件，提出大功率推进系统运行稳定性评估与预测方法，发明基于自适应下垂控制系数的交交变频器稳定优化控制方法；针对不同工况下推进负载功率波动或突变，提出基于“背靠背”虚拟同步电机的交交变频器优化控制方法，有效降低推进功率突增对电网的冲击，发明惯性参数双层自适应的虚拟同步电机控制方法，最大限度优化系统功率与角速度暂态过程；针对推进系统的谐波特性，发明交交变频装置电流断续非线性补偿控制方法，使得输出电流过零处平滑，谐波含量少。

参考文献

[1] 张琦兵，邰能灵，王鹏，等. 大型船舶电力系统的静态电压稳定分析[J]. 船电技术，2010，30(10)：7-11.

[2] 蔡文超，高敏. 交直流混合微电网中双向变换器改进下垂控制研究[EB/OL]. http://kns.cnki.net/kcms/detail/15.1200.TM.20190218.1353.026.html[2019-03-18].

[3] 兰征，涂春鸣，姜飞. 基于虚拟电机技术的直流微电网与主电网柔性互联策略[EB/OL]. https://doi.org/10.19595/j.cnki.1000-6753.tces.180594[2019-03-18].

[4] 李美依，黄文焘，邰能灵，等. 频率扰动下虚拟同步电机控制型分布式电源自适应惯性控制策略[J]. 电网技术，2020，44(4)：1525-1533.

[5] Li M Y, Huang W T, Tai N L, et al. Lyapunov-based large signal stability assessment for VSG controlled inverter-interfaced distributed generators[J]. Energies, 2018, 11(9): 2273-2284.

[6] 霍现旭，吴盼，黄鑫，等. 基于自适应参数虚拟同步机的微电网稳定控制[J]. 电力建设，2019，40(2)：79-86.

[7] Li M Y, Huang W T, Tai N L, et al. Transient behavior analysis of VSG-IIDG during disturbances considering the current limit unit[R]. USA: IEEE power and energy society General Meeting in Atlanta, 2019.

[8] 晁凯云，苗世洪，刘子文，等. 基于虚拟同步电机控制的微电网稳定性分析[J]. 电力系统保护与控制，2019，47(3)：9-16.

[9] 张健夺. 逆变器的虚拟同步电机控制技术研究[D]. 北京：北京交通大学，2018.

[10] Yu M D, Huang W T, Tai N G, et al. Advanced microgrid and its multi-objective regulation strategy for shore supply[J]. Journal of Engineering, 2017, 13: 1590-1594.

[11] Yu M D, Huang W T, Tai N G, et al. Optimal reserve provision regulation for wind farms equipped with energy storage systems[J]. International Transactions on Electrical Energy Systems, 2019, 29(2): 1-29.

[12] 章雷其，黄林彬，黄伟，等. 提高下垂控制逆变器虚拟功角暂态稳定性的控制方法[J]. 电力系统自动化，2017，41(12)：56-62，99.

[13] Yu M D, Huang W T, Tai N G, et al. Transient stability mechanism of grid-connected inverter-interfaced distributed generators using droop control strategy[J]. Applied Energy, 2018, 210: 737-747.

第四章　船舶供配电系统电能质量动态优化控制

随着船载电力电子设备的增多，非线性负载产生的谐波对船舶综合电力系统电能质量的影响越来越大，同时高压变压器励磁涌流也是影响船舶综合电力系统电能质量的重要因素之一，这种影响在高压大容量供配电系统中尤为突出。针对该问题，本章对高压大容量供配电系统电能质量动态优化控制技术进行研究：根据谐波定义及其产生原因对多电平电压源型变流器输出谐波进行分析；研究综合电力系统混合电力滤波器，提出无源和有源滤波器原理及设计方法；设计船舶变压器励磁涌流抑制装置及其控制方法，提出串联电阻预充磁方案，设计新型变压器预充磁装置。仿真结果表明，所提综合电力系统混合电力滤波器及新型预充磁方案均具有良好应用效果，对比传统方案具有明显优势。

4.1　多电平电压源型变流器输出谐波分析

4.1.1　谐波定义及其产生原因

船上通常的电力负载包括白炽灯、电动机、加热器等，这些设备都是基于电感、电容和电阻元件，所有在本质上都是线性的，这意味着当供给正弦电压时，便可绘制一个与正弦电流相同频率的电流曲线[1-3]。基于新一代的电力电子技术，以非线性方式消耗功率。换言之，由正弦电压供电时，所绘制的并非正弦电流，而是非线性负载的电压电流曲线，如图 4－1。由此便产生了一个新的问题——谐波。

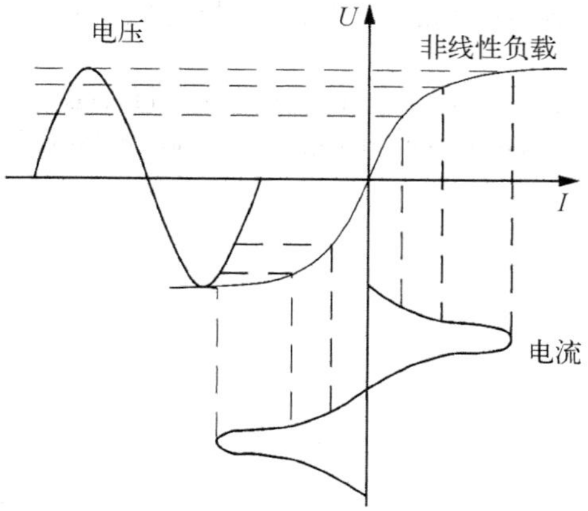

图 4－1　非线性负载的电压电流曲线

现代电力推进船舶电力系统包含了很多的非线性特性的电气设备，如船用电焊机、大功率的厨房电磁炉等设备，以及冷库空调制冷系统。非线性最为严重的是电力推进系统中采用变频器驱动的电动机推进系统。这些系统的共同点是都有变流整流装置,它们产生的高次谐波电流尤为突出,是造成船舶电力系统中谐波干扰的主要因素。另外船上荧光灯等单个容量虽然不大,但分布于船上各个舱室的小型但数量很多的谐波源也很难管理,是影响日用配电端谐波含量的因素之一。

随着电力电子装置在船上的应用越来越广泛,谐波已经成为影响电力系统稳定运行的因素之一,对设备都会有不同程度的影响。船舶中异步电动机有着非常广泛的应用。谐波会增加异步电机的铜耗和铁耗,导致电机发热增加,降低工作效率,还会引起机械振动和噪声增加。谐波对变压器的影响主要是增加铜耗和铁耗、发热、降低工作效率,进一步使波形失真;同时也会增加绝缘的压力。谐波电流对电缆的主要影响是由于趋肤效应和邻近效应导致损耗增加,温升增高,从而加速电缆绝缘的老化。谐波会导致电磁型继电器的误动作。试验证明,只要有效值相同,不论通入基波或高次谐波,只要达到整定值的要求,继电器就会动作并且导致电气测量仪表计量不准;谐波也会干扰船上通信线路、降低通信质量,甚至导致信息丢失。

4.1.2 船舶电网谐波分析

分析电网侧电流谐波与变频器输出功率关系时,假定变频器输出频率恒为 50 Hz。图 4-2 为变频器交流电网侧电流总谐波畸变率与变频器输出功率的关系曲线。图中纵坐标为电流总谐波畸变率 T_{HD}。由图可看出,在变频器输出 100%、80%、60%、40%额定功率时,电网侧 T_{HD} 分别为 9%、9.30%、10.81%、13.12%,随变频器输出功率的降低,电网侧电流谐波总畸变率增加,当输出功率为 100%额定功率时,畸变率最低。图 4-3 为变频器交流电网侧电流谐波值与变频器输出功率的关系曲线。由图可看出,电流谐波值随变频器输出功率的增加而增加,但由于基波电流增加的幅度更大,所以总谐波畸变率反而减小。

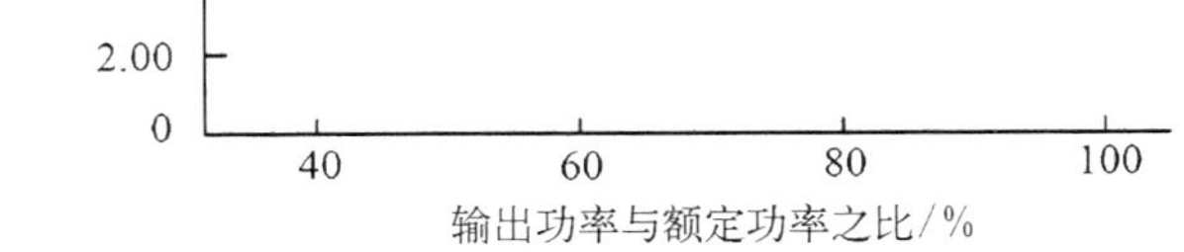

图 4-2 变频器交流电网侧与变频器输出功率的关系曲线

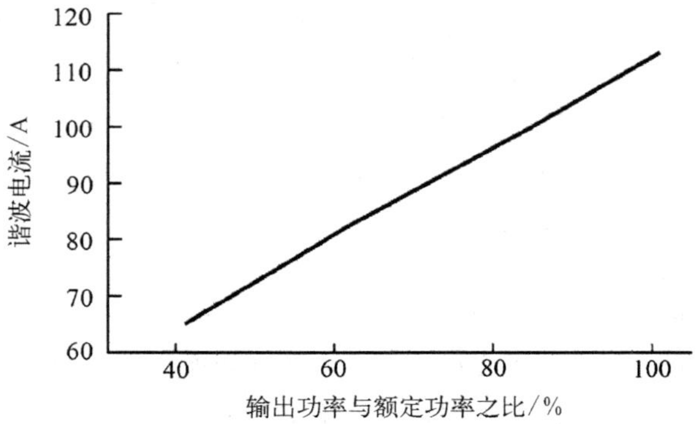

图 4-3　变频器交流电网侧电流谐波值与变频器输出功率的关系曲线

分析电网侧电流谐波与变频器输出频率的关系时,假定变频器恒输出 100%额定功率。图 4-4 为变频器交流电网侧电流谐波畸变率与变频器输出频率的关系曲线。由图可以看出,在变频器输出频率为 40 Hz、35 Hz、30 Hz、25 Hz、20 Hz 时,T_{HD} 分别为 10.08%、10.9%、12.13%、12.34%、12.99%,随变频器输出频率的降低,电网侧电流总谐波畸变率增加,当输出频率为 50 Hz 时,畸变率最低。

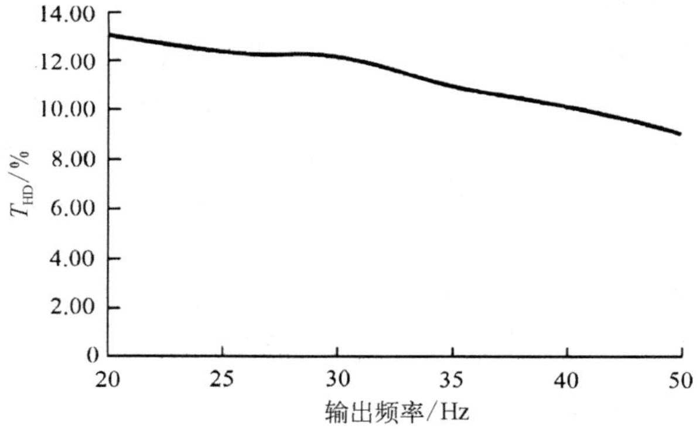

图 4-4　变频器交流电网侧 THD 与变频器输出频率的关系曲线

4.2　综合电力系统混合电力滤波器

4.2.1　采用无源滤波器滤除特征谐波

IEEE 对各级电网的谐波电压限值提出了两组推荐值:

1）高值。船舶的电网谐波电压很少超过高值,但其干扰效应的概率较高;

2）低值。低值是在大量干扰负荷附近很可能发现的值，其干扰效应的概率较小。

对于低、中压电网，高值的电压总畸变率分别为8%、7%，低值均取5%；对于高压电网，高值为3%，低值为1.5%[4,5]。当前各国的标准普遍以低值为基础。

我国《舰船通用规范3组电力系统》规定：船舶电力系统（标称频率50 Hz，有效值380 V或220 V），正弦波形畸变率在5%之内，最大单次谐波含量不超过3%；三相线电压的平均值允差为5%，线电压不平衡允差为3%，电压的周期性变化允差为2%，瞬态电压允差为±6%。在正常状态下，对由单相或三相设备组合而成的用电设备，其输入电流的不平衡度不应超过5%。仿真结果表明，变频器交流电网侧电流总谐波畸变率超过9%，高于IEC5%的标准值，因此需采取加装滤波装置等滤波措施。

无源滤波器结构简单，成本低，既可抑制谐波，也可补偿无功功率，使用范围较广。无源滤波器主要有单调谐滤波器和双调谐滤波器。单调谐滤波器用于吸收单次谐波。双调谐滤波器可同吸收两个次数的谐波，在谐振频率附近实际上等于两个并联的单调谐滤波器。双调谐滤波器基波损耗较小，仅一个电抗器承受全部冲击电压，但较复杂，调谐困难。因此在每条母线处（6.6 kV配电板）安装一组两个单调谐滤波器，分别调谐11、13次谐波。

调谐n次谐波的单调谐滤波器的设计步骤如下：

1）确定电容器容量，如等于谐波源需要的无功功率。

2）计算电容器的电抗。

3）为滤除n次谐波，电抗器的大小为电容器的电抗除以n的平方。

4）电抗器的电阻为电抗器的大小除以滤波器的品质因数。

5）计算滤波器的容量。

为直观地了解船舶电网谐波，利用Matlab构建了典型船舶模型（图4-5）。其参数为：电网侧工频50 Hz；发电机1容量16.5 MW、6.6 kV，发电机2容量22 MW、6.6 kV；等效低压负荷1容量2 MVA、450 V，等效低压负荷2容量2 MVA、450 V；等效电动机1容量3.5 MVA、6.6 kV，等效电动机2容量3.5 MVA、6.6 kV，等效电动机3容量2 MVA、6.6 kV，0.8滞后功率因数；推进电机1、2容量均为14 MW，0.9滞后功率因数；变频器直流侧电容取2.65 mF。

12脉整流电路的功率因数很高，可达0.995。图4-6为加装无源滤波器前后的变频器交流电网侧电流谐波频谱。由图可看出：

1）未加装任何滤波装置时，电流总谐波畸变率为12.99%，13次特征谐波含量超过10%。

2）加装无源滤波器后，11、13次谐波基本被滤除，其他$12n\pm1$次特征谐波也得到有效抑制，总谐波畸变率降为3.22%，最高单次谐波含量低于2%。

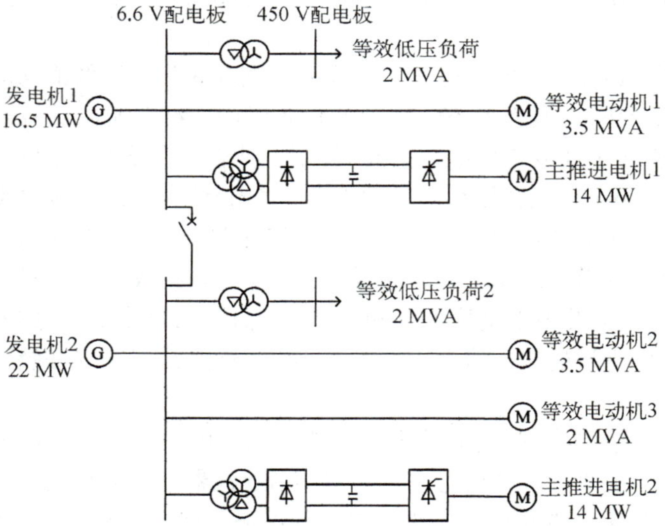

图 4－5　典型船舶电网仿真模型

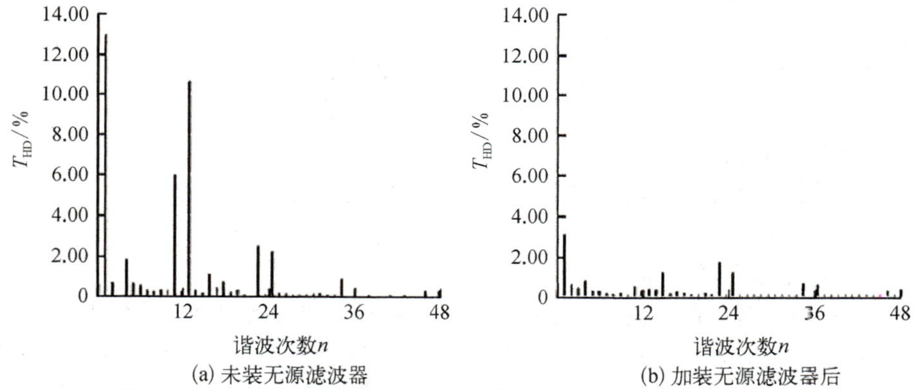

(a) 未装无源滤波器　(b) 加装无源滤波器后

图 4－6　加装无源滤波器前后变频器交流电网侧电流谐波频谱

4.2.2　有源滤波器无功补偿及其他非特征次谐波抑制

加装无源滤波器仅调谐 11、13 次特征谐波，对于低次非特征谐波抑制效果不明显。间谐波无法采用无源滤波器进行抑制，有源滤波器（APF）虽可补偿间谐波，且不受电网间谐波阻抗和系统谐波变化的影响，但 APF 的控制理论应用于间谐波治理的机理研究尚不完善，加之价格昂贵，因此应用不多。为治理间谐波，将间谐波分为高、低次间谐波。由于变频器未起到隔离电网侧和输出侧谐波的作用，对低次间谐波采用适当提高变频器 AC/DC 直流侧电容容量来处理[6,7]。而对高次间谐波,可采用高通滤波器滤除。

对低次谐波成分进行频谱分析,结果见图 4-7。由图可看出:谐波中含有大量的间谐波(图中不包含整数次谐波),且电网侧混入的间谐波集中于低频段,间谐波频率越低,谐波含量越大。将直流侧电容从 2.65 mF 提高到 5 mF 后,低频段的间谐波得到抑制,谐波中几乎不含间谐波。这是因为提高电容容量后,直流侧电压更接近于理想直流电压源。

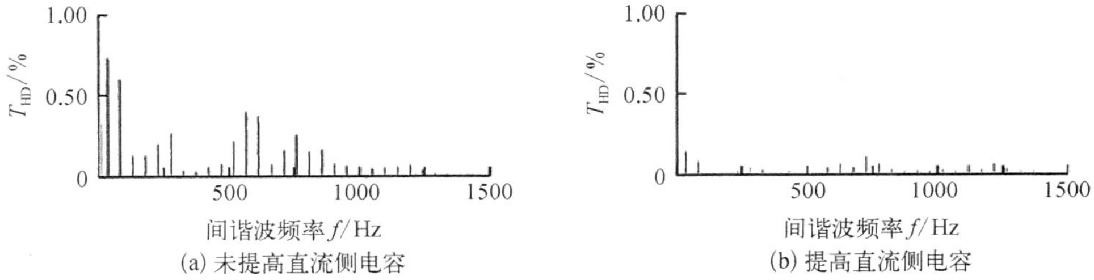

图 4-7　提高直流侧电容前后间谐波频谱

调谐滤波器仅能消除某特定次数谐波,而高通滤波器能在高于某个频率后很宽的频带范围内呈低阻抗。为消除某次及以上各次谐波,进一步提高滤波效果,考虑加装高通滤波器。高通滤波器有一阶、二阶、三阶减幅型,选用二阶减幅型。对调谐 n 次谐波的高通谐滤波器的设计步骤如下:

1) 确定电容器容量,如等于谐波源需要的无功功率。

2) 计算电容器的电抗。

3) 为滤除 n 次谐波,电抗器的大小为电容器电抗 n 的平方。

4) 电抗器的电阻为电抗器的大小乘滤波器的品质因数。

5) 计算滤波器的容量。

取滤波电容容量 QC = 2.0 Mvar,品质因数 Q = 0.5。图 4-8 为加装高通滤波器后,变频器交流电网侧电流谐波频谱图。由图可看出,电流总谐波畸率水平控制在 2%以下,最高单次谐波含有率低于 1%,滤波效果进一步得到提高。

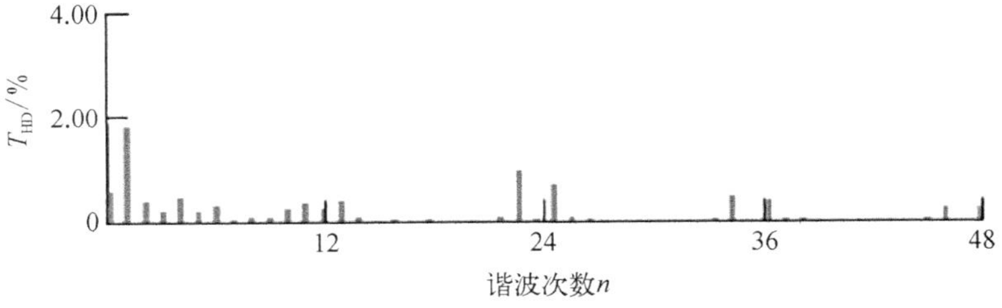

图 4-8　投入高通滤波后变频器交流电网侧谐波频谱

4.3　船舶变压器励磁涌流抑制装置及其控制方法

在大型船舶电力系统中，变压器连接中压与低压电网，对电网的安全稳定运行起重要作用。正常运行时，变压器的励磁电流很小，一般为额定电流的 1%～2%。当变压器空载合闸投入电网运行时，铁芯中磁通开始以空载合闸前铁心中的剩磁为起点，按电源电压波形积分关系变化。

由于铁芯磁通的饱和以及铁芯材料的非线性特性，励磁电流将达到极高的数值，同时波形会产生严重畸变，形成励磁涌流。由于磁势不能突变，空载合闸时绕组会感应出与所叠加磁通大小相等、方向相反的非周期衰减磁通，使变压器处于直流偏磁状态。处于直流偏磁状态的变压器绕组电流将严重畸变，大量磁链在过饱和的铁芯外闭合，变压器本身会出现振动加剧、噪声升高、局部过热。这将损坏变压器的绝缘，使变压器绕组机械应力增大，导致绕组形变。

为了抑制空载合闸时变压器产生的励磁涌流，一般采取预充磁技术降低励磁涌流对大型船舶电力系统的冲击。

4.3.1　变压器励磁涌流机理

(1) 励磁涌流的产生与特点

变压器空载合闸时出现的励磁涌流的根本原因是铁芯的磁化性质[8-11]。变压器铁芯的分段磁化曲线如图 4-9 所示。

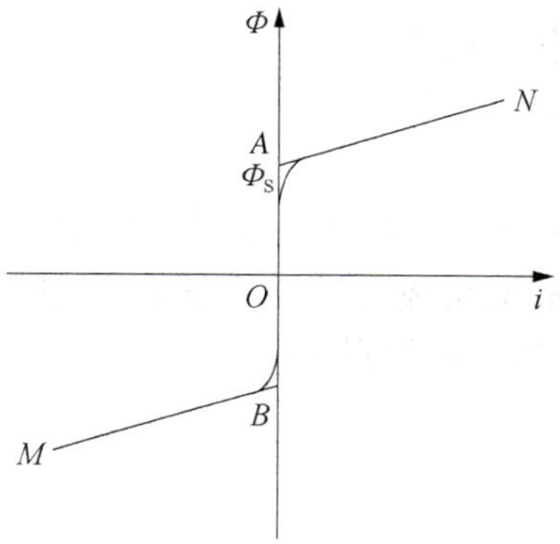

图 4-9　变压器铁芯的分段磁化曲线

A 点为饱和曲线的延长线与 Φ 轴的交点，因此可以用两条分段直线 OA 和 AN 来近似地代替变压器的磁化曲线。将 A 点的磁通定义为饱和磁通 Φ_S，当 $\Phi < \Phi_S$ 时，变压器铁芯未饱和，此时励磁电流很小；当 $\Phi > \Phi_S$ 时，变压器铁芯饱和，励磁电流沿着磁化特性曲线 AN 段或 BM 段迅速增大，变为励磁涌流。

假设变压器电源电压是纯正弦电压，且电源内阻抗为零，有

$$u = U_m \sin(\omega t + \alpha) \tag{4-1}$$

其中，α 为电源合闸初相角。

令一次绕组匝数 $N = 1$，且忽略变压器漏抗，则当单相变压器空载合闸到无穷大电源时，电压与磁通之间的关系为

$$\frac{\mathrm{d}\Phi}{\mathrm{d}t}=U_{\mathrm{m}}\sin(\omega t+\alpha) \tag{4-2}$$

则变压器空载合闸时铁芯磁通为

$$\Phi=-\Phi_{\mathrm{m}}\cos(\omega t+\alpha)+\Phi_{\mathrm{m}}\cos\alpha+\Phi_{\mathrm{r}} \tag{4-3}$$

其中，$\Phi_{\mathrm{m}}=\frac{U_{\mathrm{m}}}{\omega}$ 为对应电压的磁通幅值；$\Phi_{\mathrm{m}}\cos(\omega t+\alpha)$ 为稳态磁通；$\Phi_{\mathrm{m}}\cos\alpha+\Phi_{\mathrm{r}}$ 为暂态磁通，Φ_{r} 也为变压器铁芯的剩磁。

合闸瞬间 $t=0$ 时，有

$$\Phi=-\Phi_{\mathrm{m}}\cos(\omega t+\alpha)+\Phi_{\mathrm{m}}\cos\alpha+\Phi_{\mathrm{r}}=\Phi_{\mathrm{r}} \tag{4-4}$$

可以看出，在变压器合闸瞬间，铁芯磁通保持合闸前的剩磁，没有突变。当合闸初相角 $\alpha=0$ 且铁芯的剩磁 $\Phi_{\mathrm{r}}>0$ 时，在 $t=0$ 时空载合闸，变压器在合闸半个周期以后，铁芯中的总磁通达到了最大值，此时变压器的铁芯严重饱和。

设 $\theta=\omega t+\alpha$，Φ 以 2π 为周期，在 $(0,\ 2\pi)$ 周期内，当 $\theta_1<\theta<2\pi-\theta_1$ 时铁芯饱和，且 $\theta=\pi$ 时饱和最严重。令 $\Phi=\Phi_{\mathrm{S}}$，可得

$$I_{\mu}=\begin{cases}0,\ 0<\theta<\theta_1\ \text{或}\ \theta>2\pi-\theta_1\\ I_{\mathrm{m}}(\cos\theta_1-\cos\theta),\ \theta_1<\theta<2\pi-\theta_1\end{cases} \tag{4-5}$$

其中，

$$\begin{cases}I_{\mathrm{m}}=\Phi_{\mathrm{m}}/L_{\mu}\\ \theta_1=\arccos\left(\dfrac{\Phi_{\mathrm{m}}\cos\alpha+\Phi_{\mathrm{r}}-\Phi_{\mathrm{m}}}{\Phi_{\mathrm{m}}}\right)\end{cases} \tag{4-6}$$

励磁涌流的波形如图 4-10 所示。

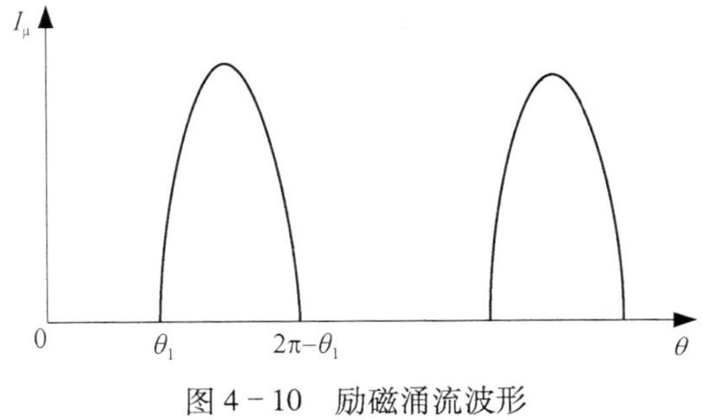

图 4-10　励磁涌流波形

励磁涌流的波形是间断的，其中波形间断的宽度称为励磁涌流的间断角 θ_j；其中 $\theta_j=2\theta_1$。

三相变压器励磁涌流的基本原理与单相变压器相同，三相变压器的接线图如图 4－11(a)所示。由于三相变压器的磁通分别滞后三相外加电压 90°，所以三相合闸角有 120°相位差，三相铁芯中的暂态磁通不可能全部为零，因此不论合闸角为多少，均不能避免产生励磁涌流，只是各相产生的励磁涌流的严重程度不同。

由于三相变压器三个铁芯的磁路完全独立，所以分析单相变压器励磁涌流的方法也适用于三相变压器，单相变压器励磁涌流的等效电路如图 4－11(6)所示。

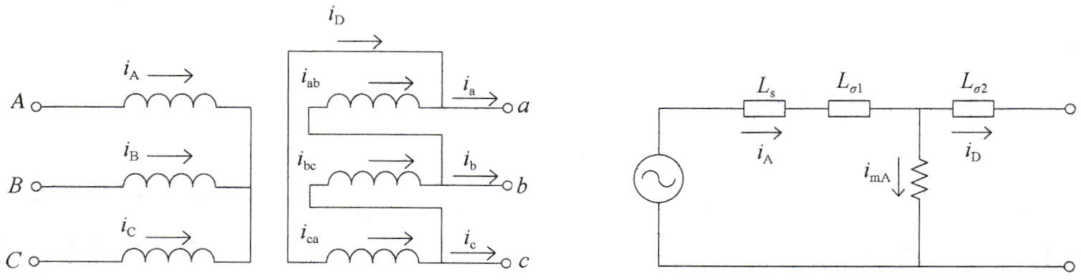

(a) 三相接线图　　(b) 单相等效电路

图 4－11　Y/△变压器的三相接线和单相等效电路

当三相变压器 Y 侧空载合闸时，由于受△侧环流的影响，Y 侧测量到的励磁涌流并非三相各自的铁芯磁化电流，而是由各自的磁化电流与△侧环流共同构成的，将△侧电流归算到 Y 侧得到单相等效电路，则 Y 侧测量到的三相励磁电流为

$$
\begin{aligned}
i_A &= i_{mA} + i_D \\
i_B &= i_{mB} + i_D \\
i_C &= i_{mC} + i_D
\end{aligned}
\tag{4-7}
$$

其中，i_A、i_B、i_C 是 Y 侧测量到三相励磁涌流；i_{mA}、i_{mB}、i_{mC} 是 Y 侧三相的铁芯磁化电流；$i_D = \dfrac{i_{ab} + i_{bc} + i_{ca}}{3}$ 是△侧的环流。

流入继电器的涌流有两种情况：一种是偏于时间轴一侧的单向涌流；另一种是分布于时间轴两侧的对称涌流。单向涌流是由剩磁方向相反的两相涌流相减生成的，而对称涌流是由剩磁方向相同的两相涌流相减生成的。

由上面的分析可知，单相变压器励磁涌流有以下特点：

1）励磁涌流的波形为尖顶波，并且完全偏离时间轴的一侧。

2）励磁涌流的大小受合闸角影响，当合闸角为 0°和 180°时励磁涌流最大，当合闸角为 90°时励磁涌流最小。

3）励磁涌流有间断角，饱和越严重，间断角越小。

4）励磁涌流含有非周期分量，波形是衰减的。

对于一般情况，三相变压器励磁涌流有以下特点：

1）三相变压器空载合闸时至少有两相会出现不同程度的励磁涌流，还有一相可能为对称性涌流。

2）三相变压器励磁涌流中至少有一相含有大量的二次谐波。

3）对称性励磁涌流的间断角最小。

（2）励磁涌流影响因素

影响励磁涌流的因素有很多，如变压器基本磁化曲线、电源电压、电源内阻抗、合闸角、剩磁大小和方向等。对于单相变压器，在 t_0 时刻合闸，则 t 时刻磁通为

$$\Phi(t) = -\Phi_m\cos(\omega t + \alpha) + (\Phi_m\cos\alpha + \Phi_r)e^{\frac{-t-t_0}{\tau}} \tag{4-8}$$

可以看出，此时磁通与电源合闸初相角 α 以及变压器铁芯的剩磁 Φ_r 有关。

在变压器空载合闸瞬间，由于铁芯中的磁通不能突变，此时会产生一个非周期磁通以使铁芯磁通维持不变。在电压过零点 $\alpha=0$ 处合闸，由于外加电压超前于变压器铁芯磁通 90°，所以铁芯中会出现稳态磁通 $-\Phi_m$，此时会产生一个正向磁通 Φ_m 以维持磁通不变，在周期磁通、非周期磁通以及剩磁的影响下铁芯将会达到最深度的饱和，从而使励磁涌流最大。同理可以得出，变压器空载合闸，励磁涌流在合闸角 $\alpha=0$ 时最大，在 $\alpha=90°$ 时最小，在 $\alpha=180°$ 时达到反向最大。

剩磁对于铁芯磁通的影响量为 $\Phi_r(t)=\Phi_r e^{\frac{-t-t_0}{\tau}}\theta$，随着时间的推移，由于衰减，其影响会越来越弱；但是在短时间内，剩磁对于铁芯磁通的影响是不可忽略的。假设在 $\alpha=0$ 的情况下，经过半个周期之后，铁芯的磁通将达到 $\Phi=2\Phi_m+\Phi_r$（忽略衰减）。如果为同向剩磁，则会使铁芯进一步饱和；如果为反向剩磁，则会相应减弱铁芯的饱和程度。由此可以看出剩磁的方向和大小对于磁通以及励磁涌流的影响。

如前文所述，每台变压器空载合闸时，都会在系统侧产生一个励磁涌流，根据条件的不同其大小会发生变化，最大可以达到变压器额定电流的 6~8 倍。

而在实际的船舶电网当中，6.6~11 kV 的中压等级一般采取单母分段的形式，且根据船舶的大小会分为多段，每一段母线上会连接 1~2 台变压器，将中压变为 380~440 V 的低压供船上的负载使用，还可能存在其他变压器用作特殊用途。因此，船舶上的变压器数量较多。虽然每台变压器的容量并不大，其励磁涌流的绝对大小相对较小，但是在有缝切换的过程中，岸电合闸时，所有的变压器同时启动，在岸电侧及岸电连接电缆中存在相互叠加相互影响的励磁涌流，其幅值也会相应增大。此外，变压器的励磁涌流在多台并联的变压器间会激起和应涌流，进一步加大了励磁涌流。因此，在有缝切换过程当中，过大的励磁涌流可能会导致线路保护误动作。

从上文的分析中也可以看出，励磁涌流当中存在着很大的非周期分量和谐波

分量：非周期分量使得励磁涌流的波形偏向坐标轴一侧；而谐波分量主要为二次谐波，也成为辨别励磁涌流的主要方法。而较大的非周期分量和谐波分量对继电保护也存在一定的影响。

电流互感器是继电保护中的重要组成部分，通过采集线路的电流来判断线路是否处在正常工作状态。过大的谐波分量会导致电流互感器的比差和角差变大，从而无法正确反映一次侧电流的变化，可能导致继电保护装置误动或者拒动。

在微机继电保护中，电流中的谐波将使继电保护的测量精度降低，电流中的高次谐波成分会使采样率普遍不高的现有数字式保护出现频谱混叠现象，即高次谐波与基波信号发生叠加，影响保护装置对基波电流的测量，从而影响保护动作精度，甚至造成保护误动和/或拒动，使多级配合的保护系统失去选择性。

对于不同原理的继电保护装置，谐波造成的影响存在不同。对于利用积分比相器的继电保护，由于谐波分量导致的波形变化，导致过零判断出现误差，容易导致继电保护误动。对于距离保护，距离保护中的测距元件是按照线路或变压器的基波阻抗整定的。在故障情况下，当有谐波电流存在时（特别是三次谐波）所测得的阻抗值相对于基波阻抗值有误差，因此动作区的边缘可能出现一定的误差。

而非周期分量对于继电保护的影响，主要体现在非周期分量是使电流互感器铁芯饱和的重要原因。电流互感器在达到饱和之前，其铁芯工作在低磁密条件下，励磁阻抗很大，相应的励磁电流很小，这时可认为电流互感器线性传变一次电流，即二次电流不失真。由于电流互感器的铁芯具有非线性特性，当电流互感器一次侧通过大电流而使铁芯饱和时，其励磁电流大大增加；特别是当一次侧电流中包含有大量非周期分量时，电流互感器的励磁电流中也包含有大量非周期分量，使其波形偏于时间轴的一侧。一次电流的很大部分都用作励磁电流，以维持铁芯中的磁通，致使二次电流大大减小，其波形出现严重畸变。

短路电流中含有的非周期分量是引起电流互感器传变特性严重恶化的主要原因，致使其励磁阻抗迅速下降，励磁电流增大；并且在铁芯饱和的情况下，二次侧的电流波形会发生很大的畸变。这将导致一、二次电流之间的误差也随之增大，且铁芯越饱和导致的误差越大，此时一次系统的故障电流不能正确地反映到互感器二次侧，将使继电保护装置不能正常工作。

由于非周期分量到达各个电流互感器的时间不同，其暂态特性也不同，从而会在线路两端的电流互感器中引起不平衡电流，容易导致对不平衡电流较敏感的继电保护误动作，例如差动保护。

由非周期分量导致的电流互感器铁芯饱和会在铁芯中留下剩磁，该剩磁在通常情况下很难被去除干净，进一步导致电流互感器的正反方向饱和特性出现差异，影响其正常运行。

除此之外，励磁涌流对于船舶电网也存在影响，因为船舶电网本身属于规模和容量较小的电网，其继电保护大多数通过熔断器、脱扣器、空气开关来实现。因此在变压器启动时，其继电保护可能因励磁涌流而误动作。但由于单独使用船舶发电机启动时也会出现励磁涌流，因此船舶电网继电保护在设计时应将该因素考虑在内，以防止励磁涌流造成的误动作。

励磁涌流对于变压器保护的影响主要在于会导致变压器差动保护的误动作，因为差动保护对于不平衡电流较为敏感。一般通过鉴别电流波形或者二次谐波制动的方法来防止变压器保护的误动作。

综上所述，当有缝切换岸电时，由于多个变压器的存在，在系统侧引起的励磁涌流成分复杂且幅值较大，存在导致岸电侧线路继电保护误动作的风险。

4.3.2　串联电阻预充磁方案

在大型船舶电力系统中，变压器空载合闸还应考虑大型船舶的特殊情况。为了提高安全性，大型船舶电力系统一般采取三相三线制，中性点不接地的运行方式。其变压器一次侧一般为△接法，即使为 Y 接法，中性点也不会接地[12]。

串接电阻是指在变压器一次侧的三相串接三个相同的电阻 r_s。其合闸次序是：先对 $CB1_A$、$CB1_B$、$CB1_C$（统称 CB1）进行合闸，经一定延时合闸 $CB2_A$、$CB2_B$、$CB2_C$（统称 CB2）将 r_s 支路短路，最后再断开 $CB1_A$、$CB1_B$、$CB1_C$，如图 4－12 所示。

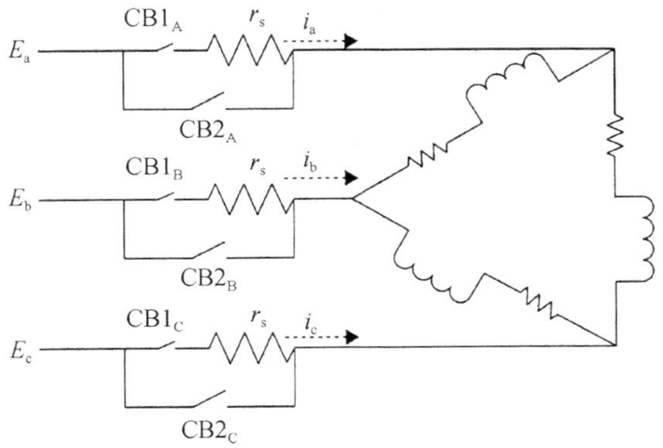

图 4－12　一次侧△接法变压器串接电阻的等效图

通过计算，可得

$$\phi_{ab} = \phi_m \sin\left(\omega t + \alpha - \arctan\frac{\omega L_m}{r_1 + r_s}\right) + \left[\phi_0 - \phi_m \sin\left(\alpha - \arctan\frac{\omega L_m}{r_1 + r_s}\right)\right] e^{-\frac{r_1 + r_s}{L_m}\cdot t} \tag{4-9}$$

其中，

$$\phi_{\mathrm{m}} = \frac{\sqrt{2} L_{\mathrm{m}} u_{\mathrm{ab}}}{N_1 \sqrt{(r_1 + r_{\mathrm{s}})^2 + (\omega L_{\mathrm{m}})^2}} \tag{4-10}$$

可以看出电阻 r_{s} 抑制了稳态磁通幅值，间接抑制了暂态磁通的大小，使变压器的合成磁通大大减小，铁芯不会迅速饱和。

另外，电阻 r_{s} 的存在使暂态磁通衰减加快。上述两个方面的共同作用是抑制了合闸时的励磁电流大小。设 t_1 时刻短路电阻支路，并假设此时暂态磁通已衰减为零，则

$$\phi_{\mathrm{ab}} = \phi'_{\mathrm{m}} \sin\left(\omega t + \alpha - \arctan\frac{\omega L_{\mathrm{m}}}{r_1}\right) + \left[\phi_{\mathrm{m}} \sin\left(\omega t_1 + \alpha - \arctan\frac{\omega L_{\mathrm{m}}}{r_1 + r_{\mathrm{s}}}\right) - \phi'_{\mathrm{m}} \sin\left(\alpha - \arctan\frac{\omega L_{\mathrm{m}}}{r_1}\right)\right] \mathrm{e}^{-\frac{r_1}{L_{\mathrm{m}}} \cdot t} \tag{4-11}$$

其中，

$$\phi'_{\mathrm{m}} = \frac{\sqrt{2} L_{\mathrm{m}} u_{\mathrm{ab}}}{N_1 \sqrt{(r_1)^2 + (\omega L_{\mathrm{m}})^2}} \tag{4-12}$$

最佳的串联阻抗值是使得暂态磁通为零或取最小值，但是从上述两个条件得出来的方程皆为超越方程，而且最佳阻值与延迟时间 t_1、初相角 α 等因素有关，所以最佳的串联阻值是很难从数学的解析解上确定的。对于固定的变压器，可以建立仿真模型进行仿真确定。

4.3.3　新型变压器预充磁装置

新型变压器预充磁装置（NPMOT）如图 4－13 所示，主要分为两个部分　稳压模块和逆变器补偿模块。稳压模块主要是给 NPMOT 的稳压电容 C 提供稳定的直流电压，通过小型变压器与电网的母线并联，通过三相不控整流电路给稳压电容 C 提供稳定的直流电压。逆变器补偿模块用于抑制励磁涌流，通过实时检测负载电流 i_{L}，与补偿电流 i_{N} 进行比较，通过电流滞环控制方案驱动逆变器，抑制励磁涌流。逆变器串联输出电感，与电网母线并联。

其工作原理详述如下：先合闸 Break2、Break3，NPMOT 接入综合电力系统，延时一段时间后合闸 Break1，变压器空载合闸。当 Break1 合闸后，空载合闸的

变压器可以等效为一个随时间衰减的谐波电流源，NPMOT 通过实时检测变压器侧的励磁涌流，产生一个电流去补偿抑制励磁涌流。从综合电力系统母线侧看，当变压器空载合闸时，等效于没有励磁涌流，不会对综合电力系统母线造成电流冲击。

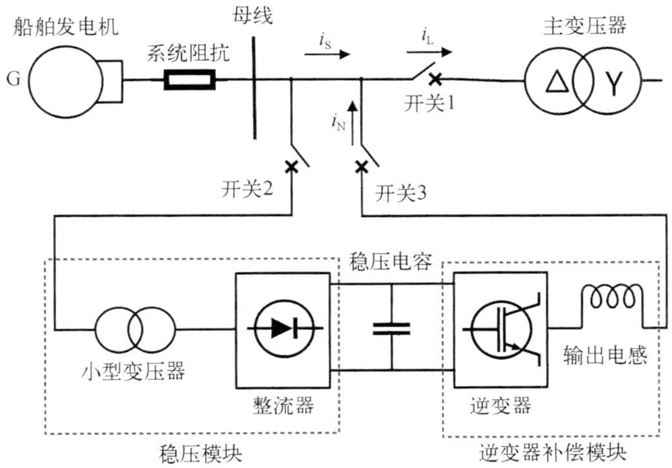

图 4－13　新型变压器预充磁装置原理图

Break1、Break2 和 Break3 合闸后将 NPMOT 等效为一个受控电流源 I_n 与输出电感 Z_F 的串联(图 4－14)。i_S 为系统支路电流；变压器空载合闸暂态励磁电流用非线性电流源 I_1 表示；U_S、Z_S 分别表示系统等值电压、阻抗；i_N 表示 NPMOT 的支路电流；i_L 表示变压器支路电流。将 i_L 分解为基波电流 i_F 和励磁涌流 I_1，即

$$i_L = i_F + I_1 \tag{4-13}$$

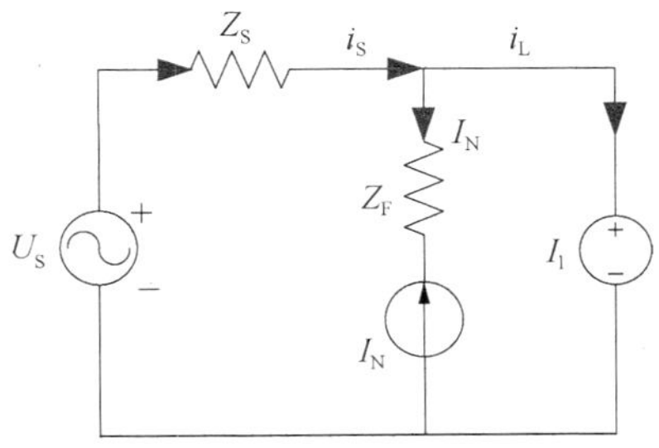

图 4－14　NPMOT 等效电路图

根据基尔霍夫电流定律，有

$$\begin{cases} i_S = i_L + i_N \\ i_L = i_F + I_1 \\ i_N = -I_1 \\ i_N^* = i_N \end{cases} \tag{4-14}$$

在没有 NPMOT 的情况下，当变压器空载合闸时，综合电力系统母线受到励磁涌流的影响，综合电力系统电流会发生畸变。第二种情况是：先合闸 Break2、

Break3 后，NPMOT 接入电网，再将变压器空载合闸，NPMOT 先通过电流检测电路检测出所需补偿的励磁涌流为 I_L，然后对其取反后作为 NPMOT 的指令电流 i_N^*，补偿电流发生电路根据此指令信号产生与励磁涌流 I_L 大小相等、极性相反的补偿电流 i_N，与励磁涌流相互抵消，综合电力系统母线就不包括励磁涌流分量，从而实现了抑制励磁涌流的目的。

NPMOT 通过电流检测电路得到 NPMOT 的指令电流 i_N^*，与励磁涌流 I_L 做比较，通过电流滞环控制模块输出信号到驱动电路，由驱动电路驱动 NPMOT 逆变器补偿模块补偿抑制励磁涌流，电流跟踪控制电路如图 4－15 所示，其中，参数下标 a、b、c 分别代表 a 相、b 相和 c 相。

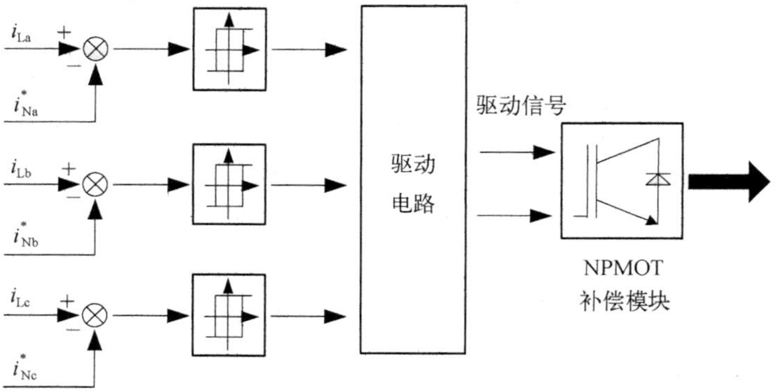

图 4－15　NPMOT 电流跟踪控制电路

新型变压器预充磁装置（NPMOT）由小型变压器、整流器、稳压电容、逆变器、输出电感等组成。小型变压器用来提高二次侧的电压，还起到隔离保护的作用。整流器给 NPMOT 的稳压电容 C 提供稳定的直流电压。

稳压电容用于支撑直流侧电压，同时还兼顾平波。先把 NPMOT 接入综合电力系统，一段时间后变压器空载合闸。得到 NPMOT 的指令电流 i_N^*，与励磁涌流 I_l 做比较，计算两者的偏差，通过电流滞环控制模块输出信号到驱动电路，控制逆变器的输出从而动态抑制励磁涌流，输出电感用于滤除高频毛刺。整个 NPMOT 可用于变压器任意时刻的空载合闸运行。

小型变压器容量 $P = U_{in} i_{in}$，变比：$\dfrac{N_1}{N_2} = \dfrac{U_{in}}{U_{in1}}$，稳压电容上的直流电压平均值 $U_d = 2.34U_S$，因此二次侧的电压设置为一次侧的 1.6～2 倍。仿真模型参数为 1∶1.5。

从理论上讲，稳压电容 C 的电容值越大，越有利于电压的稳定，但大电容成本高、体积大，不利于电压跟随性，在保证低频脉动率的前提下应尽量减小电容值。

电容最大值的设定考虑控制过程中的电压跟随性，即

$$C \leqslant \frac{t_r}{0.75R_{Le}} \tag{4-15}$$

其中，t_r 表示直流电压从初始值(1.35 倍线电压)跃变到直流电压给定值的上升时间；R_{Le} 表示直流侧等效电阻值。

电容的最小值的设定考虑直流侧的抗干扰能力，即

$$C \geqslant \frac{V_{dc}}{2\Delta V_{max}R_{Le}} \tag{4-16}$$

其中，ΔV_{max} 是允许的直流电压最大动态变化值，一般取 $\Delta V_{max} = 5\% \times V_{dc}$；$V_{dc}$ 为稳压电容上的平均电压值。

输出电感具有滤除高次纹波的作用，在 NPMOT 中，输出电感值的大小直接决定了电流的跟踪速度，从而在很大程度影响 NPMOT 的工作性能。如果输出电感值过大，输出电流的变化速度将变缓，电流跟踪能力下降；电感值过小，输出电流的变化速度将会增快，电力电子器件的开关频率必然提高、损耗增大。另外如果补偿电流中的高频开关波纹电流幅值增大，容易造成系统冲击振荡。

$$L \geqslant \frac{(2V_{dc} - 3E_m)E_m}{2V_{dc}kI_m} \tag{4-17}$$

$$L \leqslant \frac{2V_{dc}}{3\omega I_m} \tag{4-18}$$

$$L \leqslant \frac{E_m \sin\varphi + \sqrt{(E_m \sin\varphi)^2 + V_m^2 - E_m^2}}{\omega I_m} \tag{4-19}$$

其中，V_m 为逆变器的最大输出电压，$V_m = j \times V_{dc}$，j 为调制度，当采用 SPWM 时候，j 最大值取 0.866；当采用 SVPWM 调制时候，j 最大值取 1；K 为纹波系数，一般取 20%；f_s 为开关频率；V_{dc} 为直流母线电压；I_m 为额定电流峰值；E_m 是电网相电压的峰值；ϕ 为逆变器的输出功率因数；ω 为电网电压的角频率。

上述三个算式取交集就确定了电感 L 的取值范围。

4.4 实例分析

4.4.1 综合电力系统混合电力滤波器

以某实际大型液化天然气(LNG)船舶电力系统为例，如图 4-16 所示，系统频

率为 50 Hz，有 2 块 6.6 kV 主配电盘通过联络线互相连接，每块配电盘上均有 2 台发电机对其供电，其中连至左侧配电盘的发电机均为 11 MW，而连至右侧配电盘的发电机则分别为 11 MW 和 5.5 MW。2 块主配电盘分别连接 1 台 24 脉变频器，驱动 1 台 14 MW 三相同步电动机，组成电力推进系统的主要部分。主配电盘下级连着 CA、CB2 块泵机配电盘以及艏侧推进电动机，并通过 2 条变压器支路连至 450 V 低压配电盘。CA、CB 下级各连接着 4 台货泵电机和 2 台压缩机。450 V 低压配电盘下级连接应急系统和其他一些低压负荷以及 230 V 低压系统。

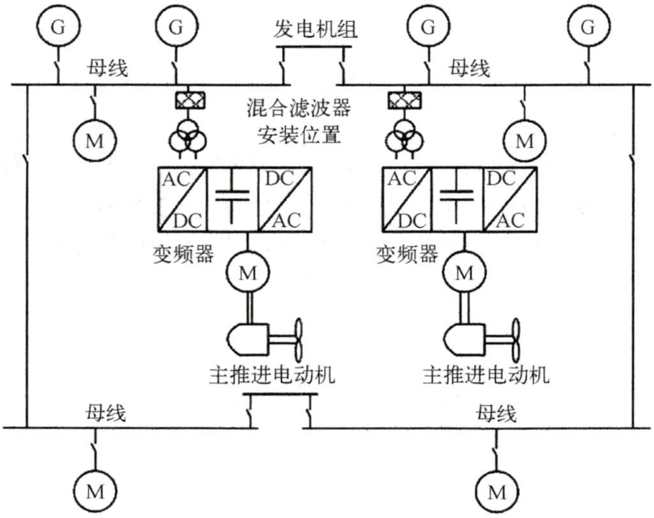

图 4－16　船舶电力系统及滤波器安装位置示意图

结合工程实践及经验分析，在变频器工作的情况下，船舶电网中产生谐波畸变，反之则谐波含量比较少，可以忽略[13]。因此，设计在变频器整流侧安装混合滤波器，在实际应用中为了防止混合型滤波器对系统干扰，还可以考虑通过断路器跟随变频器同步启动和关闭，以适用于各种工况。航行工况是船舶电力系统运行中最常见的工况，在所有工况中比重很大。限于篇幅，本节以船舶的航行工况为例说明滤波器效果，在此工况下电网单相谐波电流 iuh 参数如表 4－1 所示。

表 4－1　船舶电力系统谐波电流参数

谐 波 次 数	iuh/A	谐波含量/%
23	44.2	2.21
25	46.6	2.33
47	6.8	0.34
总谐波含量	—	3.50

由于 47 次谐波含量较少，并考虑工况变化，无源滤波器主要用于滤除 23 次和 25 次谐波，参数设计略有余量。

测试结果表明，混合型滤波器对中高压、大容量谐波系统的治理有较好的滤波效果，在经济性和滤波性能上有明显的优势，对改善船舶电网质量和电能谐波污染具有重要的现实意义（图 4－17～图 4－20）。

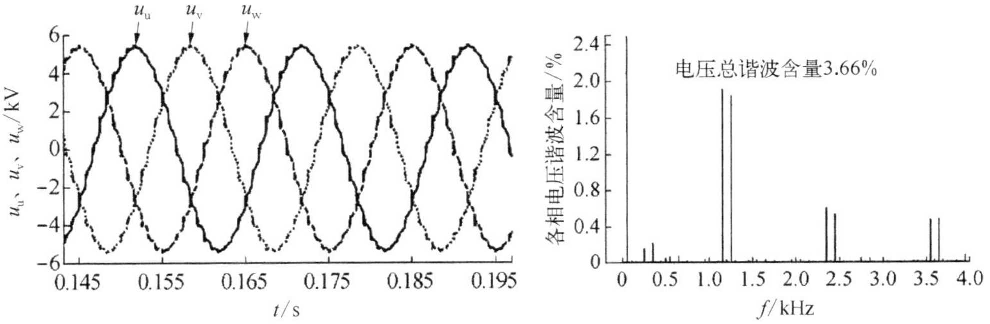

图 4－17　船舶电网母线电压谐波分析

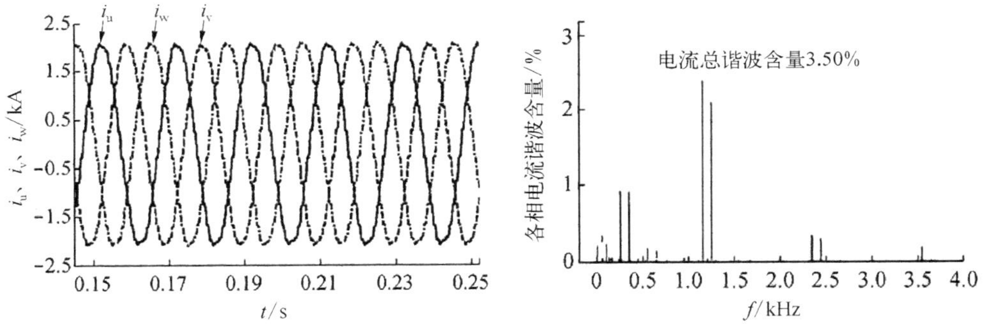

图 4－18　6.6 kV 母线电流谐波分析

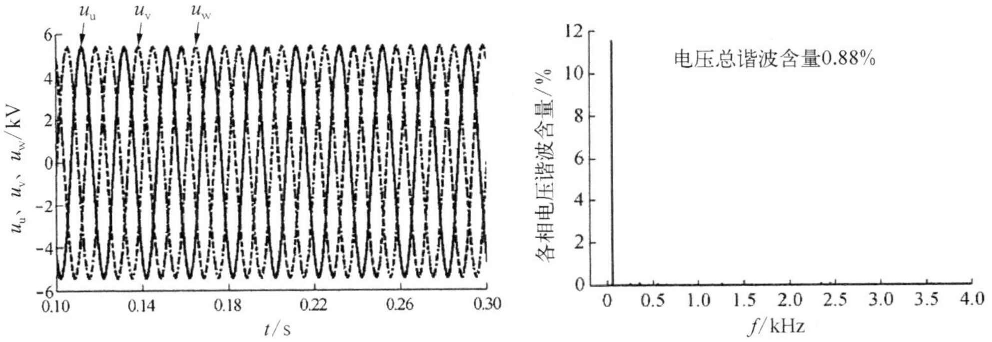

图 4－19　接入混合型有源滤波器后电压谐波分析

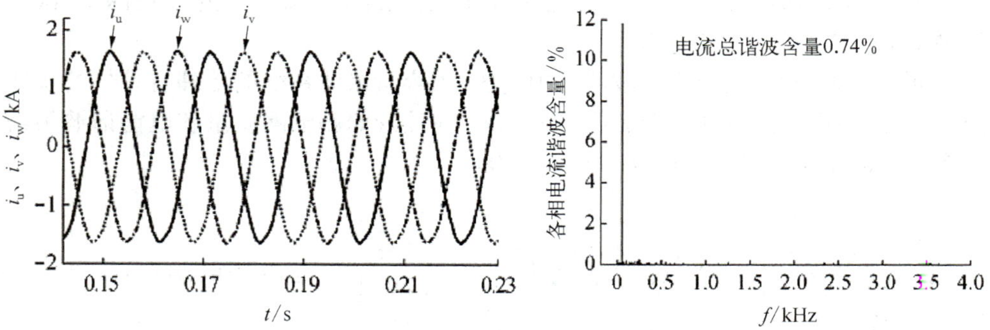

图 4－20　接入混合型有源滤波器后电流谐波分析

4.4.2　新型预充磁方案

图 4－21 所示为系统仿真模型单线图。其中变压器为△－Y 接法的三柱三相式，变比为 6.6 kV/0.45 kV，容量 3.5 MVA。

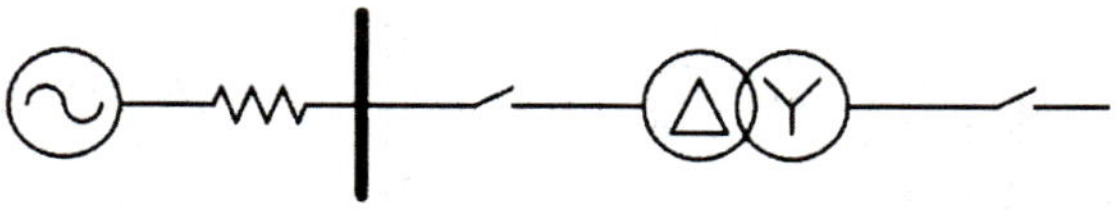

图 4－21　仿真模型

上述变压器模型在不进行预充磁的条件下进行合闸，最大励磁涌流达到 901 A（合闸初相角为 0°、剩磁为 0）。

图 4－22 是变压器 ab、bc、ca 三绕组中励磁涌流与磁通的变化情况，合闸约半个周波后，励磁涌流达到峰值，其后由于绕组电阻的存在，峰值开始衰减，但是其衰减速度较为缓慢。当变压器存在剩磁时，初相角 0°时合闸的励磁涌流峰值将会增大很多，不同的剩磁对励磁涌流大小的影响十分显著。

先合闸 Break2、Break3，然后 Break1 在 0.23 s 合闸。其中，变压器为三柱三相式△/Y 接法，变比为 6.6/0.45 kV，容量分别为 30 MVA 和 100 MVA；大型船舶电力系统电压等级 6.6 kV、50 Hz；i_L、i_S 和 i_N 分别为负载电流，电网电流和 NPMOT 输入电流。NPMOT 中小型变压器变比为 1∶1.5，稳压电容 C 为 5 mF，输出电感 L 为 0.2 mH。

变压器 0.23 s 空载合闸时的电网侧电流 i_S 如图 4－23 所示。励磁涌流最大为 1 750 A，严重影响大型船舶电力系统的安全。安装 NPMOT 后，30 MVA 变压器 0.23 s 空载合闸电网侧电流 i_S 从 1 750 A 下降到 50 A，励磁涌流抑制效果明显。

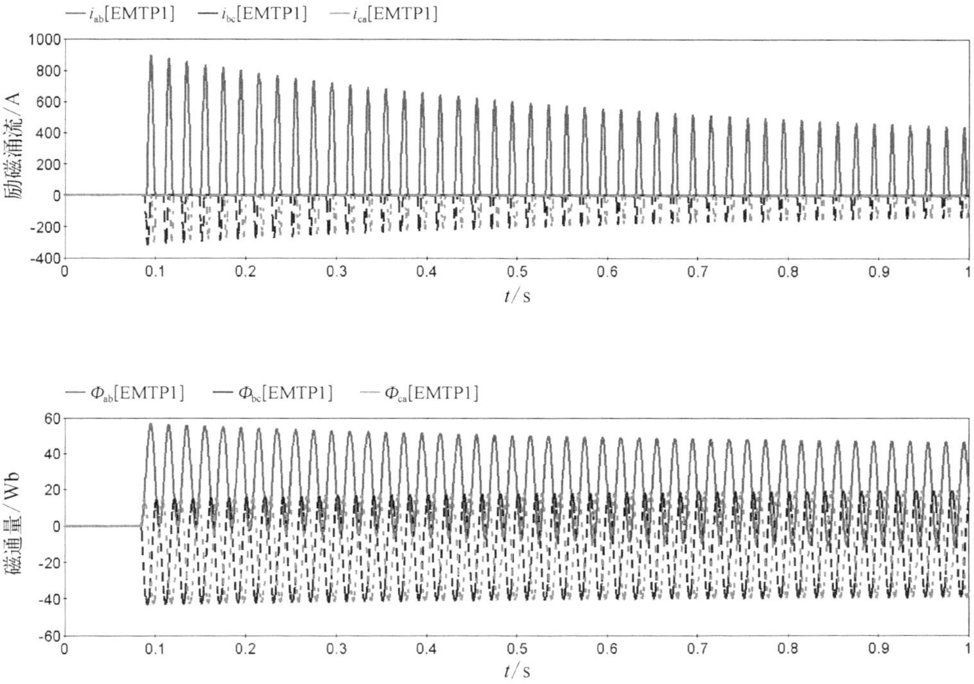

图 4－22　合闸初相角为 0°时的励磁涌流与磁通量(剩磁为零)

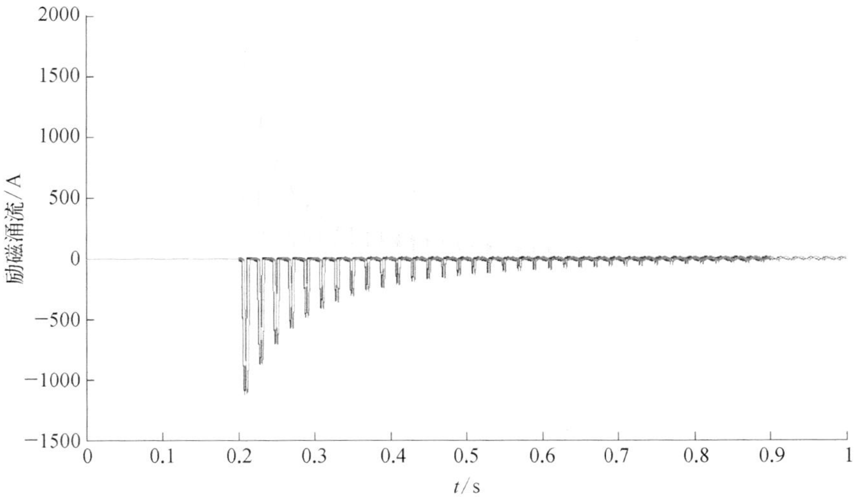

(a) 未安装NPMOT

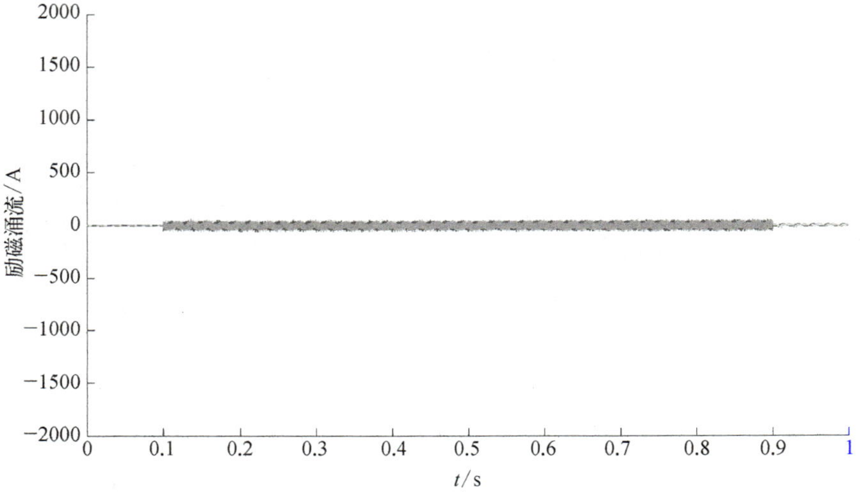

(b) 安装NPMOT

图 4-23　30 MVA 变压器安装 NPMOT 前后 0.23 s 空载合闸时电网侧电流 i_S 比较图

注：不同颜色代表 a、b、c 三相电流。

4.5 本 章 小 结

船舶非线性负载产生的谐波与高压变压器励磁涌流是影响大容量供配电系统电能质量的主要因素，传统船舶电力系统规模与容量小，此类问题及其影响并不突出。本章提出了多电平电压源型变流器输出谐波分析方法，为变流器控制、各种调制算法对比、滤波器设计等提供了重要的依据；设计了一种综合电力系统混合电力滤波器，并提出基于 PSO 算法的滤波器参数动态优化方法，该混合型滤波器利用无源滤波器滤除系统特定次谐波，较小容量有源滤波器用于系统无功补偿及其他非特征次谐波的抑制，可用于高压大容量的大型船舶电力系统；提出一种船舶变压器控制系统及动态控制方法，实现了变压器变比的动态调节，同时减小了输出电压的谐波含量；利用基于 H 桥级联的静止同步补偿器及电压源逆变模块，降低了设备的体积，提高了功率密度，对主配电盘电压支撑能力强；研究了基于串联电阻与小容量变压器的大容量高压变压器预充磁方法，提出了船舶变压器励磁涌流抑制装置及其控制方法，利用小容量电力电子控制器实现励磁涌流的反向补偿，具有响应速度快及抑制效果佳等优点。

参 考 文 献

[1]　钟庆，冯俊杰，王钢，等. 闭环控制下单相 VSC 低次谐波分析模型与抑制策略[J]. 电力自

动化设备,2018,38(8):52－58.
[2] 何家伟,郃能灵.基于 EDSA 的电力推进船舶电力系统谐波建模与分析[J].船舶,2013,24(4):56－60.
[3] 吴佳佳,黄俊,陆圣芝.三电平 VSC－HVDC 系统谐波间谐波产生机理分析[J].电力系统及其自动化学报,2017,29(5):78－82.
[4] 罗运松,胡晶,宋萌,等.串联混合型有源电力滤波器的无源滤波器简化设计[J].电网技术,2018,42(4):1149－1156.
[5] 申明,张晓斌.有源调谐型混合滤波器直流侧电压的研究[J].电网技术,2018,42(6):1936－1944.
[6] 王威,郃能灵,王鹏,等.变频器对船舶电网电流谐波影响及抑制方案[J].水电能源科学,2011,29(11):182－185,217.
[7] 黄彬,郃能灵,傅晓红,等.基于混合滤波器的大型船舶电力系统谐波抑制分析[J].上海交通大学学报,2011,45(6):787－792,797.
[8] 张文韬,王渝红,丁理杰,等.变压器励磁涌流的抑制方法综述[J].四川电力技术,2018,41(5):56－62.
[9] 张琦兵,郃能灵,王鹏,等.船舶变压器预充磁分析研究[J].电力系统保护与控制,2010,38(18):145－149,154.
[10] 栗记涛.船舶预充磁技术[J].中国科技信息,2018,(14):32－33.
[11] 张灵杰,孙才勤,孙建波.船舶高压变压器空载合闸的非线性数学模型[J].大连海事大学学报,2014,40(2):113－116,121.
[12] 王育学,曹文斌,黄明辉,等.变压器零模涌流解析分析及其等值电路[J].电网技术,2018,42(12):3960－3968.
[13] 徐波,胡晶,叶立文,等.基于基波和谐波磁通混合控制的改进型串联有源电力滤波器[J].高电压技术,2019,8:1－9.

第五章　船舶电站主动互补机制与功率优化分配

大容量船舶电站电源类型多样，为提高船舶运行稳定性与优质性，需要深入研究多源电站主动互补控制与功率优化分配方法。本章对大容量船舶多源电站运行特性进行分析，在此基础上研究了基于改进粒子群算法的大容量船舶电站多柴油发电机组调度方法、基于虚拟电池模型的船舶综合电力系统全周期功率波动平抑策略与采用二阶滤波的大容量船舶多源电站混合储能系统实时功率分配方法，形成了基于模糊控制的大容量船舶电站多电源功率主动互补控制方法与系统，并对以上研究进行了实例分析。

5.1　大容量船舶多源电站运行特性分析

5.1.1　柴油发电机运行特性分析

柴油发电机是船舶综合电力系统电站常规电源，一般将其发电成本模型拟合成二次多项式：

$$F_{\mathrm{DE}}=\Psi_{\mathrm{DE}}\sum\left[aP_{\mathrm{DE}}(t)^{2}+bP_{\mathrm{DE}}(t)+c\right]\Delta t \tag{5-1}$$

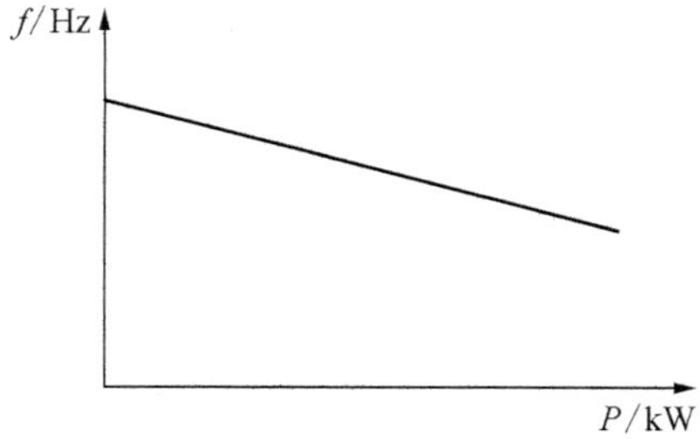

图 5－1　柴油发电机功频特性

其中，F_{DE} 表示柴油机的燃料成本；Ψ_{DE} 表示燃料价格；$P_{\mathrm{DE}}(t)$ 表示 t 时刻的柴油机输出功率；a、b、c 分别为拟合成本曲线的相关系数。

图 5－1 为柴油发电机的功频特性。由图可知，当系统功率发生突增时，发电机将增大输出功率，如果不对柴油机进行调速，系统频率将沿功频特性曲线向下移动，造成发电机输出频率降低。同理，当系统功率突减时，频率将升高。

5.1.2　光伏电池运行特性分析

光伏电池在太阳辐射强度为 1 000 W/m^2、温度为 25℃ 情况下的伏安特性曲

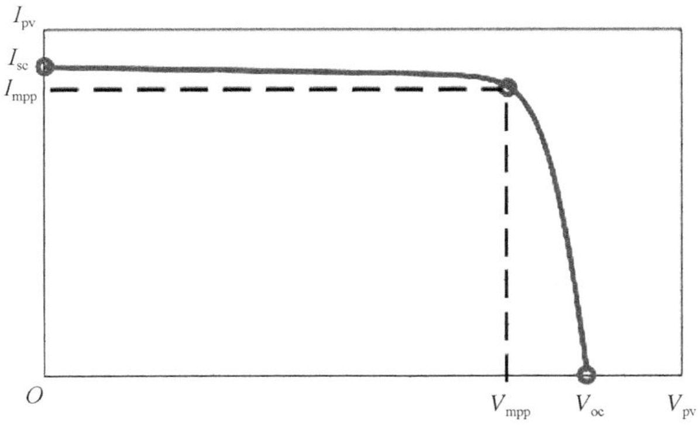

图 5－2　光伏电池伏安特性曲线

线，如图 5－2 所示。

图中，V_{oc} 为光伏电池的开路电压；I_{sc} 为光伏电池的短路电流；V_{mpp} 为光照强度和温度一定时光伏电池输出最大功率时刻的工作电压；I_{mpp} 为光照强度和温度一定时光伏电池输出最大功率时刻的工作电流。光伏电池的伏安特性曲线具有明显的非线性。光伏电池输出电流随着输出电压的增大首先基本保持不变，呈现电流源特性；当达到某一临界点时，输出电流随着电压增大而急剧下降，此时光伏电池呈现电压源特性。因此，必然存在一点使 V_{pv} 和 I_{pv} 的乘积最大，即输出功率达到最大。采用最大功率点跟踪算法（MPPT）可得到最大功率值。图 5－2 中虚线的焦点即为最大功率点（maximum power point，MPP）。

5.1.3　蓄电池运行特性分析

锂电池普遍使用的充电方法有恒流充电、恒压充电及阶段充电法，且阶段充电使用得比较广泛。首先，提前对锂电池出口电压大小进行设定，再恒流充电满足速

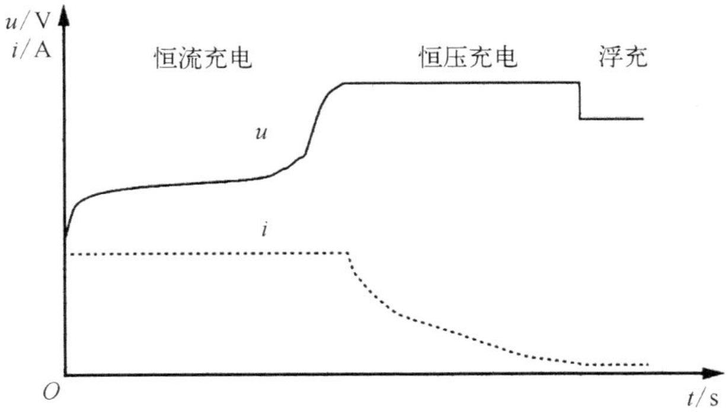

图 5－3　阶段充放电特性

度的要求;然后,在达到一定的电压值后,从恒流转变为恒压充电方式;最后,充分考虑影响锂离子电池的自放电,充电方式为小电流恒定电压浮动形式。在充电锂电池的情况下,锂电池的出口电压与电流大小的关系如图 5-3 所示[1]。

5.1.4　超级电容运行特性分析

作为一种电化学储能装置,超级电容器在工作运行中并不产生化学反应,其充放电过程可逆,充放电转换次数可达十万次,与储能电池相比拥有更长的生命周期。同时,超级电容具备响应速度快、保护环境等优势。因为超级电容的能量密度相对较低,系统的总容量相对较少,同时超级电容的生产成本更高,因此常与储能蓄电池进行协调与配合。超级电容在船舶电力系统中的作用在于功率波动、支撑系统电压、弥补短期功率差额以及减少储能蓄电池的充放电转换次数等。在超级电容器两端接入负载开始输出电流,放电时的等效电路如图 5-4 所示。

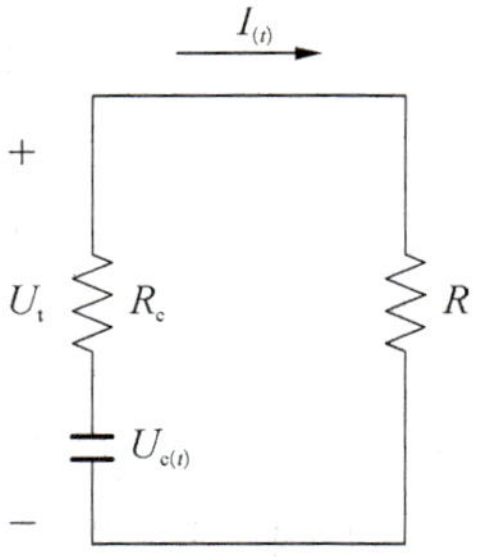

图 5-4
放电等效电路

超级电容 t 时刻的荷电状态 $SOC_{SC}(t)$ 的表达式如式(5-2)所示。

$$SOC_{SC}(t) = SOC_{SC}(t-1) + P_{SC}(t)/E_{SC} \tag{5-2}$$

其中,E_{SC} 为超级电容总容量。定义 SOC_{SC_max} 为超级电容荷电状态上限,SOC_{SC_min} 为超级电容荷电状态下限,则超级电容荷电状态 SOC_{SC} 须保持在 $[SOC_{SC\_min}, SOC_{SC\_max}]$ 区间内。

5.2　基于改进粒子群算法的大容量船舶电站多柴油发电机组调度方法

5.2.1　大容量船舶电站多柴油发电机组调度数学模型

大容量船舶电站多柴油发电机组调度数学模型包括目标函数和约束条件。目标函数为燃料消耗最低,约束条件包括机组处理约束和机组平衡约束。若每台发电机组的输出功率为 p_{Gj},每台发电机组的额定功率为 p_j^{max},假设第 n 台发电机组功率最大,额定功率为 p_n^{max},船舶总负荷为 p_D,则令

$$\begin{cases} p_j = p_{Gj}/p_j^{max} \\ p_j' = p_j^{max}/p_n^{max} \\ p_G = \sum_{j=1}^{n} p_{Gj}/p_n^{max} \\ p_D' = p_D/p_n^{max} \end{cases} \tag{5-3}$$

其中，p_j 为第 j 台机组输出功率与其额定功率的比值；p_j' 为第 j 台机组额定功率与功率最大发电机额定功率的比值；p_{G} 为发电机组的输出总功率与功率最大发电机的额定功率的比值；p_{D}' 为海洋平台总负荷与功率最大发电机的额定功率的比值。则大容量船舶电站多柴油发电机组调度数学模型具体形式为

$$\begin{cases} F(p_{\mathrm{G}}) = \sum\limits_{j=1}^{n} \left[\begin{pmatrix} a_j + b_j p_j + \\ c_j p_j^2 + d_j p_j^3 \end{pmatrix} \cdot p_j \cdot p_j' \right] \\ \text{s. t.} \\ p_{j\min} \leqslant p_j \leqslant p_{j\max} \\ \sum\limits_{j=1}^{n} (p_j \cdot p_j') = p_{\mathrm{D}}' \end{cases} \tag{5-4}$$

其中，$F(p_{\mathrm{G}})$ 为发电机组的燃料消耗率；a_j、b_j、c_j 为第 j 台机组燃料消耗系数；$p_{j\min}$ 为第 j 台机组最小输出功率与其额定功率的比值；$p_{j\max}$ 为第 j 台机组最大输出功率与其额定功率的比值。

5.2.2　改进粒子群算法

（1）基于分数阶的改进方法

粒子群算法迭代后期，所有粒子逐渐聚集起来，速度更新方程中，粒子的个体认知和社会认知减弱。速度更新越来越小，粒子的位置变化会非常慢，当速度接近 0 时，每个粒子将慢慢停止运动直至最后收敛到搜索空间中的某一个位置，这种情况下，粒子便会陷入局部最优，即出现“早熟”现象。因此，如果要避免粒子出现“早熟”现象，那么在算法搜索后期，就要提高粒子的飞行速度，扩大算法的搜索范围，增强算法跳出局部最优的能力。为此，本节提出了基于分数阶的速度更新式。具体方式为

$$v_{i,j}^{k+1} = \begin{Bmatrix} \omega v_{i,j}^{k} \\ + c_1 r_1 [(p_{i,j} - x_{i,j}) + (p_{i,j} - x_{i,j})^{q/p}] \\ + c_2 r_2 [(p_{g,j} - x_{i,j}) + (p_{g,j} - x_{i,j})^{q/p}] \end{Bmatrix} \tag{5-5}$$

$$x_{i,j}^{k+1} = x_{i,j}^{k} + v_{i,j}^{k+1} \tag{5-6}$$

其中，$v_{i,j}^{k}$ 为第 k 代第 i 粒子的速度向量的第 j 维分量；$x_{i,j}^{k}$ 为第 k 代第 i 粒子的位置向量的第 j 维分量；$v_{i,j}^{k+1}$ 为第 $k+1$ 代第 i 粒子的速度向量的第 j 维分量；$x_{i,j}^{k+1}$ 为第 $k+1$ 代第 i 粒子的位置向量的第 j 维分量，下标 j 表示粒子的第 j 维分量；$p_{i,j}$ 为第 i 粒子的历史最优位置的 j 维分量；$p_{g,j}$ 为历史全局最优位置的 j 维分量；ω 为惯性

权重；c_1 为个体加速系数；c_2 为社会加速系数；r_1、r_2 为在区间[0, 1]之内的随机数；q/p 为分数阶次。

分析公式(5－5)可知，算法迭代后期，当粒子的个体认知和群体的社会认知部分减弱时，分数阶能够增强个体认知和群体的社会认知，使粒子的飞行速度增大，算法的搜索范围扩大，提高算法跳出局部最优的能力。

(2) 引入微调操作的改进方法

粒子群算法在迭代初期搜索速度很快，但当接近最优解区域时，粒子的搜索速度和搜索空间将越来越小，粒子群状态更新明显变慢，呈现“趋同性”，失去了粒子间解的多样性，因而优化结果易于陷入局部最优。改进算法中借鉴和声搜索算法中的微调操作的功能，在迭代中增强粒子的邻域搜索能力，从而尽可能地增加粒子多样性和寻优能力，使之尽可能搜索到解空间中更大的范围，减小陷入局部极值的可能性。

和声搜索算法是一种启发式算法，是受乐队演奏音乐的启发而得到的。每个乐器的音符相当于目标函数中的每个变量，演奏音乐的目的是使音乐优美动听，而优化的目的是使目标函数达到最小值，这样演奏音乐的过程便与优化过程对应起来。算法首先产生 HM 个初始解，并放入和声记忆库中；然后对解的各个分量分别以概率 HMCR 在和声记忆库内进行搜索，以 1－HMCR 的概率在记忆库外搜索，期望获得新解的对应分量。在记忆库内进行搜索时，当随机搜索到某一分量后，则对该分量以概率 PAR 进行扰动；最后由搜索后得到的各个分量构成新解，若新解优于记忆库中的最差解，则用新解替换库中最差解。如此循环，直到满足终止条件为止。

本节中，微调操作的引入按下述方法进行：当粒子更新位置和速度后，根据微调概率 PAR 将部分粒子进行微调。可描述如下：

```
If      rand( ) <PAR
根据微调概率 PAR 将部分粒子进行微调
Else
按照原方式继续迭代
End
```

微调操作按照公式(5－7)进行：

$$x_{i,j} = x_{i,j} \pm up(x_{\max} - x_{\min}) \tag{5-7}$$

其中，u 为微调幅度；p 为[0, 1]的随机数；$x_{\max}$ 为可行解的上限；$x_{\min}$ 为可行解的下限。

(3) 改进粒子群算法流程

本节所提算法的主要步骤如下：

步骤 1：设置优化参数，初始化粒子群。将每台发电机组输出功率与其最大功率的比值和每台发电机额定功率与功率最大发电机额定功率的比值的乘积的组合作为可行解，每个可行解作为一个粒子，全部可行解的集合作为粒子群。

步骤 2：按照式(5-5)和式(5-6)更新粒子群各粒子的位置和速度。

步骤 3：判断粒子群中每个粒子当前迭代数 k 的粒子位置 p_i^k 时的发电机组油耗是否小于对应粒子搜索过的最优位置 g_i，若"是"，则执行步骤 4；若"否"，则保留该粒子的历史最优位置执行步骤 5。

步骤 4：更新相应粒子的最优位置 g_i，之后执行步骤 5。

步骤 5：判断当前迭代数 k 中所有粒子的最优位置 p_g^k 时的发电机组油耗是否小于记录的粒子群中所有粒子的历史全局最优位置 g，若"是"，则执行步骤 6；若"否"，则保留粒子的历史全局最优位置执行步骤 7。

步骤 6：更新粒子群的历史全局最优位置 g，之后执行步骤 8。

步骤 7：根据微调概率判断粒子是否进行微调操作，若"是"，则进行步骤 8；若"否"，则跳过该步骤执行步骤 9。

步骤 8：根据公式(5-7)对选定的粒子进行微调。

步骤 9：判断是否满足终止条件，若"是"，则结束，得到最优可行解；若"否"，返回步骤 3。

5.3　基于虚拟电池模型的船舶综合电力系统全周期功率波动平抑策略

5.3.1　船舶多源电站等效电力网络模型

船舶多源电站系统等效电力网络模型功率平衡方程为

$$\sum_{i=1}^{n} P_{g,i}(t_z) = \sum_{i=1}^{m} P_{l,i}(t_z) \tag{5-8}$$

其中，t_z 表示当前调度时刻；$P_{g,i}$ 表示各个多源电站；$P_{l,i}$ 表示电负荷功率；不可控热负荷和电负荷构成不可控综合负荷系统。电池储能、液态热储能和可控热负荷等效气态热储能可构成虚拟电池综合储能系统。综合供能系统、不可控综合负荷系统与虚拟电池综合储能系统共同构成如图 5-5 所示的船舶多源电站等效电力网络模型。

考虑多个虚拟电池综合储能系统互联的便捷性、储能单元的形态多样性以及不同系统不同单元运行的公平性，对多形态虚拟电池综合储能系统各子单元采用 SOC 均衡调度策略，即保证每个子单元的 SOC 调控幅度与 SOC 调控裕度的比值相

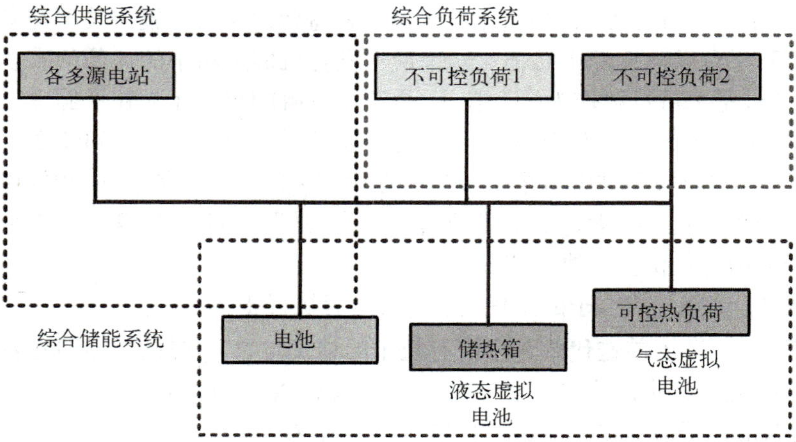

图 5-5　船舶多源电站等效电力网络模型

等。基于该调控策略，虚拟电池综合储能系统各子单元在吸收和放出能量时的荷电状态关系分别为

$$\frac{\mathrm{SOC_B}(t_{z+1})-\mathrm{SOC_B}(t_z)}{\mathrm{SOC_B^{max}}(t_z)-\mathrm{SOC_B}(t_z)}=\frac{\mathrm{SOC_{Et}}(t_{z+1})-\mathrm{SOC_{Et}}(t_z)}{\mathrm{SOC_{Et}^{max}}(t_z)-\mathrm{SOC_{Et}}(t_z)}=\frac{\mathrm{SOC_{Er}}(t_{z+1})-\mathrm{SOC_{Er}}(t_z)}{\mathrm{SOC_{Er}^{max}}(t_z)-\mathrm{SOC_{Er}}(t_z)} \tag{5-9}$$

$$\frac{\mathrm{SOC_B}(t_{z+1})-\mathrm{SOC_B}(t_z)}{\mathrm{SOC_B^{min}}(t_z)-\mathrm{SOC_B}(t_z)}=\frac{\mathrm{SOC_{Et}}(t_{z+1})-\mathrm{SOC_{Et}}(t_z)}{\mathrm{SOC_{Et}^{min}}(t_z)-\mathrm{SOC_{Et}}(t_z)}=\frac{\mathrm{SOC_{Er}}(t_{z+1})-\mathrm{SOC_{Er}}(t_z)}{\mathrm{SOC_{Er}^{min}}(t_z)-\mathrm{SOC_{Er}}(t_z)} \tag{5-10}$$

其中，$\mathrm{SOC_B}$、$\mathrm{SOC_B^{max}}$ 和 $\mathrm{SOC_B^{min}}$ 分别表示电池荷电状态的当前值、最大值和最小值；$\mathrm{SOC_{Et}}$、$\mathrm{SOC_{Et}^{max}}$ 和 $\mathrm{SOC_{Et}^{min}}$ 表示液态虚拟电池荷电状态的当前值、最大值和最小值；$\mathrm{SOC_{Er}}$、$\mathrm{SOC_{Er}^{max}}$ 和 $\mathrm{SOC_{Er}^{min}}$ 分别表示气态虚拟电池的荷电状态当前值、最大值和最小值。

因此，在已知 $\mathrm{SOC_B}(t_z)$、$\mathrm{SOC_{Et}}(t_z)$、$\mathrm{SOC_{Er}}(t_z)$ 和 $\mathrm{SOC_{com}}(t_z)$ 的情况下，对于任意 $\mathrm{SOC_{com}}(t_{z+1})$，均有唯一的 $\mathrm{SOC_B}(t_{z+1})$、$\mathrm{SOC_{Et}}(t_{z+1})$ 和 $\mathrm{SOC_{Er}}(t_{z+1})$ 与之对应。求解得各子储能单元的 SOC 后，各子储能单元的电功率表达式分别为

$$P_{\mathrm{Eb}}(t_z)=\begin{cases}\dfrac{Q_{\mathrm{B}}[\mathrm{SOC_B}(t_{z+1})-\mathrm{SOC_B}(t_z)]}{\eta_{\mathrm{Bc}}\Delta t} & \text{充电}\\[2ex] \dfrac{\eta_{\mathrm{Bd}}Q_{\mathrm{B}}[\mathrm{SOC_B}(t_{z+1})-\mathrm{SOC_B}(t_z)]}{\Delta t} & \text{放电}\end{cases} \tag{5-11}$$

$$P_{\mathrm{Et}}(t_z)=\frac{Q_{\mathrm{Et}}[\mathrm{SOC}_t(t_{z+1})-\mathrm{SOC}_t(t_z)]}{(1-\eta_T)\Delta t} \tag{5-12}$$

$$P_{\mathrm{Er}}(t_z)=\frac{Q_{\mathrm{Er}}[\mathrm{SOC}_{\mathrm{r}}(t_{z+1})-\mathrm{SOC}_{\mathrm{r}}(t_z)]}{(1-\eta_{\mathrm{T}})(1-\eta_{\mathrm{r}})\Delta t} \tag{5-13}$$

其中，P_{Eb}、$P_{\mathrm{Eb}}^{\max}$ 和 $P_{\mathrm{Eb}}^{\min}$ 分别表示电池功率的当前值、最大值和最小值，P_{Et}、$P_{\mathrm{Et}}^{\max}$ 和 $P_{\mathrm{Et}}^{\min}$ 分别表示液态虚拟电池功率的当前值、最大值和最小值，P_{Er}、$P_{\mathrm{Er}}^{\max}$ 和 $P_{\mathrm{Er}}^{\min}$ 分别表示气态虚拟电池功率的当前值、最大值和最小值，P_{Lr} 表示不可控热负荷等效电功率。电池功率的极限值由初始设计和当前 SOC 状态确定。Q_{B} 表示电池储能最大容量，η_{Bc} 表示电池储能充电效率，η_{Bd} 表示电池储能放电效率，η_{T} 表示储热箱供热管道热损耗，η_{r} 表示房间供热管道热损耗。

因此，从 t_z 时刻已知状态 $\mathrm{SOC}_{\mathrm{com}}(t_z)$ 到下一时刻 t_{z+1} 任意状态的 $\mathrm{SOC}_{\mathrm{com}}(t_{z+1})$ 的对应功率 $P_{\mathrm{com}}(t_z)$ 都可以唯一确定并求解。记为

$$P_{\mathrm{com}}(t_z)=F_{\mathrm{P}}[\mathrm{SOC}_{\mathrm{com}}(t_z),\ \mathrm{SOC}_{\mathrm{com}}(t_{z+1})] \tag{5-14}$$

综上所述，通过调节虚拟电池综合储能系统的 SOC，可以实现船舶多源电站主动互补以及全周期功率波动平抑。

5.3.2　基于改进 Dijkstra 算法的全周期功率波动平抑策略

前述船舶多源电站等效电力网络模型中可调节对象为虚拟电池储能与常规电池储能组成的虚拟电池综合储能系统，可以根据虚拟综合储能系统的 SOC 迁移，计算出不同 SOC 组合情况下的全周期功率波动情况。由于虚拟电池综合储能系统的 SOC 具备无后效性，即某调度时刻的 SOC 给定后，在这调度时刻以后过程的发展不受这调度时刻以前各时刻 SOC 的影响，当前 SOC 为过去历史的一个完整总结，过去历史只能通过当前 SOC 去影响它未来的发展[2]。因此，SOC 迁移满足动态规划的基本条件。此外，联络线功率波动平抑在不考虑能量损耗的情况下不能影响船舶用电的经济性，即不能改变船舶用电日调度周期内的用能总量。因此，虚拟电池综合储能系统的在日调度周期始末的 SOC 应保持一致，即虚拟电池综合储能系统初始 SOC 和末端 SOC 是已知的，满足最短路径问题的一般形式。本节建立船舶多源电站等效电力网络全周期功率波动平抑最短路径问题等价模型，并采用改进 Dijkstra 算法对其进行求解。

全周期功率波动的目标函数为

$$F=\min\sqrt{\frac{\sum_{z=1}^{N-1}[P_{\mathrm{G}}(t_{z+1})-P_{\mathrm{G}}(t_z)]^2}{N-1}} \tag{5-15}$$

其中，N 表示调度间隔总数，大小与调度总周期长度和调度时间间隔有关；$P_{-}(t_z)$ 表示 t_z 时刻联络线功率。

荷电状态 $\mathrm{SOC}_{\mathrm{com}}(t_z)$ 可以等效成最短路径问题中每一个路径经过点对应的状态变量。该状态变量根据求解精度的需求可以分解到不同的精度。以 $\mathrm{SOC}_{\mathrm{com}}(t_{z+1})$ 为优化变量，得到的最短路径问题路径权函数。最短路径问题的路径权函数满足非负性条件，可以采用 Dijkstra 算法求解。考虑到最短路径问题求解过程中的状态存储、状态选择和状态计算的需求，定义三个矩阵分别存放上述三个过程的路径权函数值。由于目标函数是求最小值，因此矩阵中的元素初始值均为正无穷大，其具体表达式为

$$\mathrm{Tf}_{\mathrm{store}}=\begin{Bmatrix} f[\mathrm{SOC}_{\mathrm{TS}}(1,\ 1)] & \cdots & f[\mathrm{SOC}_{\mathrm{TS}}(1,\ N)] \\ \vdots & \ddots & \vdots \\ f[\mathrm{SOC}_{\mathrm{TS}}(M,\ 1)] & \cdots & f[\mathrm{SOC}_{\mathrm{TS}}(M,\ N)] \end{Bmatrix}_{MN} \tag{5-16}$$

$$\mathrm{Tf}_{\mathrm{select}}=\begin{Bmatrix} f[\mathrm{SOC}_{\mathrm{TL}}(1,\ 1)] & \cdots & f[\mathrm{SOC}_{\mathrm{TL}}(1,\ N)] \\ \vdots & \ddots & \vdots \\ f[\mathrm{SOC}_{\mathrm{TL}}(M,\ 1)] & \cdots & f[\mathrm{SOC}_{\mathrm{TL}}(M,\ N)] \end{Bmatrix}_{MN} \tag{5-17}$$

$$\mathrm{Tf}_{\mathrm{cal}}=\begin{Bmatrix} f[\mathrm{SOC}_{\mathrm{CT}}(1,\ 1)] & \cdots & f[\mathrm{SOC}_{\mathrm{CT}}(1,\ N)] \\ \vdots & \ddots & \vdots \\ f[\mathrm{SOC}_{\mathrm{CT}}(M,\ 1)] & \cdots & f[\mathrm{SOC}_{\mathrm{CT}}(M,\ N)] \end{Bmatrix}_{MN} \tag{5-18}$$

其中，M 为矩阵的行数；N 为矩阵的列数。M 表示每一个调度节点 SOC 状态变化的可能性，大小与工程所需的 SOC 变化精度有关；N 表示总调度节点数，大小与调度总周期长度和调度时间间隔有关。$\mathrm{SOC}_x(i,\ z)\,(x=\mathrm{TS},\ \mathrm{TL},\ \mathrm{CT})$ 等价于 $\mathrm{SOC}_{\mathrm{com}}(t_z)$ 且其值为 $\dfrac{i-1}{M-1}$。

路径计算主要是在状态选择矩阵 $\mathrm{Tf}_{\mathrm{select}}$ 中选择最小路径点，在状态计算矩阵 $\mathrm{Tf}_{\mathrm{cal}}$ 中进行新路径点计算，路径计算结果在状态存储矩阵 $\mathrm{Tf}_{\mathrm{store}}$ 进行比较和保存。路径点保存的原则是保留路径权函数最小的可行路径点。

由于需要记录全周期功率波动平抑的最优路径，因此需要定义路径记录矩阵和路径转移矩阵为

$$\mathrm{Path}_{\mathrm{store}}=[\mathrm{SOC}_{\mathrm{PS}}(1),\ \cdots,\ \mathrm{SOC}_{\mathrm{PS}}(y)]_y \tag{5-19}$$

$$\mathrm{Path}_{\mathrm{tran}}=[\mathrm{SOC}_{\mathrm{PT}}(1),\ \cdots,\ \mathrm{SOC}_{\mathrm{PT}}(y)]_y \tag{5-20}$$

其中，y 表示路径达到的位置，对应第 y 个调度节点；$\mathrm{SOC}_{\mathrm{PS}}(y)$ 和 $\mathrm{SOC}_{\mathrm{PT}}(y)$ 分别表示路径记录矩阵和路径转移矩阵中路径到达点对应的 SOC 值。$\mathrm{SOC}_{\mathrm{PS}}(k)$ 和

$SOC_{PT}(k)(k=1,\cdots,y-1)$ 表示路径到达点之前各路径经过点的 SOC 值。通过路径记录矩阵和路径转移矩阵可以分析各个经过点的历史 SOC 变化状态、各经过点的功率变化情况以及路径权函数值,方便最优路径对前述状态的检索。

利用改进 Dijkstra 算法求解上述最短路径问题的基本流程见图 5-6[3]。

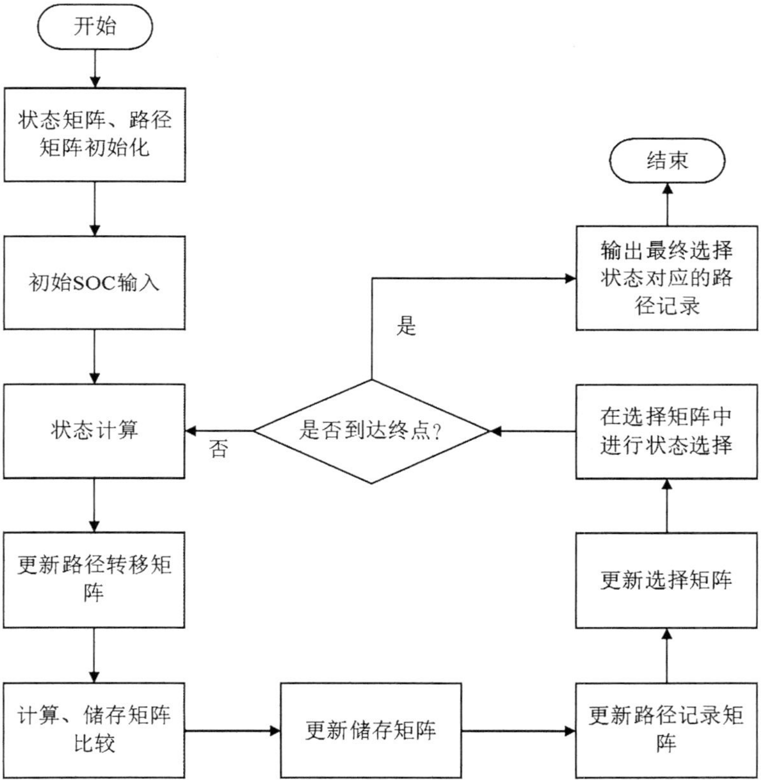

图 5-6　改进 Dijkstra 算法流程

需要注意以下几点:

1）更新路径转移矩阵主要是记录下一时刻对应状态的路径。

2）计算、储存矩阵比较主要是比较计算矩阵和储存矩阵对应位置上的元素,将路径权函数小的元素保存到储存矩阵中。

3）更新路径记录矩阵,是将储存矩阵中有更新元素的路径转移矩阵备份到对应元素的路径记录矩阵中。

4）更新选择矩阵,是将选择矩阵中已经完成前进方向计算的元素和不满足约束条件的元素置无穷大值,并对储存矩阵中更新过的元素进行更新。

5）在选择矩阵中进行状态选择是优选路径权函数最小且满足约束条件的元素

进行下一步状态计算，当遇到路径终点时，则跳出循环，输出总路径权函数最小的路径。

5.4 采用二阶滤波的大容量船舶多源电站混合储能系统实时功率分配方法

5.4.1 二阶滤波传递函数构造

本节考虑混合储能系统由锂电池储能和超级电容储能构成，锂电池储能与超级电容储能的双向 DC/DC 变换器控制其功率输出，响应各自的功率指令。混合储能系统实时功率分配需考虑各自的储能特性，确定各自的功率目标值，实现混合储能系统功率指令在锂电池储能与超级电容储能之间的合理高效分配[2]。目前，基于一阶巴特沃思滤波的功率分配方法是研究最多、使用最广泛的方法，但是一阶巴特沃思滤波环节在交接频率处的截止特性较差，是造成超级电容储能充电或放电容量积累进而影响其性能的因素之一[4-6]，因此，本节提出基于二阶滤波环节的功率分配方法。同时，针对一阶巴特沃思高频滤波环节响应混合功率指令时存在积分作用的问题，考虑到输出响应的积分相当于串联积分环节 $1/s$，构造二阶滤波传递函数，如式(5-21)、式(5-22)所示。

$$\tilde{P}_{\mathrm{SC\_ref}}(s)=\left(\frac{Ts}{1+Ts}\right)^{2}P_{\mathrm{HESS}}(s) \tag{5-21}$$

$$\begin{aligned}\tilde{P}_{\mathrm{LB\_ref}}(s)&=P_{\mathrm{HESS}}(s)-\tilde{P}_{\mathrm{SC\_ref}}(s)\\&=\frac{1+2Ts}{(1+Ts)^{2}}P_{\mathrm{HESS}}(s)\end{aligned} \tag{5-22}$$

其中，$\tilde{P}_{\mathrm{SC\_ref}}(s)$、$\tilde{P}_{\mathrm{LB\_ref}}(s)$ 分别为基于二阶滤波功率分配方法的超级电容储能、锂电池储能功率指令。

式(5-21)中的二阶高频滤波传递函数由两个惯性环节、两个微分环节和一个比例环节构成，交接频率仍为 $\omega=1/T$，所对应的对数幅频渐进特性曲线如图 5-7(a)所示。可见，所构造的二阶高频滤波传递函数在截止频率不变的情况下具有更好的截止特性，使超级电容储能承担更少的低频功率，提高其高频功率补偿能力。式(5-22)中的二阶低频滤波传递函数由一个一阶微分环节、两个惯性环节构成，交接频率分别为 $\omega_1=1/2T$、$\omega_2=1/T$，所对应的对数幅频渐进特性曲线如图 5-7(b)所示。可见，二阶低频滤波传递函数在 (ω_1,ω_2) 频率段及交接频率 ω_2 附近对输入信号有所放大，可使锂电池储能承担更多的低频分量，而大于交接频率 ω 的高频部分斜率为-20 dB/dec，与一阶低通滤波环节滤除高频分量的能力基本相同。

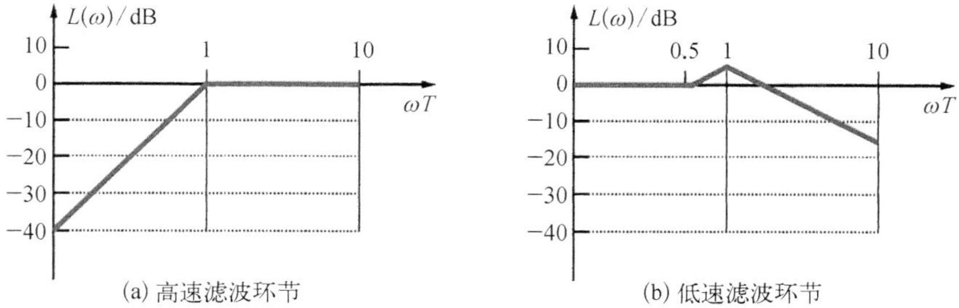

图 5-7　二阶滤波传递函数对数幅频渐进特性曲线

5.4.2　混合储能系统约束条件

锂电池储能在运行中应满足温度约束、荷电状态约束、端电压约束、功率约束等约束条件[7]。超级电容储能在运行中应满足温度约束、极性约束、端电压约束、容量约束、功率约束等约束条件。超级电容储能应运行在一定工作温度范围内，并保持单极性状态，以延长其使用寿命，对于超级电容模组，通常具有过温报警、极性报警等功能。

5.4.3　考核指标

(1) 超级电容储能 SOC 指标

超级电容器具有固定的极性，其存储的能量 E_{SC} 与其端电压 U_{SC} 有确定的关系：

$$E_{SC} = \frac{1}{2}CU_{SC}^2 \tag{5-23}$$

锂电池储能及超级电容储能均采用恒功率控制，因此，本节以能量比定义超级电容器的荷电状态 SOC_{SC}，则 SOC_{SC} 与端电压 U_{SC} 构成简单的函数：

$$SOC_{SC} = \frac{U_{SC}^2 - (U_{SC}^{min})^2}{(U_{SC}^{max})^2 - (U_{SC}^{min})^2} \tag{5-24}$$

由式(5-23)、式(5-24)可知，超级电容器存储的能量 E_{SC} 与端电压 U_{SC} 呈平方关系，而荷电状态 SOC_{SC} 与端电压 U_{SC} 也呈平方关系，因此，若超级电容器初始能量为最大能量的 50%，考虑 U_{SC}^{min} 接近于 0，则超级电容器初始端电压 $0.707U_{SC}^{max}$ 时，初始 SOC_{SC} 大约为 50%。

(2) 超级电容储能可用性指标

本节定义超级电容可用性指标，用以衡量当前超级电容补偿高频功率的能力，定义式如下：

$$\delta(t)=1-\frac{2\mid SOC_{SC}(t)-SOC_{SC}^{ref}\mid}{SOC_{SC}^{max}-SOC_{SC}^{min}} \tag{5-25}$$

其中，SOC_{SC}^{max}、SOC_{SC}^{min} 为超级电容荷电状态的最大和最小值；$SOC_{SC}(t)$ 为超级电容实时荷电状态；SOC_{SC}^{ref} 为超级电容荷电状态参考值。由式(5－25)可知，$\delta(t)\in[0,1]$，其值越大则补偿高频功率的能力越强，即双向工作能力越强，值越小则越接近于荷电状态的上限或下限，补偿高频功率的能力越弱。

5.5　基于模糊控制的大容量船舶电站多电源功率主动互补控制方法与系统

5.5.1　船舶多电源电站实时能量优化

本节采用模糊控制进行大容量船舶电站多电源功率主动互补控制，其控制目标如下：

1) 为保证经济性，尽可能只使用储能系统进行实时能量调度；

2) 船舶多电源电站功率大于负荷功率且储能系统荷电状态接近最大值时，通过切除与增加弹性负荷需求，同时减小储能充电功率保证实时功率平衡；

3) 船舶多电源电站功率小于负荷功率且储能系统荷电状态接近最小值时，通过切除部分弹性负荷同时减小储能放电功率保证实时功率平衡。

大容量船舶电站多电源功率实时主动互补控制需要考虑船舶多电源电站出力与需求侧管理负荷的功率差值[8]，同时考虑储能系统的实时荷电状态，将 t 时刻船舶多电源电站出力与需求侧负荷功率差值 $\frac{P_d(t)-P_{load}(t)}{P_{bess\_max}}$ 作为模糊控制的其中一个输入函数 $X_1(t)$；选取 t 时刻储能荷电状态 $S_{SOC}(t)$ 作为另一个输入函数 $X_2(t)$。$X_1(t)$ 和 $X_2(t)$ 的表达式为

$$X_1(t)=\frac{P_d(t)-P_{load}(t)}{P_{bess\_max}} \tag{5-26}$$

$$X_2(t)=S_{SOC}(t) \tag{5-27}$$

输入隶属函数和输出隶属函数如图 5－8～图 5－10 所示。

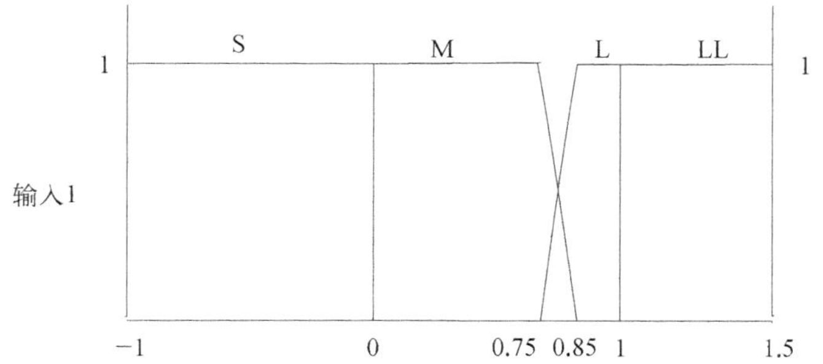

图 5－8　输入隶属函数 X_1

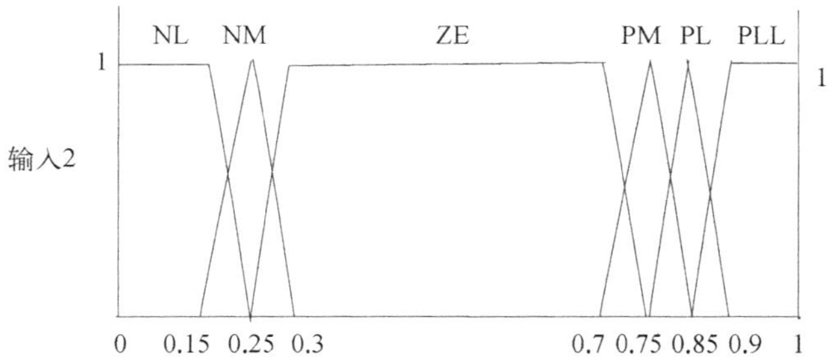

图 5－9　输入隶属函数 X_2

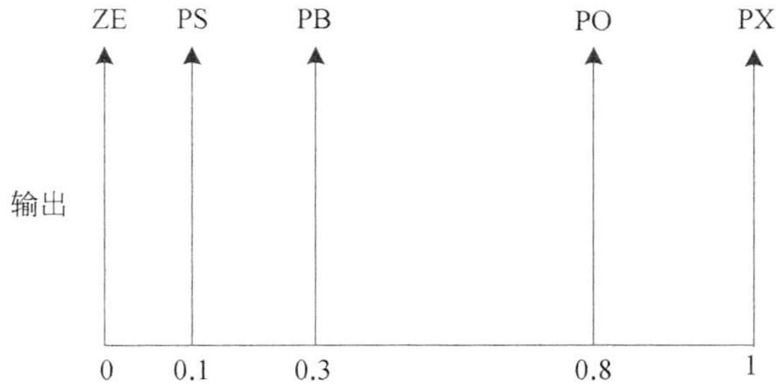

图 5－10　输出隶属函数 Δk

模糊控制规则如表 5－1 所示。

表 5－1　实时能量管理模糊控制规则设计

X_1	X_2					
	NL	NM	ZE	PM	PL	PLL
S	ZE	ZE	ZE	ZE	ZE	ZE
M	ZE	ZE	ZE	ZE	ZE	PX

（续表）

X_1	X_2					
	NL	NM	ZE	PM	PL	PLL
L	ZE	ZE	ZE	PS	PB	PX
LL	ZE	ZE	ZE	PB	PO	PX

采用储能系统充放电、船舶多电源电站切除以及改变可控负荷功率输出的协调控制策略，因此，有

$$P_{\text{bess}}(t)+\Delta P_{\text{d}}(t)+\Delta P_{\text{con}}(t)=P_{\text{d}}(t)-P_{\text{load}}(t) \tag{5-28}$$

$P_{\text{bess}}(t)$ 为 t 时刻储能装置的充放电功率，充电功率取正，放电功率取负；$\Delta P_{\text{d}}(t)$ 为 t 时刻船舶多电源电站切除功率大小，取正；$\Delta P_{\text{con}}(t)$ 表示弹性负荷投切量，切除量取负，新投入量取正。根据模糊控制理论，可得出：

$$P_{\text{bess}}(t)=\begin{cases}\min\{P_{\text{bess\_max}}[1-|b(t)|],[P_{\text{d}}(t)-P_{\text{load}}(t)][1-|b(t)|]\},\\ \text{if } P_{\text{d}}(t)-P_{\text{load}}(t)>0\\ \max\{-P_{\text{bess\_max}}[1-|b(t)|],[P_{\text{d}}(t)-P_{\text{load}}(t)][1-|b(t)|]\},\\ \text{if } P_{\text{d}}(t)-P_{\text{load}}(t)<0\end{cases} \tag{5-29}$$

$$\Delta P_{\text{load}}(t)=\begin{cases}\min\{P_{\text{d}}(t)-P_{\text{load}}(t),\Delta P_{\text{load\_max}}\}\ \text{if } P_{\text{d}}(t)-P_{\text{load}}(t)>0\\ P_{\text{d}}(t)-P_{\text{load}}(t),\ \text{if } P_{\text{wind}}(t)-P_{\text{load}}(t)<0\end{cases} \tag{5-30}$$

$$\Delta P_{\text{d}}(t)=P_{\text{d}}(t)-P_{\text{load}}(t)-P_{\text{bess}}(t)-\Delta P_{\text{load}}(t) \tag{5-31}$$

其中，$u(t)$ 为阶跃函数；$b(t)$ 是通过加权平均法得到的 t 时段元件的功率分配系数。

当船舶多电源电站功率大于负荷需求时，如果储能系统仍有很大的能量吸收空间，则由其独立承担 $P_{\text{bess}}(t)$，由此消除了船舶多电源电站的切除功率，提高发电效率的同时减少了船舶多电源电站出力变化造成的损耗；如果储能系统荷电状态接近最大值或者系统的净输出功率接近甚至超过储能系统限制功率 $P_{\text{bess\_max}}$ 时，如果此时仅依靠储能系统进行功率吸收，荷电状态很快会达到最大值 $SOC_{\max}$，缩减储能系统寿命的同时影响着下一时刻的功率分配，因此由储能系统吸收功率与电源切除、增加弹性负荷共同实现实时功率的平衡。

当船舶多电源电站功率小于负荷需求时，如果储能系统荷电状态接近最小值或者系统的净输出功率接近甚至超过储能系统限制功率 $-P_{\text{bess\_max}}$ 时，则由储能系统释放功率与切除部分弹性负荷功率，两者相互协作共同实现实时功率的平衡。

根据模糊控制的相关原理，最终获得的结果是一系列模糊集合，需通过相关变

换将模糊控制结果转变为最终所需的精确值。模糊过程的求解可使用许多不同的方式,如重心法、最大隶属度法、加权平均法等,采用不同的方式最后得出的修正系数数值亦不同。依据加权法对输出的隶属函数值进行加权求解,经过对模糊过程的求解获取 t 时段蓄电池-超级电容器的比例系数 $b(t)$ 为

$$b(t)=\frac{\sum_i\sum_j \mu_{1i}[X_1(t)]\mu_{2j}[X_2(t)]\Delta k_{ij}}{\sum_i\sum_j \mu_{1i}[X_1(t)]\mu_{2j}[X_2(t)]} \tag{5-32}$$

其中,$\mu_{1i}[X_1(t)]$ 和 $\mu_{2j}[X_2(t)]$ 作为输入函数 $X_1(t)$ 的第 i 个和输入函数 $X_2(t)$ 的第 j 个隶属度值,i 的状态集合为{S, M, L, LL},j 的状态集合为{NL, NM, ZE, PM, PL};Δk_{ij} 是与输入量 $X_{1i}(t)$ 和 $X_{2j}(t)$ 相对应的输出量。

上述元件实时功率的计算结果中并未判断储能系统实时容量是否符合要求,所以,在得出相应计算结果的情况下对约束条件作出判定。但是由于船舶工况确定了发电机组以及负荷的启停台数,如果短期功率预测在误差允许范围内,那么理论上不会出现蓄电池容量越限的情况。

5.5.2　储能-需求侧负荷平抑功率波动策略

为了平抑船舶多电源电站以及负荷共同产生的瞬时功率波动,首先通过一阶低通滤波器进行低通滤波,滤掉波动功率的高频部分(高频成分波动较快,需通过储能电站充放电吸收波动功率),剩下的中低频成分的波动功率平抑则由蓄电池与需求侧负荷共同承担,并通过模糊控制进行功率分配,保证船舶电网的实时功率平衡,同时减少储能装置用于平抑功率波动的容量[9-11]。

储能-需求侧负荷混合系统进行功率波动平抑需要考虑蓄电池实时荷电状态以及需求侧负荷的实时运行状态,定义 $S_{\mathrm{SOC\_B}}(t)$ 为蓄电池 t 时刻荷电状态,为百分数;定义 $\dfrac{P_{\mathrm{load}}(t)}{P_{\mathrm{N}}}$ 为需求侧负荷 t 时刻的负载系数,P_{N} 为负荷的额定负载功率。负载系数的大小反映负荷的运行状态,由于空调等负荷的主体是电动机,系数小于1时表示轻载,系数大于1时表示重载。为反映波动功率变化量 $P_{\mathrm{F}}(t)$ 对混合系统功率分配的影响,使用 $\dfrac{P_{\mathrm{F}}(t)-P_{\mathrm{load}}(t-1)}{\Delta t}$ 表示 t 时刻的功率波动变化对需求侧负荷的影响,本节使用标幺值。模糊控制的四个输入量的表达式为

$$X_1(t)=S_{\mathrm{SOC\_B}}(t) \tag{5-33}$$

$$X_2(t)=P_{\mathrm{F}}(t) \tag{5-34}$$

$$X_3(t) = \frac{P_{\text{load}}(t)}{P_{\text{N}}} \tag{5-35}$$

$$X_4(t) = \frac{P_{\text{F}}(t) - P_{\text{load}}(t-1)}{\Delta t} \tag{5-36}$$

输入信号 X_1 与 X_2 经过模糊控制模块 Fuzzy 1，得到输出信号 K_1；输入信号 X_3 与 X_4 经过模糊控制模块 Fuzzy 2，得到输出信号 K_2；最终通过权值系数 $a(0 < a < 1)$ 对 K_1 和 K_2 进行加权平均，得到模糊控制的最终输出系数 K。

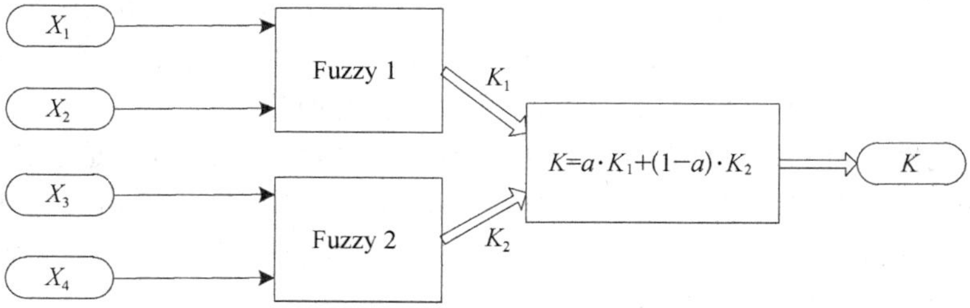

图 5－11　蓄电池-需求侧负荷功率分配模型

Fuzzy 1 的输入隶属函数和输出隶属函数如图 5－12～图 5－14 所示。

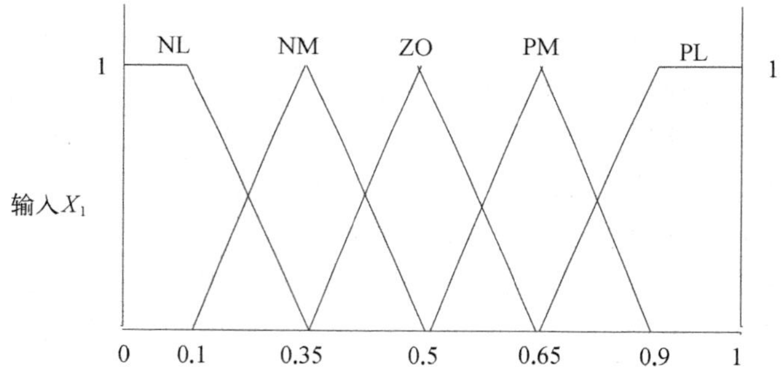

图 5－12　输入隶属函数 X_1

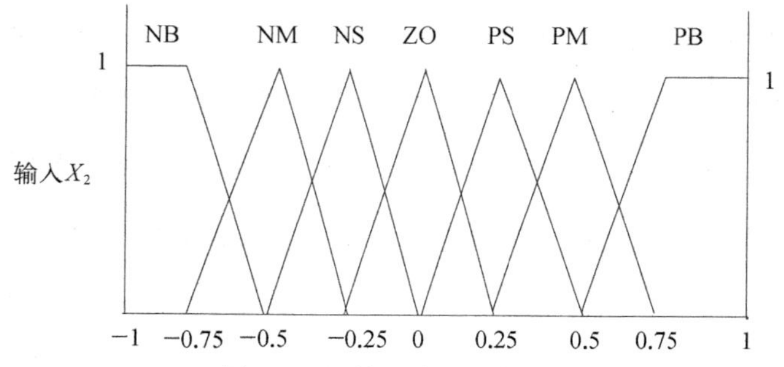

图 5－13　输入隶属函数 X_2

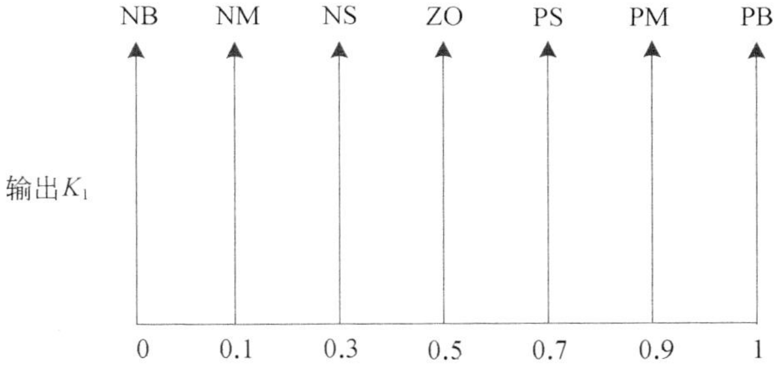

图 5－14 输出隶属函数 K_1

Fuzzy 2 的输入隶属函数和输出隶属函数如图 5－15～图 5－17 所示。

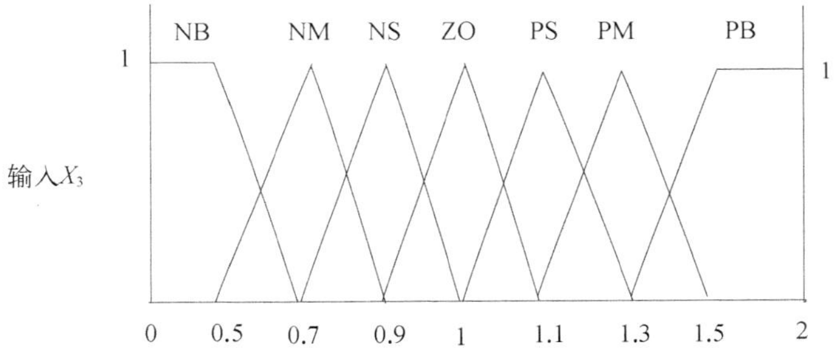

图 5－15 输入隶属函数 X_3

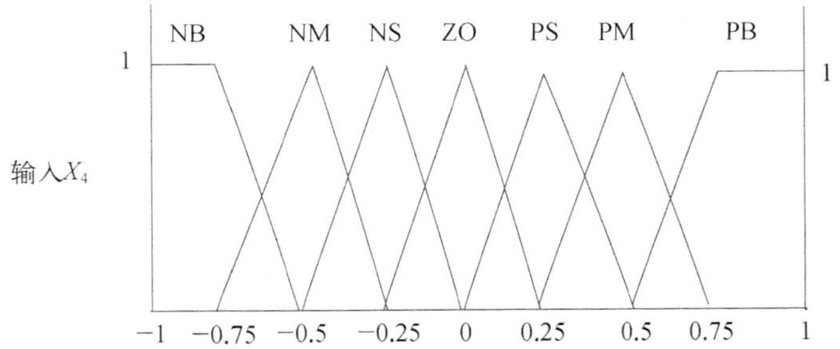

图 5－16 输入隶属函数 X_4

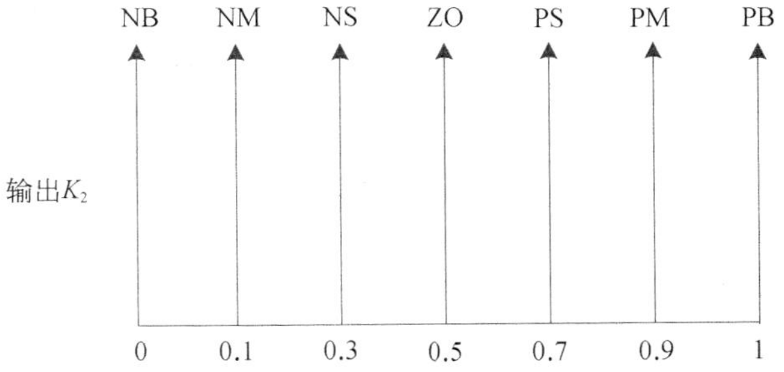

图 5－17 输出隶属函数 K_2

采用储能系统充放电与改变需求侧负荷负载功率相互协调的模糊控制策略，因此有

$$P_{bess}(t) + P_{load}(t) = P_F(t) \tag{5-37}$$

其中，$P_{bess}(t)$ 为 t 时刻储能系统充放电功率，充电功率数值取正，放电功率取负；$P_{load}(t)$ 为 t 时刻需求侧负荷负载功率，数值取正；$P_F(t)$ 为船舶电网瞬时波动功率，等于发电波动功率减去负荷波动功率。根据前文关于模糊规则的叙述，优先使用需求侧负荷进行功率波动平抑，蓄电池-需求侧负荷功率分配结果如式(5-38)与式(5-39)所示：

$$P_{load}(t) = P_{load}(t-1) + [P_F(t) - P_{load}(t-1)] \cdot K(t) \tag{5-38}$$

$$P_{bess}(t) = P_F(t) - P_{load}(t) = [P_F(t) - P_{load}(t-1)] \cdot [1 - K(t)] \tag{5-39}$$

对于模糊控制模块 Fuzzy 1：当波动功率大于 0 时，如果波动功率较大且储能系统有很大的能量吸收空间，则通过模糊规则降低输出系数 K_1，增加蓄电池充电功率的同时减少需求侧负荷平抑波动功率的负担；如果储能系统荷电状态接近最大值，则尽量由需求侧负荷实现对实时波动功率的平衡，通过模糊规则增大输出系数 K_1；

当波动功率小于 0 时，如果波动功率绝对值较大且储能系统仍有很大的能量释放空间，则通过模糊规则适当降低输出系数 K_1，增加蓄电池放电功率的同时减少需求侧负荷平抑波动功率的负担；如果储能系统荷电状态接近最小值，则尽量由需求侧负荷实现对实时波动功率的平衡，通过模糊规则增大输出系数 K_1；

对于模糊控制模块 Fuzzy 2：当 t 时刻需求侧负荷重载时，若此时功率波动变化率为负，则通过模糊规则增大输出系数 K_2，增加需求侧负荷平抑波动功率的比例；若此时功率波动变化率为正，则通过模糊规则减小输出系数 K_2，防止需求侧负荷过分重载。

当 t 时刻需求侧负荷轻载时，若此时功率波动变化率为正，则通过模糊规则增大输出系数 K_2，增加需求侧负荷平抑波动功率的比例；若此时功率波动变化率为负，则通过模糊规则减小输出系数 K_2，防止需求侧负荷过分轻载。

设计的模糊控制模型满足平抑功率波动的实际需求：既考虑了蓄电池与需求侧负荷的内部工作特性，同时考虑了外部功率波动大小及变化率的特性对蓄电池-需求侧负荷功率分配所造成的影响。Fuzzy 1 主要关注蓄电池的荷电状态，Fuzzy 2 则侧重于需求侧负荷的负载状态，权值系数 $a(0 < a < 1)$ 对 K_1 和 K_2 进行加权平均，得到模糊控制的最终输出系数 K，最终得到具体的功率分配大小。

5.6 实例分析

5.6.1 基于改进粒子群算法的大容量船舶电站多柴油发电机组调度方法

本节以某大容量船舶电站为对象,该船舶电站系统结构见图 5－18,柴油发电机参数如表 5－2 所示。

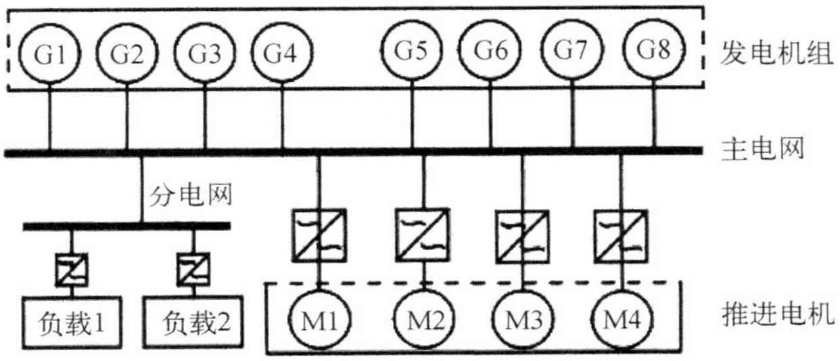

图 5－18　船舶电站系统结构

表 5－2　柴油发电机参数

单机额定功率/kW	数量/台	单机额定功率/kW	数量/台
1 250	1	3 570	2
2 500	3	5 000	2

粒子群算法的参数设置：惯性权重 ω 为 0.4;个体加速系数 c_1 为 0.8;社会加速系数 c_2 为 0.8;粒子群规模 SN 为 70;可行解的位置上限 X_{max} 为{0.25, 0.5, 0.5, 0.5, 0.75, 0.75, 1, 1};可行解的位置下限 X_{min} 为{0, 0, 0, 0, 0, 0, 0, 0};可行解得最大迭代次数 MCN 为 300。当 $p'_D = 1$ 时,根据目前常用船舶能量管理方法和本节所提方法,各发电机组功率分配如表 5－3 所示。

表 5－3　各发电机组功率分配表　[单位: g/(kW · h)]

P'_j		船舶能量管理方法			本节所提方法
		功率由低向高	功率由高向低	功率平均分配	
0.25	1#	0.2	0	0.048	0.033 231
0.5	2#	0.4	0	0.095	0.033 515
	3#	0.4	0	0.095	0.035 928
	4#	0	0	0.095	0.054 358

（续表）

P'_j		船舶能量管理方法			本节所提方法
		功率由低向高	功率由高向低	功率平均分配	
0.75	5#	0	0	0.143	0.061 099
	6#	0	0	0.413	0.066 593
1	7#	0	0.5	0.190	0.070 387
	8#	0	0.5	0.190	0.644 890

分析表 5－3 可知，传统船舶电站能量管理方法分 3 种：① 在满足船舶负荷前提下，优先使用功率较低的发电机，根据发电机功率等比例分配负荷；② 在满足船舶负荷前提下，优先使用功率较高的发电机，根据发电机功率等比例分配负荷；③ 满足船舶负荷前提下，将所需功率按功率比例分配给所有发电机。本节所提的大容量船舶多源电站调度方法是基于改进粒子群算法进行功率分配。不同于传统船舶能量管理方法，该方法利用粒子群算法进行搜索，在全局范围内进行寻优，通过粒子对自身经验的学习与粒子间的协作，发挥群体智能的优势，有利于找到能耗最低点。船舶在不同负荷下，根据常用船舶能量管理方法和本节所提方法，发电机的耗油率对比如表 5－4 所示。

表 5－4　不同负荷下发电机耗油率　　［单位：g/(kW · h)］

p'_D	船舶能量管理方法			本节所提方法
	功率由低向高	功率由高向低	功率平均分配	
0.5	98.365 9	100.050 0	97.800 9	96.670 8
1.0	195.587 2	198.493 9	196.510 4	194.811 9
1.5	293.145 2	293.878 3	297.723 2	292.370 2
2.0	391.174 4	392.230 4	399.037 2	390.285 6
2.5	489.433 5	488.881 2	496.688 8	488.082 9
3.0	684.407 4	684.041 1	688.561 2	683.738 3
3.5	785.173 0	781.888 7	783.306 2	781.599 9
4.0	785.173 0	781.888 7	783.306 2	781.599 9
4.5	879.795 0	879.795 0	880.063 1	879.480 5

由表 5－4 可得：在 $p'_D = 0.5$ 时，传统船舶能量管理方法中，采用将所需功率按功率比例分配给所有发电机的方式，耗油率最低，此时，采用本节所提方法，将使发电机组耗油率下降约 1.17%。在 $p'_D = 1$、1.5、2 时，传统船舶能量管理方法中，采用优先使用功率较低的发电机的方式，耗油率最低，若采用本节所提方法，将使发电机组耗油率分别下降约 0.4%、0.5%和 0.5%。在 $p'_D = 2.5$、3、3.5、4、4.5 时，传统船舶能量管理方法中，采用优先使用功率较高的发电机的方式，耗油率最低，若采用本节所提方法，将使发电机组耗油率分别下降约 0.2%、0.06%、0.04%、0.03%和

0.03%。因此相较于传统的能量管理方法，本节所提方法能降低大容量船舶多源电站各工况下的能耗。随着负荷的增加，油耗率的降低呈递减趋势。

5.6.2 基于改进 Dijkstra 算法的全周期功率波动平抑策略

通过对柴油发电机、变频器和公共负载等元件的模型分析，本节建立某大型船舶电力系统仿真模型，并将其作为分析案例，如图 5－19 所示。系统频率为 60 Hz，其中有两块 6.6 kV 主配电盘通过联络线互相连接，每块配电盘上均有两台发电机对其进行供电，其中连至左侧配电盘的发电机均为 11 MW，右侧为一台 11 MW 以及一台 5.5 MW 发电机。6.6 kV 母线配电盘分别连接一台带变频器的 14 000 kW 推进电机，主配电盘下级连着 BUS－CA、BUS－CB 两块泵机配电盘以及艏侧推电机，并通过两条变压器支路连至 450 V 低压配电盘。BUS－CA、BUS－CB 下级各连接着 4 台货泵电机和 2 台压缩机。450 V 低压配电盘下级连接应急系统和其他一些低压负荷以及 230 V 低压系统。

发电机电气参数及标准参数如下：

P_n = 12.941 MVA，V_n = 6.6 kV，f_n = 60 Hz，p = 2，Xd'' = 12%(pu)，Xd''/R_a = 48，R_a = 0.008 415，X_2 = 12%(pu)，X_2/R_2 = 48，R_2 = 0.008 415，X_0 = 12%(标幺值)，X_0/R_0 = 48，R_0 = 0.008 415，X_q = 108%(pu)，X'_q = 15%(pu)，X''_q = 12%(pu)。

船用船首侧推器为感应电机，其电气参数及标准参数如下：

P_n = 2 000 kW，V_n = 6.6 kV，f_n = 60 Hz，S = 0.93，R_S = 0.941(pu)，X_S = 10.3(pu)，X_m = 538(pu)，X_r = 0.9(pu)，R_S/S = 2.5。

船用推进电机的电气参数及标准参数如下：

P_n = 14 000 kW，V_n = 3 000 V，f_n = 60 Hz，Xd'' = 15.385%(pu)，Xd''/R_a = 35，R_a = 0.002 515，X_0 = 15.385%(pu)，X_2/R_2 = 35，X_q = 108%(pu)，X'_q = 23%(pu)，X''_q = 12%(pu)。

由于篇幅有限，还有一些负荷参数不在此列出来。

如没有特殊说明，本节的船舶电压等级选择分析、电网保护方案研究、电网谐波分析及抑制和变压器预充磁技术以大型船舶电力系统的模型为分析案例。为了验证仿真模型，考虑到篇幅的限制，本节对最大方式及最小运行方式(装卸货工况)的主要发电机组、母线和支路进行计算。通过计算结果的分析，验证仿真模型的正确性。

参数说明：Gen1、Gen2、Gen3、Gen4 分别为 11 MW、11 MW、11 MW、5.5 MW 的发电机。BUS－HA、BUS－HB 是连接发电机组的 6.6 kV 母线，C10 是两母线的连接电缆；BUS－CA、BUS－CB 分别是连接 BUS－HA、BUS－HB 的 6.6 kV 配电盘，其

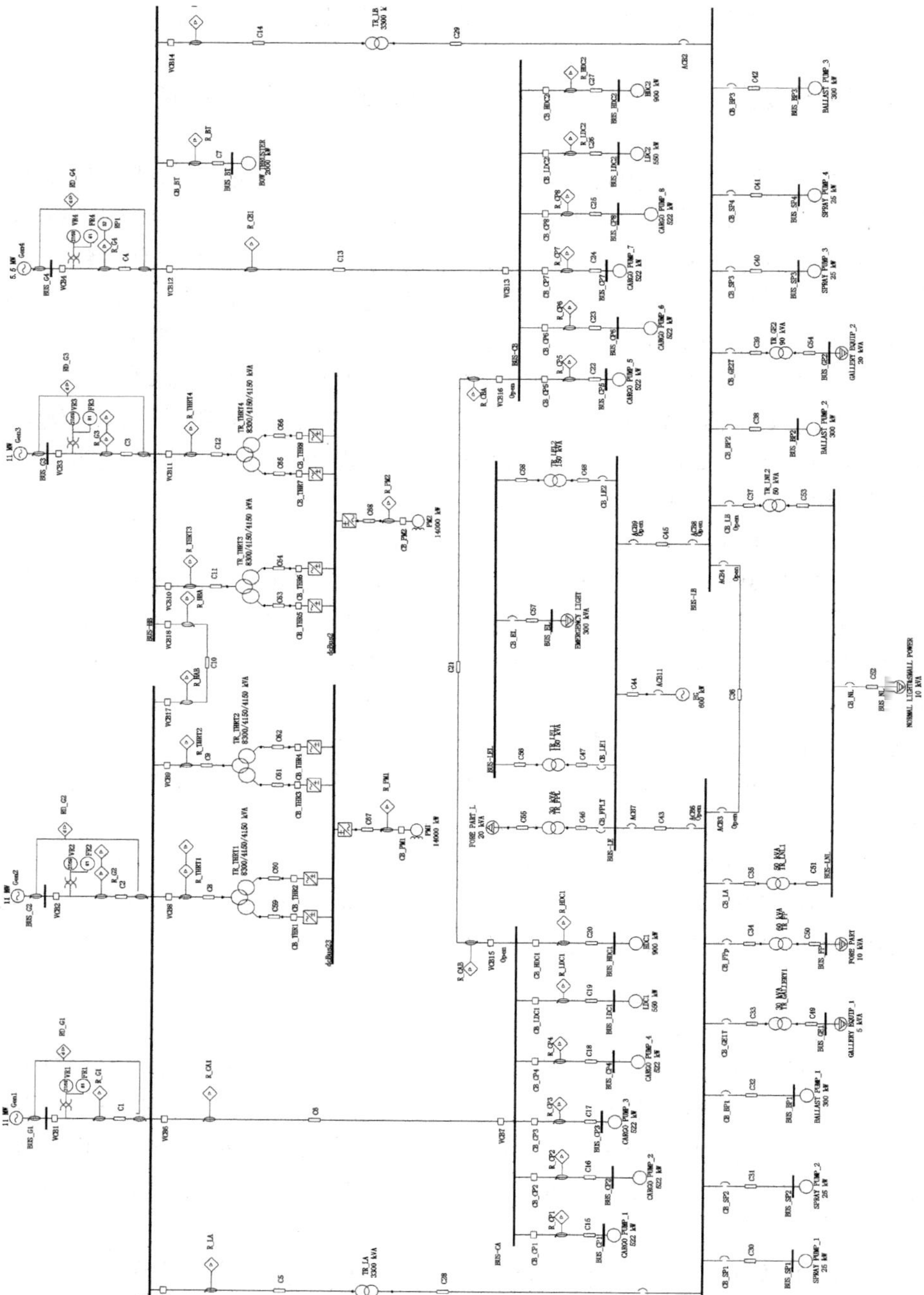

图5－19　某大型船舶电力系统单线图

中 C6、C13 分别是两者的连接电缆；BUS－LA、BUS－LB 分别为 0.45 kV 的母线，其中 C28、C14 分别为 BUS－HA 与 BUS－LA 的连接电缆、BUS－HB 与 BUS－LB 的连接电缆；BUS－LNL 是 0.23 kV 母线。BOW THRUSTER 是船首侧推器；CARGO PUMP_1 是货船泵；PM1、PM2 为主推进电机。

（1）最大运行方式仿真结果如表 5－5 所示。

表 5－5　最大运行方式的仿真结果

发电机	额定功率/MW	额定电压/kV	有功/MW	无功/Mvar	电流/A	功率因数/%	发电因数/%
Gen1	11	6.6	10.923	3.8	1 012	94.45	99.3
Gen2	11	6.6	10.9	4	1 016	93.88	99.1
Gen3	11	6.6	10.9	5	1 049	90.89	99.1
Gen4	5.5	6.6	5.4	2.508	520.9	90.69	98.2

Bus ID	额定电压/kV	电压百分比/%	有功/MW	无功/Mvar	电流/A
BUS－CA	6.6	99.95	3.483	1.883	346.5
BUS－CB	6.6	99.95	3.483	1.883	346.5
BUS－HA	6.6	99.97	21.816	7.797	2 027
BUS－HB	6.6	99.96	20.17	8.117	1 903
BUS－LA	0.45	99.44	0.357	0.192	523.2
BUS－LB	0.45	99.03	0.643	0.334	938.7
BUS－LNL	0.23	98.82	0.008	0.005	22.76

电缆编号	电缆长度/m	电缆型号	有功/MW	无功/Mvar	电流/A	功率因数/%	电压降/%	有功损耗/kW	无功损耗/kvar
C6	15	3－3/C 70	3.483	1.883	346.5	87.97	0.02	0.589	0.193
C10	35	10－3/C 150	3.875	0.612	343.3	98.78	0.01	0.189	0.1
C13	15	3－3/C 70	3.483	1.883	346.5	87.97	0.02	0.589	0.193
C14	30	2－3/C 95	0.645	0.345	64	88.14	0.01	0.043	0.016
C28	30	21－3/C 150	0.357	0.192	523.2	88.11	0.05	0.179	0.095

负　荷	额定容量/kW	额定电压/kV	有功/kW	无功/kvar	电流/A	功率因数/%	负荷因数/%
BOW THRUSTER	2 000	6.6	1 937	780	183.1	92.75	95.2
CARGO PUMP_1	522	6.6	514	278	51.12	87.97	95.3
PM1	14 000	3	13 249	4 711	2 717	94.22	90.4
PM2	14 000	3	13 249	4 711	2 717	94.22	90.4

分析可得，4 台发电机在额定电压下正常工作，功率因数均在 90%以上。母线电压百分比在 99%以上，电流电压稳定。电缆电压降均小于 0.05%，电缆损耗比较

低,负载工作正常,符合某实际船舶的运行工况。

（2）最小运行方式(装卸货工况)仿真结果如表 5－6 所示。

表 5－6　最小运行方式(装卸货工况)的仿真结果

发电机	额定功率/MW	额定电压/kV	有功/MW	无功/Mvar	电流/A	功率因数/%	发电因数/%
Gen1	11	6.6	8.194	3.506	779.6	91.94	74.5

Bus ID	额定电压/kV	电压百分比/%	有功/MW	无功/Mvar	电流/A
BUS－CA	6.6	99.96	3.597	1.501	341.1
BUS－CB	6.6	99.95	3.597	1.501	341.1
BUS－HA	6.6	99.98	8.192	3.505	779.6
BUS－HB	6.6	99.97	4.238	1.823	403.7
BUS－LA	0.45	99.48	0.356	0.177	512.6
BUS－LB	0.45	99.09	0.64	0.31	920.5
BUS－LNL	0.23	98.86	0.008	0.005	22.75

电缆编号	电缆长度/m	电缆型号	有功/MW	无功/Mvar	电流/A	功率因数/%	电压降/%	有功损耗/kW	无功损耗/kvar
C6	15	3－3/C 70	3.597	1.501	341.1	92.28	0.02	0.571	0.187
C10	35	10－3/C 150	4.239	1.823	403.7	91.86	0.01	0.261	0.139
C13	15	3－3/C 70	3.597	1.501	341.1	92.28	0.02	0.571	0.187
C14	30	2－3/C 95	0.641	0.321	62.76	89.4	0.01	0.042	0.015
C28	30	21－3/C 150	0.356	0.177	512.6	89.5	0.05	0.172	0.091

负　荷	额定容量/kW	额定电压/kV	有功/kW	无功/kvar	电流/A	功率因数/%	负荷因数/%
CARGO PUMP_1	522	6.6	531	223	50.4	92.22	95.1

在最小方式(即装卸货工况)下,只有 GEN1 工作,功率因数为 91.94%,发电因数为 74.5%;母线电压百分比正常,电缆电压降小于 0.05%,损耗正常;由于推进电机、船首侧推器等不工作,只需货船泵等负载,负载工作正常,符合某实际船舶的运行工况。

系统仿真模型参数设计如下:系统频率为 60 Hz,其中有两块 6.6 kV 主配电盘通过联络线互相连接,每块配电盘上均有两台发电机对其进行供电,其中连至左侧配电盘的发电机均为 11 MW,右侧为一台 11 MW 以及一台 5.5 MW 发电机。6.6 kV 母线配电盘分别连接一台带变频器的 14 000 kW 推进电机,主配电盘下级连着 BUS－CA、BUS－CB 两块泵机配电盘以及艏侧推电机,并通过两条变压器支路连至 450 V 低压配电盘。BUS－CA、BUS－CB 下级各连接着 4 台货泵电机和 2 台压缩机。450 V 低压配电盘下级连接应急系统和其他一些低压负荷以及 230 V 低压系统。

仿真柴油发电机空载启动,均为标幺值。柴油发电机各仿真结果如图 5－20~图 5－24 所示。

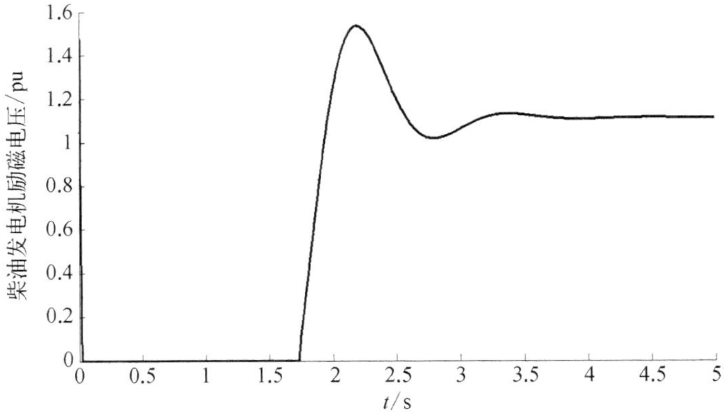

图 5－20　柴油发电机励磁电压

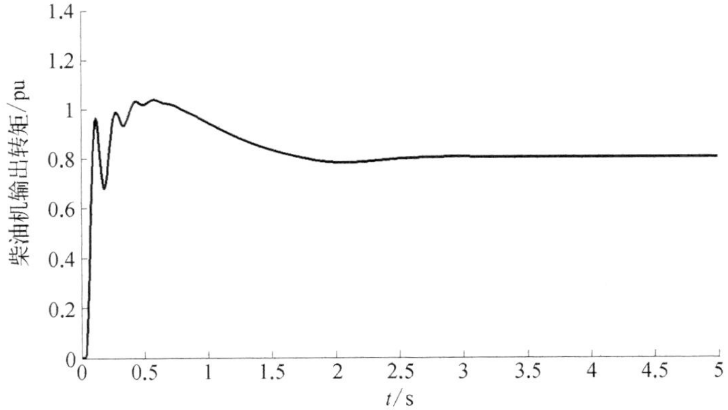

图 5－21　柴油机输出转矩

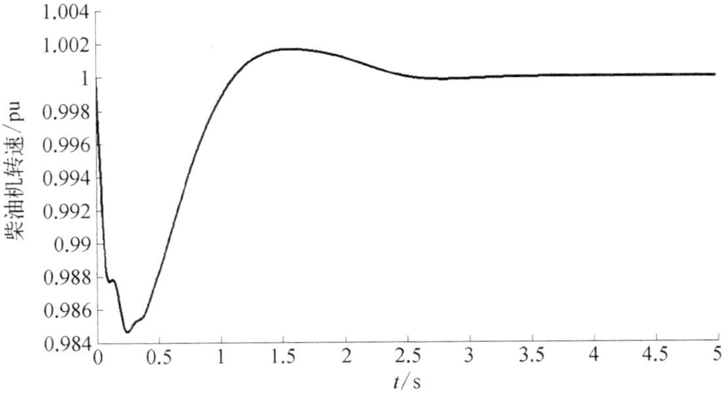

图 5－22　柴油机转速

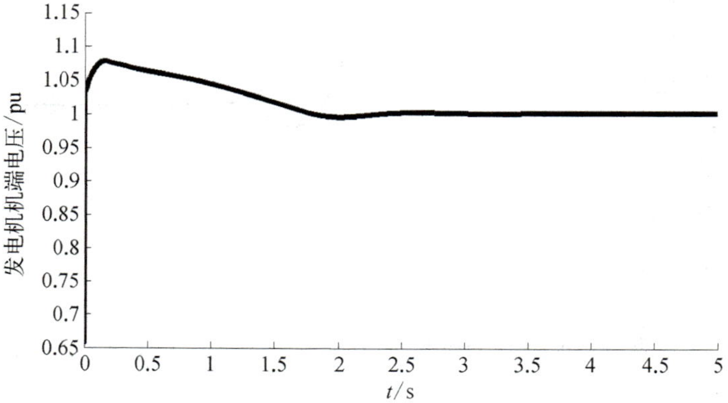

图 5－23　柴油发电机机端输出电压

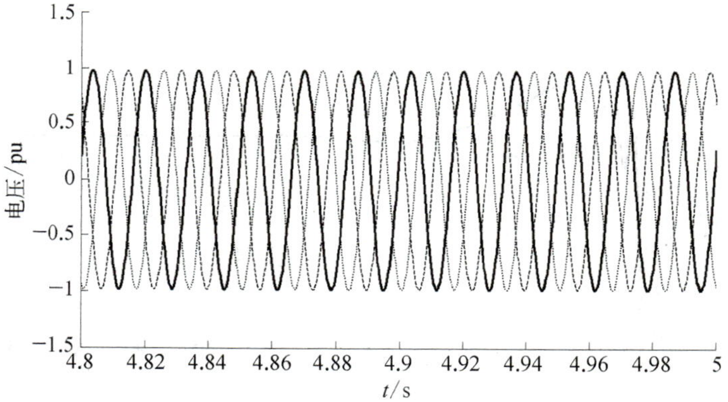

图 5－24　柴油发电机启动稳定后输出电压放大图

柴油发电机空载启动,输出机械转矩快速增加,经过 2 s 左右的震荡,3 s 后达到稳定值。发电机转速先下降,然后快速上升,3 秒后转速达到稳定值。励磁电压(pu)开始瞬间有一个冲击,然后快速下降到几乎为 0,1.8 s 开始增加,2.1 s 瞬时值达 1.5 倍,随着系统的控制调节渐渐减小,最后稳定在一个定值,柴油发电机机端电压瞬时达到给定值的 1.05 倍左右,由于励磁电压等调节器的作用,机端电压经过 3 s 后达到稳定值,柴油发电机空载启动完成。

参数同上,系统以最小方式(装卸货工况)运行,GEN1 发电机正常运行 0.5 s 后直接加载船首侧推器(BOW THRUSTER 2 000 kW),船首侧推电动机动态加载,启动负荷为 20%,最终负荷是 100%,负荷改变时间为 2 s,改变结束时间为 6 s。电动机仿真结果如图 5－25～图 5－29 所示。

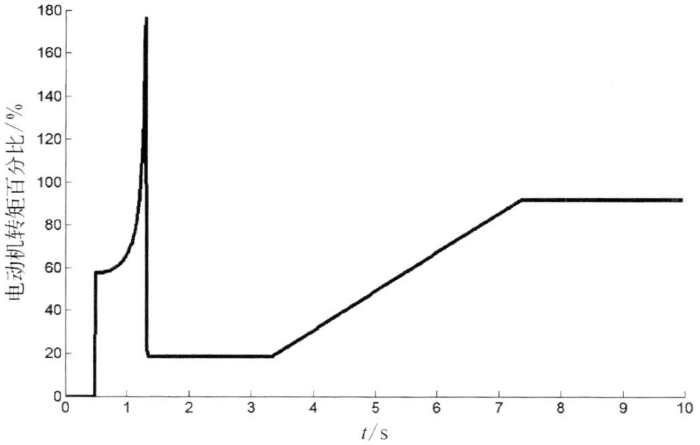

图 5-25　电动机转矩百分比

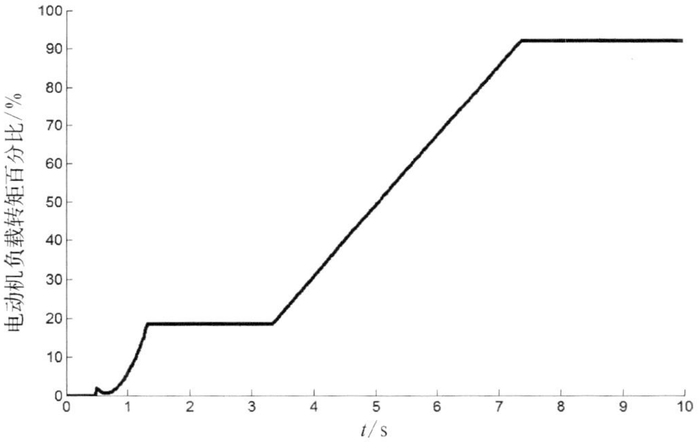

图 5-26　电动机负载转矩百分比

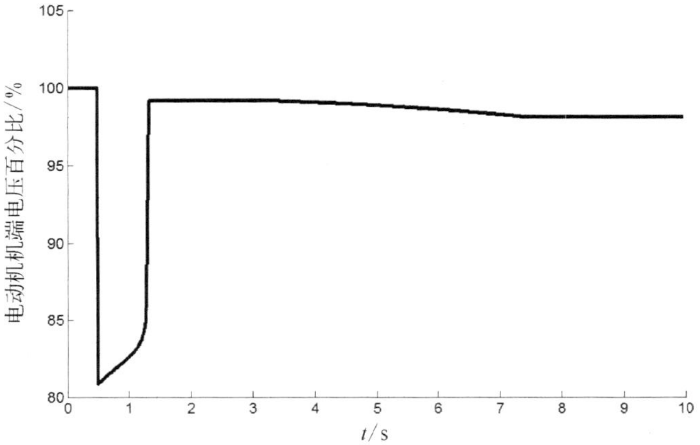

图 5-27　电动机机端电压百分比

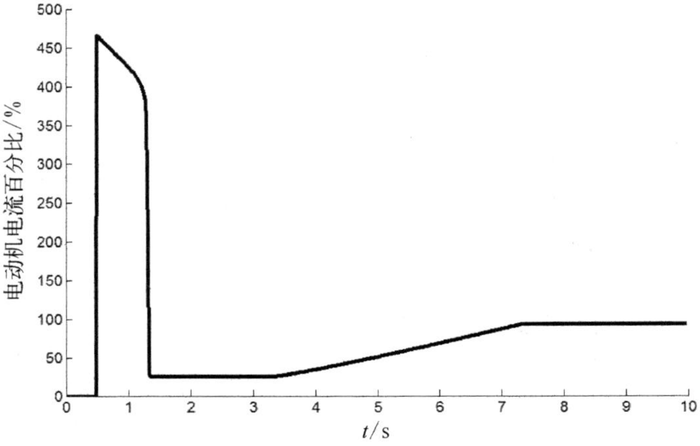

图 5－28　电动机电流百分比

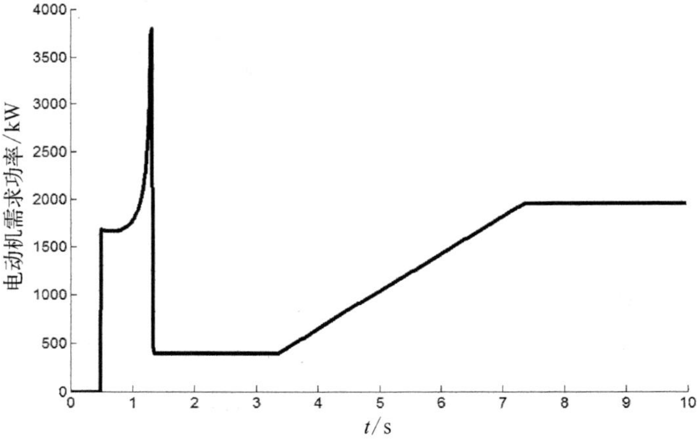

图 5－29　电动机需求功率

船舶电网正常运行，0.5 s 加载船首侧推电动机，电动机机端电压（即网侧电压）瞬间跌落至 83%，如图 5－29 所示，电动机开始启动。电动机转矩、电流、需求功率均迅速增加，在 1 s 后均达到最大值，此时电动机负载转矩在逐渐上升。船首侧推电动机启动负荷为 20%，最终负荷是 100%，负荷改变时间为 2 s，改变结束时间为 6 s，从 1.5 s 到 3.5 s 这 2 s 过程中，电机的转矩、负载转矩及需求功率均为稳定值，电压在 1 s 内已经恢复到 90%，电流快速下降至 50%。在 3.5 s 加载负荷到 100%，电动机转矩、负载转矩及需求功率迅速上升直到额定值，电压基本稳定在 90%，电流趋近额定值，电动机启动结束，电网正常运行。

船舶电力系统短路故障仿真参数如下：4 台发电机并联运行，系统以最大运行方式运行，设置母线 BUS－HA 三相短路故障。系统部分仿真结果如图 5－30 所示。

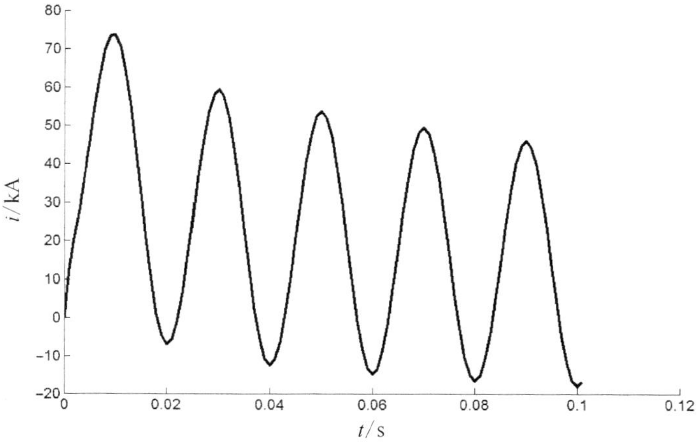

图 5 - 30　母线故障电流瞬时值

具体工况如下：母线 BUS - HA 发生三相短路故障，故障电流瞬间增大，峰值可达 75 kA 左右，远远大于额定电流，形成冲击电流。并随着时间增加而衰减。短路电流会使船舶电器设备过热或受电动力的作用而损坏，并加剧绝缘老化。同时使系统电压骤降，影响系统的稳定性。对船舶电力系统的正常运行造成严重影响。

上述的实验结果与某实船实际运行工况进行比较，对比分析表明船舶电力系统仿真模型基本符合某大型船舶的实际运行工况，可用于大型船舶电力系统的实验仿真。

对应于提出的基于改进 Dijkstra 算法的全周期功率波动平抑策略调控结果如图 5 - 31 所示。测试系统中，锂电池初始 SOC 为 55%，储热箱初始温度为 80℃，室内初始温度为 25℃。热泵的电热转换系数为 3.5。状态变量 SOC 调节精度为 1%。测试周期为日调度周期，即 0:00～24:00。调度时间间隔为 1 h。

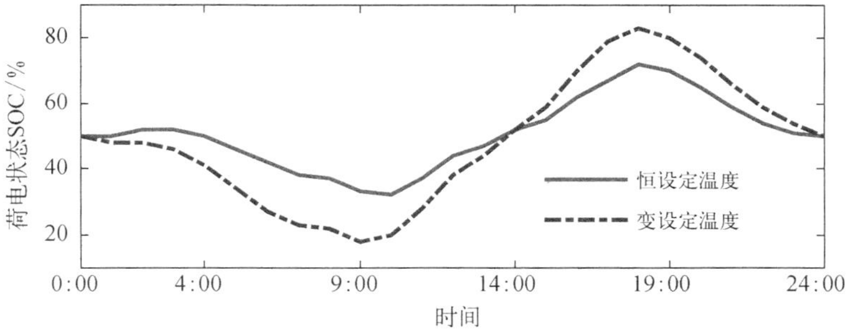

(a) SOC变化

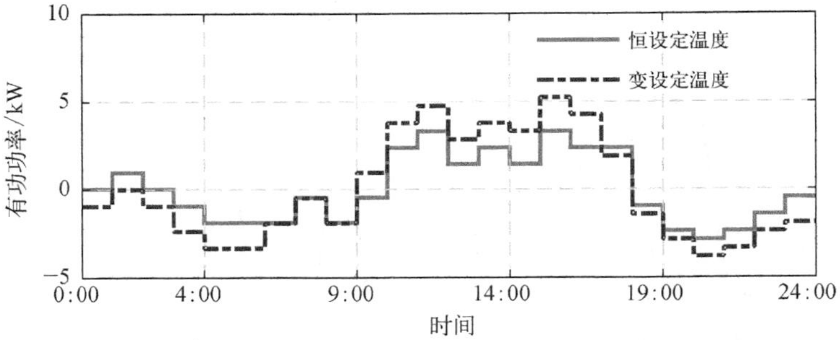

(b) 功率变化

图 5－31　虚拟电池综合储能系统调控结果

分析可知，虚拟电池综合储能系统通过对 SOC 最优转移路径的搜索，完成了满足全周期功率波动平抑需求的功率调控，可以实现船舶多源电站主动互补机制，即利用大惯性电源供应基荷、快速响应功率型电源平抑波动性、快速响应能量型电源承担突变性负载。

5.6.3　采用二阶滤波的船舶混合储能系统实时功率分配方法

本节利用 PSCAD/EMTDC 建立大容量船舶多源电站混合储能系统仿真模型。锂电池模组采用通用等效电路模型，即由一个受控电压源和一个恒定内阻串联组成，该模型以电池荷电状态为唯一状态变量，电路参数可通过放电特性曲线得到。考虑了电池空载电压与电池荷电状态之间的非线性关系，同时，考虑了端电压与充放电电流的关系。超级电容模型采用改进的一阶 RC 模型，该模型可表征超级电容器的等效串联电阻和等效并联电阻，且能较准确地反映超级电容器在充放电过程中的非线性特征。锂电池储能功率配置为 200 kW，能量配置为 1 MW · h，超级电容能量配置为 10 kW · h，分别取时间常数 T_1 = 15 s、T_2 = 30 s 和 T_3 = 60 s 进行算例分析。

图 5－32 为 14～15 h 时段超过最大误差线的预测误差曲线，即该时段内的混

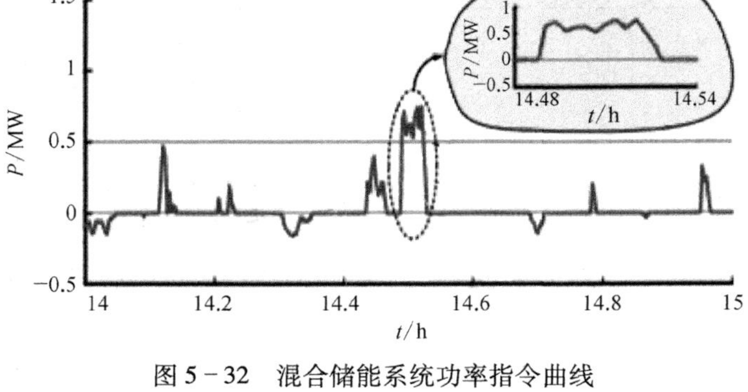

图 5－32　混合储能系统功率指令曲线

合储能系统功率指令曲线，从图中可以看到，最大预测误差超过了 0.5 MW，且在 14.48~15.54 h 时间内，维持了大约 3 min 的较大功率需求。

针对本节所选取的时间常数 T_1 = 15 s、T_2 = 30 s 和 T_3 = 60 s 分别进行仿真分析，T_2 = 30 s 时的仿真结果如图 5－33 所示。

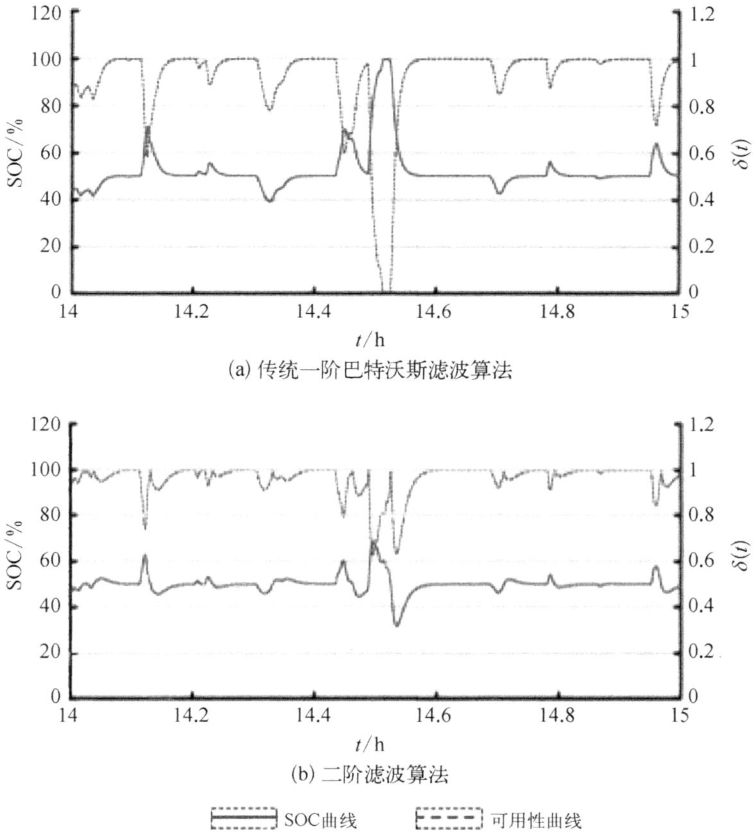

(a) 传统一阶巴特沃斯滤波算法

(b) 二阶滤波算法

图 5－33　超级电容荷电状态及可用性曲线

采用传统一阶巴特沃思滤波算法时，超级电容主要响应功率指令中的高频分量，但其中也包含截止频率附近相对较低频的功率指令，造成超级电容荷电状态有较大波动，如图 5－33(a)所示。同时，在 14.48~14.54 h 时段，当时间常数 T_2 = 30 s、T_3 = 60 s 时，由于功率需求在 3 min 时间内维持较大值，均导致了超级电容的荷电状态到达最大限制，相应的超级电容容量可用性也降为 0。针对图 5－32 所示的功率指令，采用本节提出的基于二阶滤波的功率分配方法时，对于不同时间常数，超级电容荷电状态均得到了较好的控制，在响应时间内基本维持在 20%~80%，在 14.48~14.54 h 时段，消除了容量积累效应，如图 5－33(b)所示，达到峰值后即逐渐回归至初始荷电状态。因此，超级电容的可用性在响应时段内维持了较高水平，在 14.48~14.54 h 时段，该值在 T_3 = 60 s 情况下也未低于 0.4，且得到了较快的恢复。

调用 Matlab 工具箱中的 FFT 函数对 0~24 h 时间内的超过最大误差线的预测误差数据进行快速傅里叶变换，预测误差数据已在 PSCAD 中进行了处理，因此，采样频率设置为 1.54 Hz，则预测误差数据的频谱如图 5 - 34 所示。

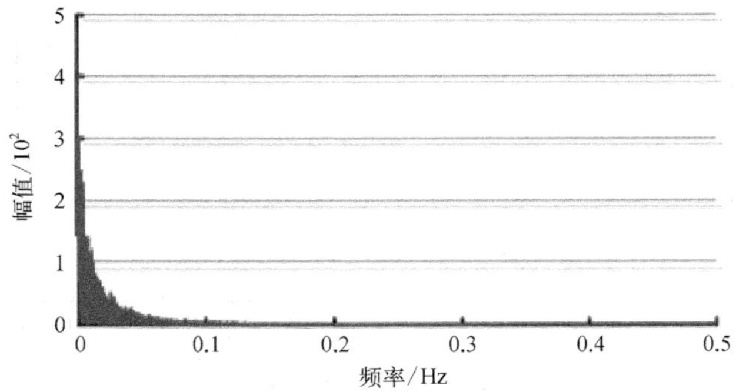

图 5 - 34　0~24 h 超过最大误差线的预测误差数据频谱

由图 5 - 34 可知，需由混合储能系统补偿的预测误差功率主要集中在低频部分(0~0.05 Hz)，高频区预测误差功率较低。当滤波时间常数取 T_2 = 30 s 时，交接频率 f_2 = 0.005 3 Hz，处于低频区，因此，由于一阶巴特沃思滤波器的截止特性较差，将由超级电容补偿截止频率附近的部分功率分量，此功率分量所需能量较大，将使超级电容过快到达 SOC 上限或下限。

将采用两种功率分配方法的锂电池储能所需补偿的预测误差进行傅里叶变换，比较其截止频率附近的频谱，如图 5 - 35 所示。可见，采用本节所提的二阶滤波功率分配方法后，锂电池储能承担了更多交接频率附近的功率分量，减轻了超级电容储能功率指令的积分作用。

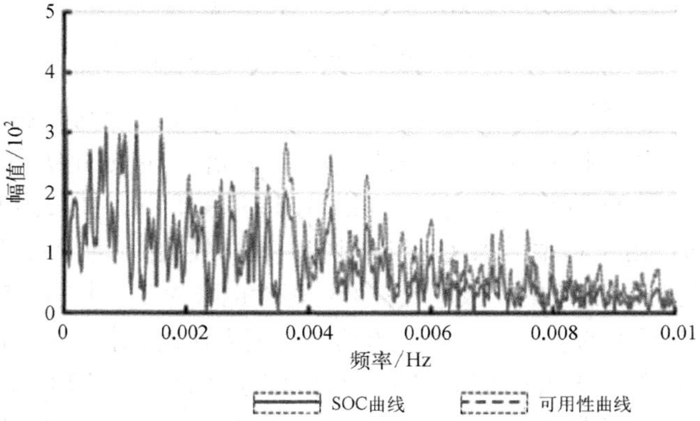

图 5 - 35　锂电池储能所需补偿的预测误差频谱

5.6.4 基于模糊控制的大容量船舶电站多电源功率主动互补控制方法

以含大容量储能的船舶多电源电站为例进行仿真计算，该电站由 4 台装机容量为 2 MW 的船舶柴油发电机，1 台容量为 32 MW · h 的蓄电池，其功率大小为 3.4 MW，初始 SOC 为 30%。

本节采用了前文所述的模糊控制理论对储能-需求侧管理负荷混合系统进行功率分配。船舶多电源电站出力曲线参见图 5－36，从图中可以看出发电输出功率的瞬时波动效果明显。

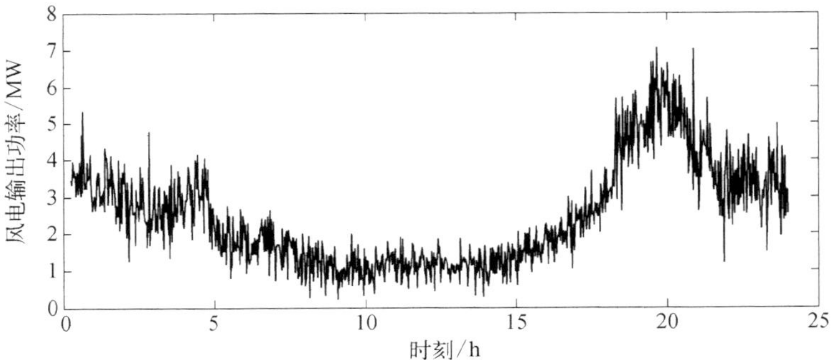

图 5－36 船舶多电源电站日出力曲线

在缺少需求侧管理负荷的条件下，需要 36.4 MW · h 容量的储能系统参与能量管理。从图中可以得出：由于需求侧负荷配合储能系统削峰填谷，仅需要 28.2 MW · h 的储能容量便可参与能量管理，从而可减少 8.2 MW · h 的容量。比较图 5－37 与图 5－38，可以看出由于需求侧管理负荷配合储能系统进行功率波动抑制，储能系统平抑的波动功率更为平滑，在提高电能质量的同时达到减少储能容量、延长储能装置运行寿命的目的。

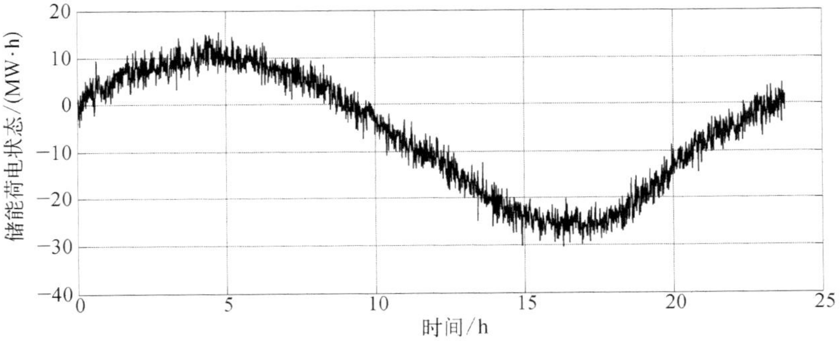

图 5－37 无管理的储能荷电状态

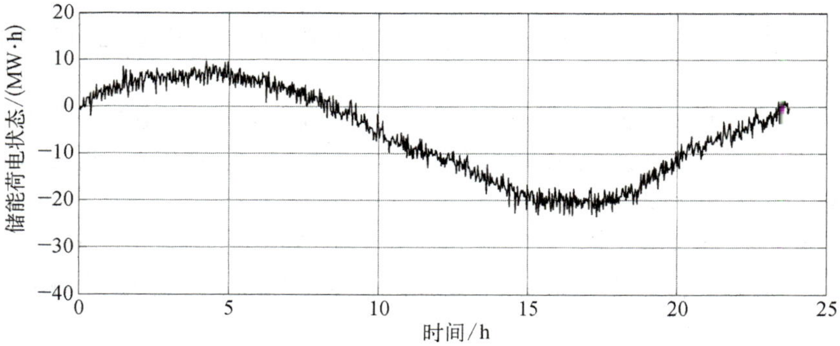

图 5－38　管理下的储能荷电状态

5.7　本 章 小 结

传统船舶电站主要依赖发电机的惯性、阻尼以及附加 AGC 控制来跟踪负载出力变化，维持电力系统运行稳定性，大容量船舶电站电源类型不再单一，而是呈现组合化的新特征，因此建立多源主动互补控制与功率优化分配方法是提高船舶运行稳定性与优质性的重要技术。分析柴油发电机、燃气轮发电机、船用蓄电池、船用超级电容的输出功率响应特性，提出船舶电站不同类型电源的带载能力与调节性能，建立船舶多源电站主动互补机制，即利用大惯性电源供应基荷、快速响应功率型电源平抑波动性、快速响应能量型电源承担突变性负载；提出基于模糊控制的大容量船舶电站多电源功率主动互补控制方法与系统，发明基于动态响应参数的船舶功率优化分配方法，可在波动或冲击等扰动时实现系统动态优化供电，解决了已有控制方法响应速度慢、调节不经济等问题。

参 考 文 献

[1]　张野，郭力，贾宏杰，等. 基于电池荷电状态和可变滤波时间常数的储能控制方法[J]. 电力系统自动化，2012，36(6)：34－38，62.

[2]　毕锐，吴建锋，丁明，等. 孤立微网多元储能与柴油发电机协调控制策略[J]. 电力系统自动化，2014，38(17)：73－79，97.

[3]　樊飞龙，邰能灵，范春菊，等. 基于虚拟电池模型的 DCHP 系统全周期功率波动平抑策略[J]. 电力系统自动化，2018，42(16)：133－140，241－244.

[4]　叶凡超，吴铁洲，吴麟章，等. 基于混合储能的微电网分层能量管理策略[J]. 电气应用，2017，36(14)：64－68.

[5]　张国军，韩雪，康成功，等. 基于混合储能的直流微电网协同能量管理策略[J]. 高压电器，2016，52(9)：121－126.

[6]　施金晓，邰能灵，李珂，等. 计及需求侧管理的热泵-储能型微电网能量优化策略[J]. 电力

自动化设备,2017,37(6):146－151.

[7] 叶凡超. 含混合储能的微电网能量管理策略研究[D]. 武汉:湖北工业大学,2018.

[8] 邹见效,戴碧蓉,彭超,等. 基于荷电状态分级优化的混合储能风电功率平抑方法[J]. 电力系统自动化,2013,37(24):1－6.

[9] 戴碧蓉. 基于SOC分级优化的混合储能风电功率平抑方法研究[D]. 成都:电子科技大学,2013.

[10] 施金晓,黄文焘,邰能灵,等. 计及群控电热泵的微网联络线功率平滑策略[J]. 电力自动化设备,2017,37(6):201－208.

[11] 王承民,孙伟卿,衣涛,等. 智能电网中储能技术应用规划及其效益评估方法综述[J]. 中国电机工程学报,2013,33(7):33－41,21.

第六章　船舶源网载分级协调自主趋优控制

与传统综合电力系统相比，大容量船舶综合电力系统网络拓扑和系统组成都更为复杂。为充分发挥大容量船舶综合电力系统系统裕度和调控能力，本章对源网载分级控制架构与协调自主趋优控制技术进行研究，首先研究了源网载分级控制架构；在此基础上研究了变频器自适应下垂稳定优化控制多元负载动态互补协调控制、源网载协调配合优化运行方法与基于扰动影响的源网载协调自主趋优控制技术；并对以上研究进行了实例分析。

6.1　源网载分级控制架构

电源、电网与负载的分级控制体系，可以实现系统多工况可靠、稳定与优质运行[1,2]。通过建立基于扰动程度的综合电力系统源网载分级控制架构，其中，第一级以负载、电网或电源单个设备的优化控制为主；第二级以多元负载、供配电网或多源电站的优化控制为主；第三级以源网载的统一协调控制为主的源网载分级控制架构。

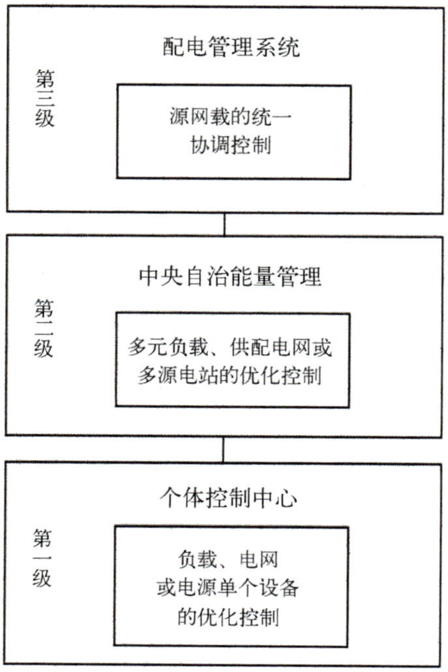

图 6－1　船舶综合电力系统分级稳定控制

采用源网载的统一协调控制既可以保证中压母线负荷的正常工作，又可以保证系统内负荷的供电可靠性[3]。分级控制策略是一种基于通信的控制策略，主要完成下述功能：提供船舶综合电力系统与用户的接口，完成用户需求的调度；提供所有虚拟同步发电机之间的潮流分配，以保证船舶综合电力系统电压与频率的稳定；为底层的虚拟同步发电机提供控制接口，以接收和执行控制命令。

根据以上原则，针对船舶综合电力系统架构给出基于虚拟同步电机的船舶综合电力系统分级稳定控制（图 6－1）。图中，将船舶综合电力系统的控制分为三级，分别是第三级配电管理系统、第二级中央自治能量管理和第一级个体控制中心。其中，第一级以负载、电网或电源单个设备的优化控制为主；第二级以多元负载、供配电网或多源电站的优化控制为主；第三级为以源网载的统一协调控制为主的源网载分级控制架构。

（1）配电管理系统

作为船舶综合电力系统对外的唯一接口，配电管理系统主要完成下述任务。

1）实现用户接口。船舶综合电力系统上的用户可以根据自己的需求通过该接口实现对船舶综合电力系统的设定，即船舶综合电力系统的控制提供友好的用户接口。

2）船舶综合电力系统运行状态监控。船舶综合电力系统中各个虚拟同步发电机以及负荷运行状况通过该接口上报给用户，实现用户对船舶综合电力系统的监控。

（2）中央自治能量管理

中央自治能量管理模块向上与配电管理系统模块接口，接收用户指令，在对负荷需求及虚拟同步发电机发电预估的基础上，设计船舶综合电力系统协调调控策略，将控制指令下达给个体控制中心以及各虚拟同步机以及电源。中央自治能量管理系统主要完成下述任务：

1）系统内功率平衡调度（虚拟同步机、电源发电情况，用户优化调度）；

2）系统内船舶电网的状态预估（虚拟同步机、电源发电预估、负载需求预估）；

3）系统总线频率、电压的二次整定；

4）电能质量监测与管理；

5）经济性运行调度。

（3）个体控制中心

个体控制中心接收来自中央自治能量管理系统的指令，运行在特定的运行模式下，实现对负载、电网或电源单个设备的优化控制。主要完成下述任务：

1）并群母线能量交换控制；

2）并群母线电压偏差计算；

3）电压、电流控制。

6.2　变频器自适应下垂稳定优化控制

电源、电网或负载单个设备的优化控制是分级控制的基础。下垂算法无法向系统提供惯性,稳定性不足,不能完全满足大功率全电推进系统的工作要求,无法适应船舶大功率全电推进系统特殊的运行条件。而同步发电机具有诸多优良的特性,在电网波动时仍能输出较为稳定的电压及频率,功率调节能力也较强,能够保证输出电压的稳定和功率平衡,故借鉴同步发电机良好的控制特点,将其引入至变频器控制中。

(1) 同步电机技术

同步电机是指转子转速与定子产生的旋转磁场以相同速度旋转的电机。同步电机具有自建电压、大惯性、高输出阻抗、自动调节转速和自同步能力等优点,被作为主要的发电单元。在电源、电网出现扰动时,可以依靠两者之间的同步机制实现耦合,来抵御内外部干扰对电力系统稳定性的影响,减缓电压/频率的偏移趋势,解决有功/无功的异常问题,从而使系统得以稳定运行。

同步发电机的频率控制主要取决于原动机的输入机械功率和同步发电机输出的电磁功率。当系统有功负荷发生变化或原动机输入机械功率发生改变而引起输入的机械功率与输出功率不平衡时,由于同步发电机自身的机械惯性和阻尼作用,频率可以较慢地发生变化,即

$$J\frac{\mathrm{d}\omega}{\mathrm{d}t}=T_{\mathrm{c}}-T_{\mathrm{m}}-T_{\mathrm{d}}=T_{\mathrm{c}}-T_{\mathrm{m}}-D(\omega-\omega_0) \tag{6-1}$$

其中,ω 为同步电机的机械角速度,即电气角速度,ω_0 为电网同步角度,单位同是 rad/s;J 为同步电机的转动惯量,单位是 $\mathrm{kg\cdot m^2}$;T_{c}、T_{m}、T_{d} 分别为同步电机的电磁转矩、机械转矩和阻尼转矩,单位是 $\mathrm{N\cdot m}$;D 是阻尼系数,单位是 $\mathrm{N\cdot m\cdot s/rad}$;电磁转矩 T_{c} 可以由虚拟同步电机的三相电压 e_{abc} 和同步电机的电气角速度求得,即

$$T_{\mathrm{c}}=P/\omega=\frac{e_a\cdot i_a+e_b\cdot i_b+e_c\cdot i_c}{\omega} \tag{6-2}$$

同步发电机对于电压的控制则取决于系统的无功负荷变化及电机的励磁调节过程。当系统无功发生变化造成线路电压发生改变,或者当同步发电机的机端电压发生变化,励磁调节器根据调节方式抑制同步发电机电势变化,公式如下:

$$E=E_0+\Delta E_{\mathrm{Q}}+\Delta E_{\mathrm{U}} \tag{6-3}$$

其中,E_0 为电机空载电势;ΔE_{Q} 为因无功调节部分带来的电势变化;ΔE_{U} 为因虚拟同步电机机端电压调节所带来的电势变化,其余两个调节方式与系统的控制策略和灵敏度有关,此处不再赘述。正是因为有这两种调控方式的存在,电网才具有

良好的稳定性去面对故障或干扰时电压/频率的偏移。

(2) 虚拟同步机控制技术

图 6－2 为基于 VSG 的变频器的有功–频率控制结构，变频器频率控制部分方程为

$$2H\frac{\mathrm{d}\omega}{\mathrm{d}t}=P_{\mathrm{ref}}-P-k(\omega-\omega_{\mathrm{grid}})+\frac{1}{D}(\omega_{\mathrm{ref}}-\omega_{\mathrm{grid}}) \tag{6-4}$$

其中，P 是 VSG 控制下变频器端口输出的有功功率；k 为阻尼系数；ω 是变频器输出角频率；ω_{grid} 是公共耦合点处角频率；D 是有功下垂系数。有功–频率控制方程中 H 为 VSG 的虚拟惯量常数，$2H$ 表示 VSG 在额定功率指令下从角速度为零的停止状态加速到额定角速度所需要的时间。对同步发电机来说转动惯量标志旋转特性，和发电机尺寸、质量等物理量相关，而在 VSG 控制系统中，由于惯量常数为虚拟控制量，其值可灵活选择，可根据实际需要采用恒定值或函数值，取值范围也比同步发电机更宽，具备更优的控制效果。

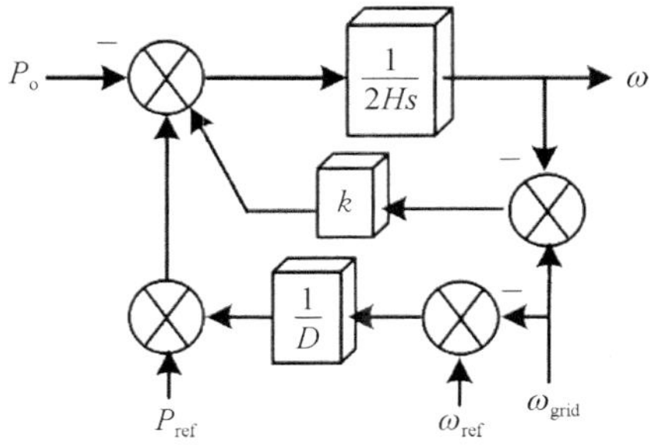

图 6－2　有功–频率控制

在不同运行场景下虚拟惯量 H 的大小对变频器系统输出有功功率与频率之间存在矛盾分歧：一方面，当变频器受到来自外界系统扰动频率突变时，虚拟惯量常数增加可以使变频器输出频率偏移减小，频率波动更为平缓；另一方面，当变频器自身有功功率输出发生变化时，减小虚拟惯量常数可以降低变频器输出有功功率偏移，使有功调节更为平稳。

结合上述分析，提出一种双层自适应惯性控制算法，该算法的基本控制流程为：

1）只考虑功率调节时，控制采用较小的惯量。

2）只考虑频率调节时，惯量可以随变频器频率输出变化自适应调节：当偏移较小时，控制优先考虑系统调节速度，输出超调问题靠后，通过快速响应抑制外界波动的影响；当偏移较大时，控制则关注于平抑超调，系统响应速度可以适当减慢。

3）算法可以根据实际运行场景在功率调节和频率调节间自适应选取控制优先级，使变频器适应不同运行场景。

自适应控制虚拟惯量 H 控制方程为

$$H=\frac{H_{\mathrm{h}}k_{\mathrm{a}}^{2}(\omega-\omega_{\mathrm{ref}})^{2}+H_{0}}{k_{\mathrm{a}}^{2}(\omega-\omega_{\mathrm{ref}})^{2}+1} \tag{6-5}$$

其中，k_a 为自适应控制灵敏因子；H_0 为变频器工作于工频时控制算法采用的虚拟惯量常数；H_h 为频率偏移无穷大时对应的虚拟惯量常数。

故该双层自适应惯性控制算法包括两重功能：自适应调节偏移和自适应选取控制优先级，自适应虚拟惯量 H 与 ω 关系曲线如图 6－3 所示。当频率偏移达到 $1/k_a$ 时，虚拟惯量将为 $(H_0+H_h)/2$，即自适应调节区中值。频率偏移小于 $1/k_a$ 的区域为响应灵敏区，此区域惯量均较小。频率偏移大于 $1/k_a$ 的区域为超调平抑区，此区域惯量均较大。因此，$\omega=\omega_{ref}\pm 1/k_a$ 成为超调平抑区和响应灵敏区的分界处，k_a 可以用于调节响应灵敏区和超调平抑区的相对大小。该参数表征了自适应控制灵敏程度：随着 k_a 增加，响应灵敏区变小，调节尺度不断降低；但是随着 k_a 增加，相同频率偏移处曲线斜率增大，这意味着控制系统更为灵敏，较小的状态变化即可引起参数调整。图中四条曲线 Γ_1 至 Γ_4 对应的灵敏因子不断减小，其中 Γ_4 对应的灵敏因子为零。

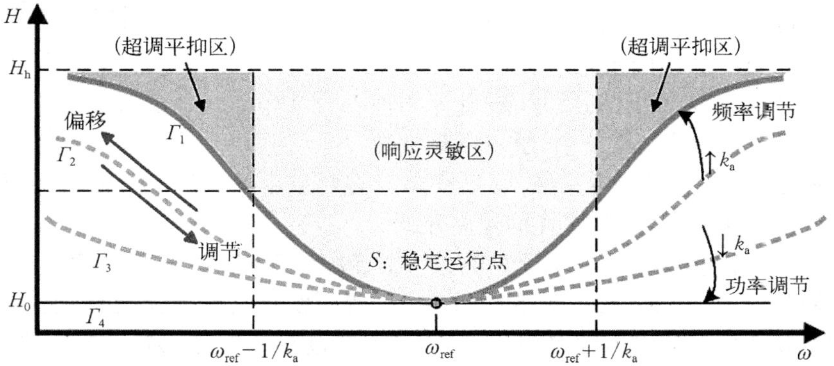

图 6－3　自适应虚拟惯量 H 与 ω 关系曲线

以 Γ_1 为例，当系统遭受频率扰动时，频率运行状态偏离稳定运行点，控制系统将进入响应灵敏区，系统快速响应，抑制外界波动的影响。如果频率偏离较为严重，控制将进入超调平抑区。此区域惯量均较大，这使得外界频率波动对变频器自身频率输出影响大大降低，变频器输出频率将保持平缓，不会有较大的波动。极限情况下，当频率偏移无穷大时，虚拟惯量将为 H_h，因此 H_h 是整个自适应虚拟惯量调节的上限。而当变频器输出频率无偏差时，控制算法采用的虚拟惯量常数为 H_0，这是自适应虚拟惯量常数调节的下限。虚拟惯量 H 在随着变频器输出频率 ω 变化调节过程中，其值始终大于零，控制系统运行在渐近线之上。这使得控制系统始终存在正阻尼，且特征根始终位于虚轴左侧，确保调节过程中系统稳定性不受到破坏。

为了使变频器适应不同运行场景，所提自适应控制中灵敏系数 k_a 的表达式为

$$k_a^2 = k_g k_d = k_g \frac{\left(\frac{\omega - \omega_{ref}}{\omega_{ref}}\right)^2}{\left(\frac{\omega - \omega_{ref}}{\omega_{ref}}\right)^2 + \left(\frac{P_o - P_{ref}}{P_{ref}}\right)^2 + 1} \tag{6-6}$$

其中，k_g 为一预设系数；k_d 则反映了频率偏移权重，k_d 越大，表明输出频率偏移越严重。因此 k_a 用以自适应选取控制优先级。当输出频率偏移较为严重时，k_a 增加，实际控制曲线接近于 Γ_1；当输出功率偏移较为严重时，k_a 减小，实际控制曲线接近于 Γ_4，极端情况下达到 Γ_4，在整个调节过程中虚拟惯量均采用最小值，这可以保证有功功率输出响应快、超调小、动态响应特性良好，双层自适应控制流程如图 6－4 所示。

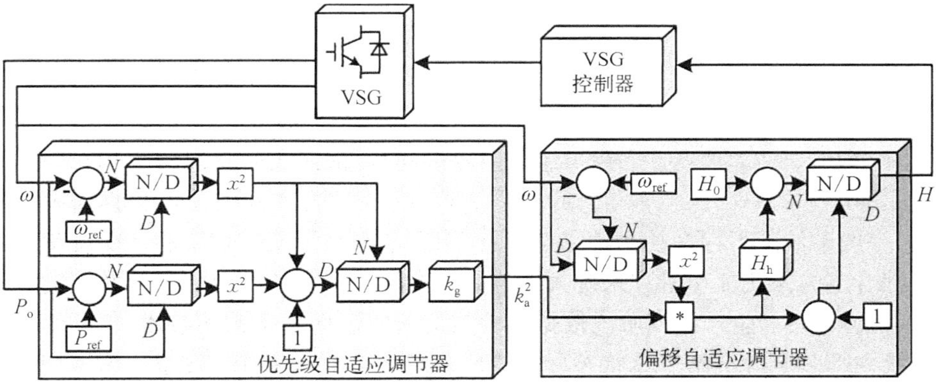

图 6－4　双层自适应控制流程

综上，针对供配电系统电压波动或跌落，控制系统在同步检测交流电压的同时可以快速识别欠压事件，既能沿控制曲线横向调节输出，又能纵向调节控制优先顺序。基于自适应下垂控制系数的交交变频器稳定优化控制方法具有保护功能，装置可以根据实际运行场景在功率调节和频率调节间自适应选取控制优先级，使变频器适应不同运行场景。

6.3　综合电力系统多元负载动态互补协调控制

6.3.1　多元负载分类

在目前的船舶系统中多电源电站以及多元负荷的概念逐渐兴起，应用越来越广泛。由于综合电力系统多元负载会产生瞬时功率波动，如果不对功率波动进行处理，会造成发电系统出现可靠性低、稳定性差等问题。

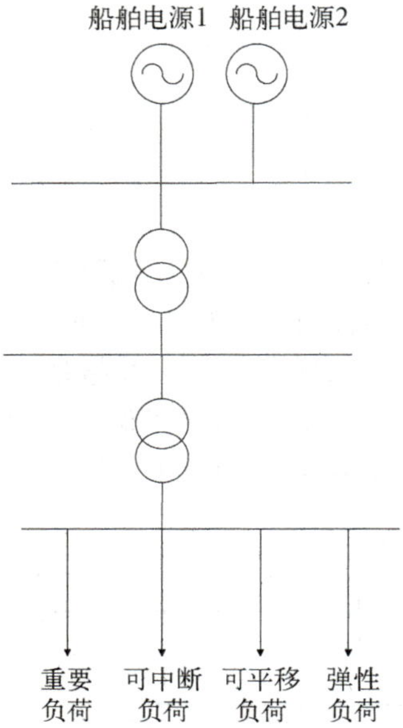

图 6－5　船舶综合电力系统结构

为平抑多元负载功率波动，通常采用以超级电容和蓄电池为主的混合储能系统进行储能，但是目前的混合储能系统投资成本较高，无法带来经济效益[4]；而以热泵为主的需求侧负荷较少考虑具体的负荷运行特性，在很大程度上影响了功率波动的抑制效果。此外，当前综合电力系统普遍存在独立设计且各自运行的特点，各能源网之间缺乏交互与协调，很难发挥多电源电站供应层面能量耦合互补与负载梯级利用的优势[5]。

为此，本节研究的综合电力系统架构，如图 6－5 所示。针对系统中的负荷，本节划分为重要负荷与需求侧管理负荷，后者又包括可中断负荷、可平移负荷以及弹性负荷。综合电力系统能够对可中断负荷进行投切，若中断则需给予成本补偿；可平移负荷含有用户意愿启停区间，可依照实时状况改变运行时间区间，此时需进行对应赔偿；弹性负荷可根据需要随意投切，一般条件下不存在功率约束，常用作综合电力系统实时功率的平衡负荷。

综合电力系统能量管理系统大致分为两个阶段：生产计划阶段以及实时调度阶段（图 6－6）。生产计划阶段依据电源与负荷的短期功率预测技术，优化综合电力系统内部多电源电站工作状态以及需求侧管理负荷运行状态；通过超短期预测技术进行实时调度，通过对多电源电站以及负荷的输出功率进行协调，确定综合电力系统元件的最终出力，同时对综合电力系统瞬时功率波动进行平抑。两个阶段前后配合，最终达到综合电力系统实时功率平衡的目标。

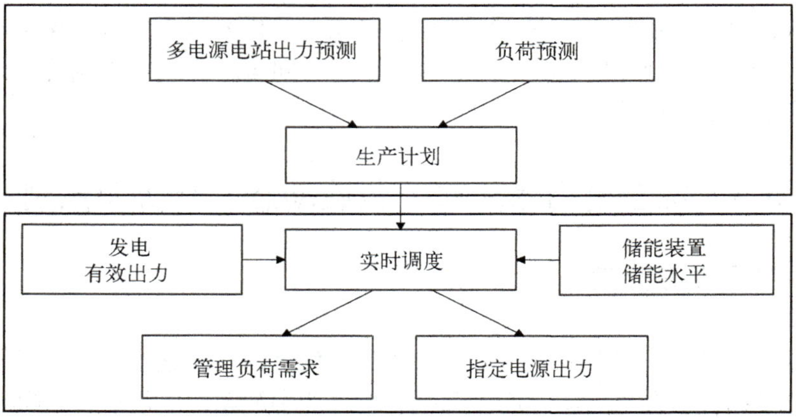

图 6－6　综合电力系统的能量管理系统结构

需求侧管理主要是基于可中断负荷、可平移负荷以及弹性负荷的管理，考虑了负荷类型、负荷数量、转移负荷时间段等因素，首先通过运行工况确定可中断负荷的启停，同时确定可平移负荷转移的具体时段，以减少系统的运行成本，最后在综合电力系统实时调度阶段确定弹性负荷的具体出力，保证系统的实时功率平衡。

对于用于功率波动平抑的需求侧负荷，应具有较大的使用规模与功耗，保证其具有足够的容量进行功率波动的平抑；由于功率波动的瞬时变化率很大，对于综合电力系统的功率控制信号需求侧负荷应具有较快的响应速度；需求侧负荷的功率需求变化不应对综合电力系统内用户的生活质量造成较大影响。因此，空调、热水器等可控负荷可用于平抑综合电力系统波动功率。

6.3.2　多元负载动态互补协调控制

针对综合电力系统峰谷特性，本节提出的启停计划主要通过多电源投切等方式以最小代价最终实现功率平衡。即综合电力系统能量管理综合考虑了经济性目标及对应的约束条件，根据运行工况将综合电力系统的整体运行成本优化到最低。综合电力系统的功率平衡策略是以多电源为基础的，通过发电出力预测技术以及负荷预测技术，最终启停相关电源和需求侧管理负荷，实现综合电力系统的功率平衡控制。

电源的运行成本 F^t_{wind} 由切除电源台数组成，有

$$F^t_{\text{d}} = \frac{N_{\text{x}}}{N} P^t_{\text{d}} \tag{6-7}$$

其中，N_{x} 为电源切除台数；N 为电源总台数；P^t_{d} 为所有电源均最大功率输出时有功出力预测值，单位为 MW。

负荷需求侧管理在 t 时刻的运行成本 F^t_{load} 以及总功率 P^t_{load} 如式(6-8)及式(6-9)所示：

$$F^t_{\text{load}} = u^t_{\text{int}} P^t_{\text{int}} d_{\text{int}} + u^t_{\text{shift}} \mid u^t_{\text{S}} - u^t_{\text{shift}} \mid P^t_{\text{shift}} d^t_{\text{shift}} + P^t_{\text{con}} d_{\text{con}} \tag{6-8}$$

$$P^t_{\text{load}} = P^t_{\text{imp}} + (1 - u^t_{\text{int}}) P^t_{\text{int}} + u^t_{\text{shift}} P^t_{\text{shift}} + P^t_{\text{con}} \tag{6-9}$$

其中，P^t_{imp} 定义为 t 时段内重要负荷的预测功率，P^t_{int} 表示可中断负荷的预测功率，使用 P^t_{con} 表示弹性负荷的功率出力；d_{int}、d^t_{shift} 和 d_{con} 表示可中断负荷、可平移负荷与弹性负荷所的补偿成本；二进制参数 u^t_{int}、u^t_{S}、u^t_{shift} 分别定义为可中断负荷启停状态、可平移负荷的用户意愿启停状态以及可平移负荷优化后的实际启停结果。

由电源组成的日前启停计划依靠短期电源出力预测以及负荷预测，最终优化结果是电源以及负荷的投切状态，将控制周期设定为 1 h。对于每个周期的初始阶段，按照启停计划目标函数对电源以及负荷进行经济性最优投切。

启停计划目标函数如式(6－10)所示：

$$f(P,\ u) = \sum_{t=1}^{T} (F_{load}^{t} + F_{d}^{t}) \tag{6-10}$$

取 $t = 1$ h, $T = 24$ h。即提前一天对电源和负荷功率作出预测,确定未来一天各个机组及负荷各个时段的启停状态,启停状态的间隔取 1 h。对于日前启停模型,连续变量 P 以及离散变量 u 是主要的目标优化变量,在本节中与电源、需求侧管理负荷的运行状态相对应。不等式约束主要有电源极限功率以及储能系统总容量,等式约束主要有综合电力系统的实时功率平衡,具体的约束条件如式(6－11)~式(6－13)所示：

$$P_{bess,\ i}^{t} \leqslant P_{bess,\ i}^{max} \tag{6-11}$$

$$SOC_{min}E_{max} \leqslant E_{1}^{t} \leqslant SOC_{max}E_{max} \tag{6-12}$$

$$P_{d}^{t} = \sum_{i} u_{i}^{t} P_{bess,\ l}^{t} + P_{load}^{t} \tag{6-13}$$

在进行实时能量调度时,电源的投切状态以及负荷运行状态已通过日前启停计划确定。对于实时能量调度,它以超短期功率预测技术为基础,通过电源以及需求侧管理负荷间的相互配合确定综合电力系统元件最终的功率出力值。

综合电力系统实时能量调度需要考虑电源出力与需求侧管理负荷的功率差值,同时考虑储能系统的实时荷电状态,本节将 t 时刻电源出力与需求侧负荷功率差值 $\dfrac{P_{d}^{t} - P_{load}^{t}}{P_{bess\_max}}$ 作为模糊控制的其中一个输入函数 X_{1}^{t}；选取 t 时刻储能荷电状态 S_{SOC}^{t} 作为另一个输入函数 X_{2}^{t}。

P_{bess}^{t} 为 t 时刻储能装置的充放电功率,充电功率取正,放电功率取负；ΔP_{d}^{t} 为 t 时刻电源切除功率大小,取正；ΔP_{con}^{t} 表示弹性负荷投切量,切除量取负,新投入量取正。根据模糊控制理论,可得出当电源功率大于负荷需求时,如果储能系统仍有很大的能量吸收空间,则由其独立承担 P_{bess}^{t},由此消除了电源的切除功率,提高发电效益。

6.4　船舶综合电力系统源网载协调配合优化运行方法

6.4.1　考虑源荷电压特性的船舶综合电力系统运行优化方法

(1) 考虑源荷电压特性的船舶综合电力系统运行优化模型

考虑源荷电压特性的船舶综合电力系统运行优化方法就是以追求综合电力系

统运行成本最小为目标[6]，以综合电力系统运行需满足的电气物理约束和安全技术要求为约束条件，充分考虑电压特性对功率平衡方式及潮流分布的影响，实现对船舶综合电力系统有功功率平衡模式和无功电压支撑方式进行超前的优化决策。

(a) 目标函数

船舶综合电力系统经济运行追求最大化利用船载可再生能源发电及柴油发电机组发电成本最小。因此，船舶综合电力系统运行优化的目标函数可取为柴油发电机组发电成本最小，即

$$\min F = C_{\mathrm{ex,o}} \cdot P_{\mathrm{ex,o}} + \sum_{g \in J_{\mathrm{G}}} C_{\mathrm{g}}(P_{\mathrm{g}}) \tag{6-14}$$

其中，J_{G} 为船舶综合电力系统所有可调度的柴油发电机组；$P_{\mathrm{ex,o}}$ 为船载可再生能源输出的有功功率；$C_{\mathrm{ex,o}}$ 为船载可再生能源发电边际成本；P_{g} 为可调度柴油发电机组 g 输出的有功功率；$C_{\mathrm{g}}(P_{\mathrm{g}})$ 为可调度柴油发电机组 g 的发电成本特性函数。

(b) 负荷电压特性

船舶综合电力系统源网载协调自主优化运行充分考虑负荷电压特性，如式(6－15)和式(6－16)所示：

$$P_d = P_d^N\left\{P_d^Z \cdot \left(\frac{V_i}{V_0}\right)^2 + P_d^I \cdot \left(\frac{V_i}{V_0}\right) + P_d^C\right\},\ \forall d \in J_D \tag{6-15}$$

$$Q_d = Q_d^{\mathrm{N}}\left\{Q_d^{\mathrm{Z}} \cdot \left(\frac{V_i}{V_0}\right)^2 + Q_d^{\mathrm{I}} \cdot \left(\frac{V_i}{V_0}\right) + Q_d^{\mathrm{C}}\right\},\ \forall d \in J_{\mathrm{D}} \tag{6-16}$$

其中，P_d^{N} 和 Q_d^{N} 分别为船舶负荷 d 的额定电压水平下的有功功率、无功功率需求；P_d^{Z} 和 Q_d^{Z} 分别为船舶负荷 d 的恒定阻抗负荷有功功率、无功功率部分；P_d^{I} 和 Q_d^{I} 分别为船舶负荷 d 的恒定电流负荷有功功率、无功功率部分；P_d^{C} 和 Q_d^{C} 分别为船舶负荷 d 的恒定功率负荷有功功率、无功功率部分。

(c) 约束条件

考虑源荷电压特性的船舶综合电力系统运行优化模型约束条件包括等式约束和不等式约束，其中等式约束主要包括船舶综合电力系统节点有功功率、无功功率平衡约束（即潮流方程约束），和可调度柴油发电机组功率输出特性约束；不等式约束主要包括可调度柴油发电机组输出功率范围约束、船载可再生能源运行范围约束、船舶综合电力系统节点电压幅值上下限约束、元件允许的热电流范围约束和无功补偿设备容量上下限约束。

基于目标函数、负荷电压特性和约束条件，构成了考虑源荷电压特性的船舶综合电力系统运行优化模型。

(2) 考虑源荷电压特性的船舶综合电力系统运行优化模型求解方法

前文所述的考虑源荷电压特性的船舶综合电力系统运行优化模型属于非线性规划问题,为此基于 GAMS 优化平台选用 CONOPT 非线性规划求解器对该模型予以求解。通用数学建模平台(The General Algebraic Modeling System,GAMS)是一款适用于各类数学优化规划建模仿真的高级建模应用系统。GAMS 是多种优化规划求解器的集成平台,集成了 CPLEX、CONOPT、MOSEK 等线性规划、二次规划、混合整数规划、非线性规划以及半定规划、锥规划等特殊优化规划问题的求解器。GAMS 编程简单,易于操作,便于使用者将大部分精力投入模型的构建和验证上,模型的实现求解交由 GAMS 即可完成,因而有助于编程者验证自己的思路和想法。约束最优化求解器(Constrained Optimization,CONOPT)是由丹麦一家规划咨询企业开发的用于大规划非线性优化规划问题的多元非线性求解器。其嵌入了可行路径跟踪内点法,以及用于非线性问题线性化的序贯线性规划迭代、序贯二次规划迭代等求解方法,并融入了稀疏处理技术,适用于高达 1 000 个非线性约束条件的优化规划问题的求解。为此,选择 CONOPT 求解器对所提适应电源功率不确定性的船舶电网运行随机优化模型进行求解。

6.4.2 协调经济性及事故评级的船舶综合电力系统紧急减负荷控制优化方法

(1) 紧急减负荷控制优化问题数学模型

假设船舶综合电力系统内有 n 台柴油发电机、k 个主要负荷。设 ρ_j 为负荷 j 的切负荷率；c_j 为切除负荷 L_j 的代价因子；$P_{L_j,0}$ 为负荷 L_j 的初始值,$j=1,\cdots,k$。减负荷控制优化问题可描述为

$$\min f_1 = \lambda_1 \cdot \sum_{j=1}^{k} c_j\rho_j P_{L_j,0} \Big/ \sum_{j=1}^{k} c_j P_{L_j,0} + \lambda_2 \cdot \mathrm{std}(\rho)/\mathrm{mean}(\rho) \tag{6-17}$$

$$\text{s.t.}\ \ PF(P_G, P_L, \rho, f_d, U, \theta) = 0 \tag{6-18}$$

$$|f_d| \leqslant \xi \tag{6-19}$$

$$P_{G,\min} \leqslant P_G \leqslant P_{G,\max},\ |P_{line}| \leqslant |P_{line,\max}| \tag{6-20}$$

$$\underline{u} \leqslant U \leqslant \bar{u},\ 0 \leqslant \rho_j \leqslant \rho_{j,\mathrm{up}} \tag{6-21}$$

其中,f_1 为目标函数；λ_1、λ_2 分别为经济代价和事故评级均衡性指标的权系数；λ_1 越大,越强调控制方案的经济性,λ_2 越大,越强调事故评级的均衡性,$\lambda_1=0$ 则系统按照等切除率切除负荷,而 $\lambda_2=0$ 则对应着最小经济代价方案,实践中可根据船

舶综合电力系统需要调整 λ_1、λ_2 取值；std(ρ)、mean(ρ) 分别为切负荷率 ρ_j 所构成数组的标准差和平均值，std(ρ) 越小，各负荷减负荷率的均衡性越好。经济代价和均衡性具有不同量纲，为了便于比较，按式(6－17)对其进行归一化处理。在约束条件中，式(6－18)为增广潮流的功率平衡方程，式(6－19)为规定的减负荷后频率偏移量；z 为给定值，如要求减负荷后，电网频率不低于 49.8 Hz，则 $z = -0.004$ pu。式(6－20)为柴油发电机出力及支路潮流的约束，$P_{\mathrm{G,\,max}}$、$P_{\mathrm{G,\,min}}$ 为柴油发电机出力的上下限，$P_{\mathrm{line,\,max}}$ 为由热稳定性约束决定的最大支路传输功率；式(6－21)为电压及可控负荷量的约束，$\underline{u}$、$\bar{u}$ 为电压上下限，一般可设为 1.05、0.95，$\rho_{j,\,\mathrm{up}}$ 为负荷 L_j 减负荷率的上限。优化紧急减负荷控制即寻找 ρ_{opt}，在满足约束条件式(6－18)～式(6－21)的前提下，使目标函数取得最小。

对于式(6－17)～式(6－21)描述的多约束非线性规划问题，可通过引入罚函数转化为下述优化问题[7]：

$$\min F = h_1 \cdot f_1 + h_2 \cdot f_2 + h_3 \cdot f_3 + h_4 \cdot f_4 + h_5 \cdot f_5 + h_6 \cdot f_6 + h_7 \cdot f_7 + h_8 \cdot f_8 \tag{6-22}$$

$$\text{s.t.}\ \ PF(P_{\mathrm{G}},\ P_{\mathrm{L}},\ \rho,\ f_d,\ U,\ \theta) = 0 \tag{6-23}$$

其中，

$$f_2 = |\, f_d - \xi \,| \tag{6-24}$$

$$f_3 = \max\{(P_{\mathrm{G}} - P_{\mathrm{G,\,max}})/P_{\mathrm{GN}},\ 0\} \tag{6-25}$$

$$f_4 = \min\{(P_{\mathrm{G}} - P_{\mathrm{G,\,max}})/P_{\mathrm{GN}},\ 0\} \tag{6-26}$$

$$f_5 = \max(\rho_j - \rho_{j,\,\mathrm{up}},\ 0) \tag{6-27}$$

$$f_6 = \max\{(U - \bar{u})/U_{\mathrm{N}},\ 0\} \tag{6-28}$$

$$f_7 = \min\{(U - \underline{u})/U_{\mathrm{N}},\ 0\} \tag{6-29}$$

$$f_8 = \max\{(|\,P_{\mathrm{line}}\,| - P_{\mathrm{line,\,max}})/P_{\mathrm{line,\,N}},\ 0\} \tag{6-30}$$

新的优化目标函数 F 由原有目标函数 f_1 与各项罚函数 $f_2 \sim f_8$ 组合而成，$h_1 \sim h_8$ 为权重系数，由于 $f_2 \sim f_8$ 均为硬性约束条件，故对应权重系数应设为大值。一般可取 $h_1 = 10$，$h_2 \sim h_8 = 10\,000$。

(2) 基于改进粒子群算法的紧急减负荷控制优化方法

式(6－22)描述的非线性规划问题求解方法可分为两类：一类是确定性解法，如梯度法、拟牛顿法和牛顿法等方法，但由于方程数众多，变量之间又存在着复杂的函数关系，确定性方法常存在收敛性等问题[8]；另一类是启发式方法，如粒子群优化算法(particle swarm optimization,PSO)、进化算法和禁忌搜索等,该类方法具有全局收敛性,能处理各种复杂非线性约束关系[9]。尽管该方法计算量较大,但由于本节为离线计算,速度要求不是特别严格,故拟采用 PSO 算法求解[10]。

PSO 算法模拟自然界鸟群捕食行为,通过多次迭代,使粒子向全局最优解聚集。该方法原理简单,是求解优化问题的有效工具,但传统 PSO 算法也存在一些缺陷,如后期收敛速度慢、易陷入局部最优点等。改进 PSO 算法对此进行了改进,采用线性递减方法动态调节粒子惯性权重,在算法初始阶段,使粒子惯性权重较大,粒子具有较大移动速度,以避免陷入局部最优;在算法后期,逐渐减小惯性权重,减慢粒子移动速度,以保证平稳收敛。改进 PSO 算法的惯性权重、速度及位置的更新公式为

$$\begin{cases}\omega^n = \omega_{\max} - (\omega_{\max} - \omega_{\min})n/n_{\max} \\ v^{(n+1)} = \omega^{(n)}v^{(n)} + c_1\xi(\rho_{\text{pbest}} - \rho^n) + c_2\eta(\rho_{\text{gbest}} - \rho^n) \\ \rho^{n+1} = \rho^n + rv^{(n+1)}\end{cases} \tag{6-31}$$

其中,n 表示粒子当前代数;$n_{\max}$ 表示粒子最大代数;ω 为粒子惯性权重,$\omega_{\max}$、$\omega_{\min}$ 表示的最大值和最小值,一般取 $\omega_{\max} = 0.9$, $\omega_{\min} = 0.3$; v 表示粒子移动速度;ρ 表示粒子在参数空间的位置,在本节中即为各负荷减负荷率所构成的向量;ρ_{pbest}、ρ_{gbest} 分别为局部及全局最优粒子;c_1、c_2、r 为权重系数,一般可取 $c_1 = 2$, $c_2 = 2$, $r = 1$; ξ、η 为 0~1 之间的随机数。

定义 $1/F$ 为粒子适应度,由于目标函数 F 考虑了事故评级的均衡性,故最优减负荷率不可能太分散,因此,可先根据事故发生时的功率缺额初步估算平均减负荷率 ρ_{avg},然后在 $[0.6, 1.4] \cdot \rho_{\text{avg}}$ 的范围内随机设置粒子群内各粒子初值 ρ_0。

6.5 基于扰动影响的源网载协调自主趋优控制技术

6.5.1 暂态稳定性分析

根据系统参数,首先可以计算得到系统状态方程为

$$\begin{cases}\dfrac{\mathrm{d}x_1}{\mathrm{d}t} = x_2 \\ \dfrac{\mathrm{d}x_2}{\mathrm{d}t} = -0.133f(x_1) \\ f(x_1) = 1.2346[\sin(x_1 + 1.5442) - \sin 1.5442]\end{cases} \tag{6-32}$$

图 6－7 给出了不同程度干扰下，系统李雅普诺夫函数的等值曲线[11]。当李雅普诺夫函数至位于临界能量值下方，表示系统处于稳定域内，虽然遭受干扰，但系统仍是大扰动稳定的，能够恢复稳定运行（如图中的 n 点）。当李雅普诺夫函数至位于临界能量值上方，则表示系统处于稳定域外（如图中的 m 点）。

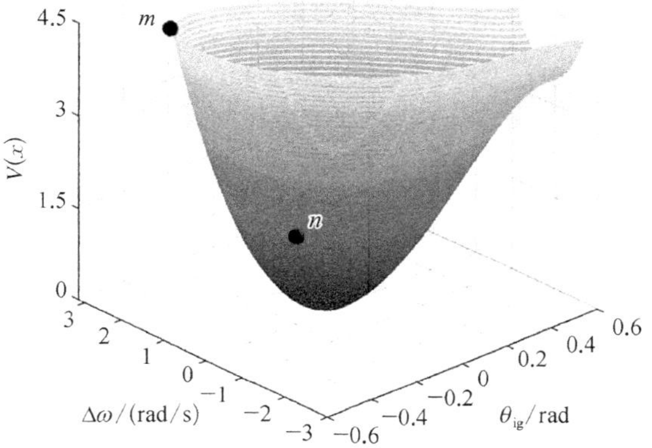

图 6－7　李雅普诺夫函数等值曲线

图 6－8 给出了一些位于稳定域内的操作点在干扰消除后的运行曲线。从图中可以看出，受到不同程度干扰后，系统操作点偏离稳定状态。但是由于操作点仍处于稳定域内，经过振荡衰减后，操作点恢复到无偏差状态，系统继续稳定运行，系统运行轨迹如图 6－9 所示。

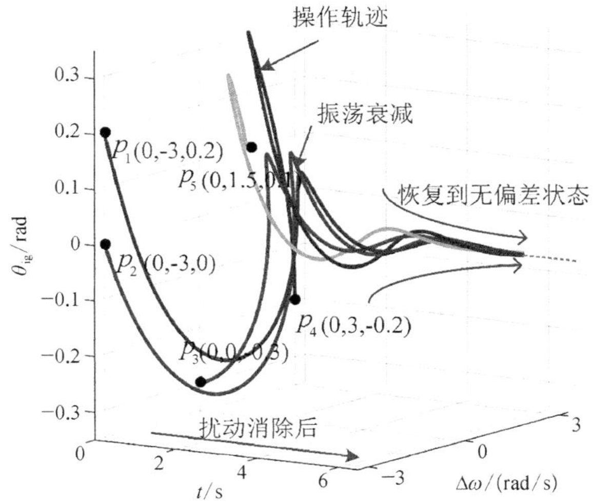

图 6－8　稳定域内操作点在干扰消除后的运行曲线

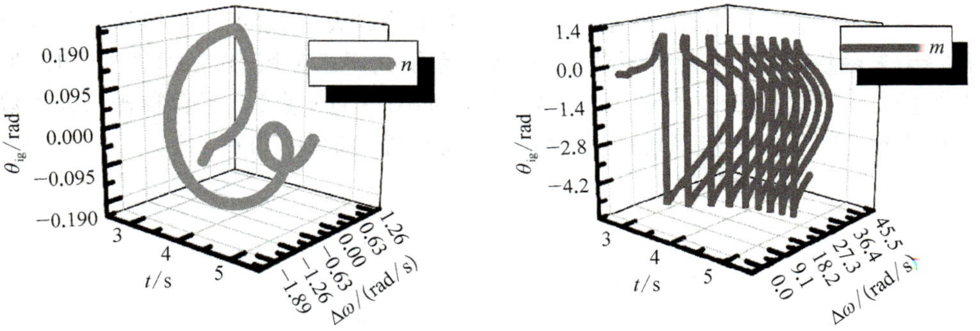

图 6－9　系统运行轨迹

图 6－10 为稳定点 n 与不稳定点 m 的仿真对比，可以看出，与稳定点 n 不同，由于遭受到更大程度的干扰，m 点位于稳定域外。在扰动消除后，系统仍然无法恢复，相角偏差和角频率都处于大幅度振荡状态，整个系统失去稳定。

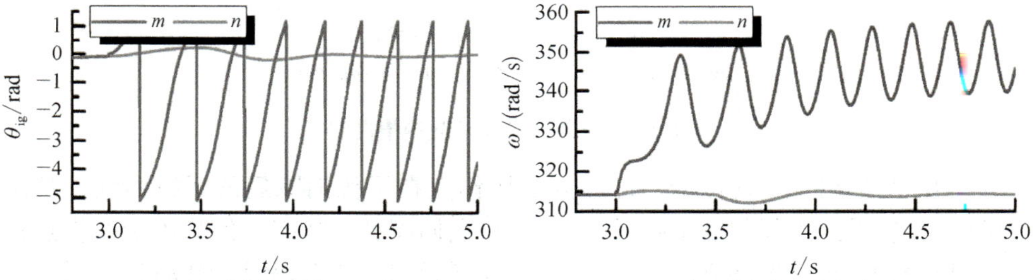

(a) 相角差　　(b) 虚拟角频率

图 6－10　稳定点与不稳定点的仿真对比

6.5.2　基于自适应下垂控制系数的交交变频器暂态稳定优化分析

虚拟同步发电机输出有功功率可以表达为

$$P_{\mathrm{o}} = \alpha\sin(\theta_{\mathrm{ig}} + \theta_{\alpha}) + \beta \tag{6-33}$$

其中，各个系数均为与电路相关的参量。令虚拟同步发电机输出有功功率偏差为零，可以得到系统平衡点处虚拟同步发电机输出功角 $\theta_{\mathrm{ig}}^{\mathrm{s}}$ 为

$$\theta_{\mathrm{ig}}^{\mathrm{s}} = \arcsin\left(\frac{P_{\mathrm{ref}} - \beta}{\alpha}\right) - \theta_{\alpha} \tag{6-34}$$

令 $\boldsymbol{x} = \begin{bmatrix} x_1 \\ x_2 \end{bmatrix} = \begin{bmatrix} \theta_{\mathrm{ig}} - \theta_{\mathrm{ig}}^{\mathrm{s}} \\ \Delta\omega \end{bmatrix}$，建立系统状态方程：

$$\begin{cases}\dot{\boldsymbol{x}} = \boldsymbol{A}\boldsymbol{x} + \boldsymbol{b}f(\sigma) \\ \sigma = \boldsymbol{c}^T\boldsymbol{x} \\ f(\sigma) = \dfrac{\alpha}{2H}[\sin(\sigma + \theta_{ig}^{s} + \theta_{\alpha}) - \sin(\theta_{ig}^{s} + \theta_{\alpha})]\end{cases} \tag{6-35}$$

其中，$\boldsymbol{A} = \begin{bmatrix}0 & 1 \\ 0 & -k/2H\end{bmatrix}$；$\boldsymbol{b} = \begin{bmatrix}0 \\ -1\end{bmatrix}$；$\boldsymbol{c} = \begin{bmatrix}1 \\ 0\end{bmatrix}$

进而得到系统传递函数为

$$G(s) = -\boldsymbol{c}^{\mathrm{T}}(sI - \boldsymbol{A})^{-1}b = \frac{1}{s\left(s + \dfrac{k}{2H}\right)} \tag{6-36}$$

此时系统可用图 6－11 表示。

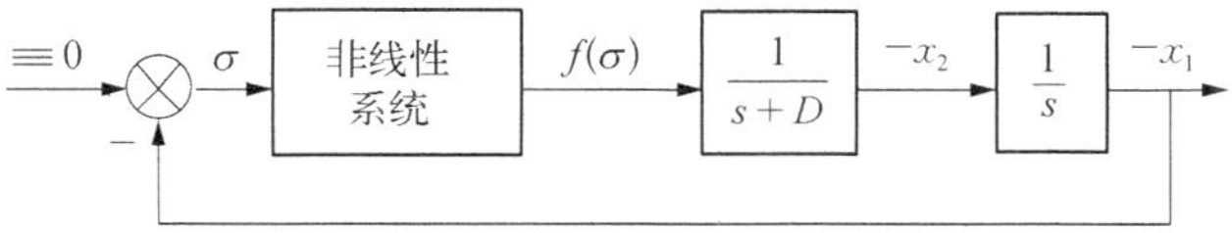

图 6－11　稳定性分析系统框图

根据系统状态方程，构建李雅普诺夫函数：

$$V(x_1, x_2) = \frac{k}{4H}x_1^2 + \left(\frac{H}{k} + \frac{k^2}{8H^2}\right)x_2^2 + x_1x_2 + \left(\frac{\alpha}{k} + \frac{\alpha k^2}{8H^3}\right)[\cos(\theta_{ig}^{s} + \theta_{\alpha}) - \cos(x_1 + \theta_{ig}^{s} + \theta_{\alpha}) - x_1\sin(\theta_{ig}^{s} + \theta_{\alpha})] \tag{6-37}$$

以及临界能量：

$$\begin{aligned} M &= \frac{[\pi - 2(\theta_{ig}^{s} + \theta_{\alpha})]^2}{\boldsymbol{c}^{\mathrm{T}}\boldsymbol{b}^{-1}\boldsymbol{c}} + q\int_0^{\pi - 2(\theta_{ig}^{s}+\theta_{\alpha})} f(\sigma)\mathrm{d}\sigma \\ &= \frac{[\pi - 2(\theta_{ig}^{s} + \theta_{\alpha})]^2}{2}\left(\frac{k^4}{32H^4 + 4Hk^3}\right) + \left(\frac{\alpha}{k} + \frac{\alpha k^2}{8H^3}\right)\{2\cos(\theta_{ig}^{s} + \theta_{\alpha}) \\ &\quad - \sin(\theta_{ig}^{s} + \theta_{\alpha})[\pi - 2(\theta_{ig}^{s} + \theta_{\alpha})]\} \end{aligned} \tag{6-38}$$

可以得到系统稳定域表达式：

$$V(x_1, x_2) < M \tag{6-39}$$

通过该表达式可以确定系统大扰动下的暂态稳定域。该式较为通用，从式中可以清楚看到控制参数以及电路参数对系统稳定区域的影响。

鉴于同步发电机的恒频恒压特性以及本身的机械惯性和阻尼作用，有学者提出在变频器控制器中加入适当的控制算法并配备相应环节，使得变频器控制器从外特性上模拟或部分模拟同步发电机的电压/频率控制特性，从而改善船舶电力系统稳定性的问题，这就是虚拟同步电机技术（详见本书 3.2 节）。

6.5.3 基于扰动影响的优化滤波控制

基于扰动影响的源网载协调自主趋优控制技术结合准 PR 控制与可变时间常数的功率波动平抑两项技术，其中可变时间常数的风电功率波动平抑控制原理如下。

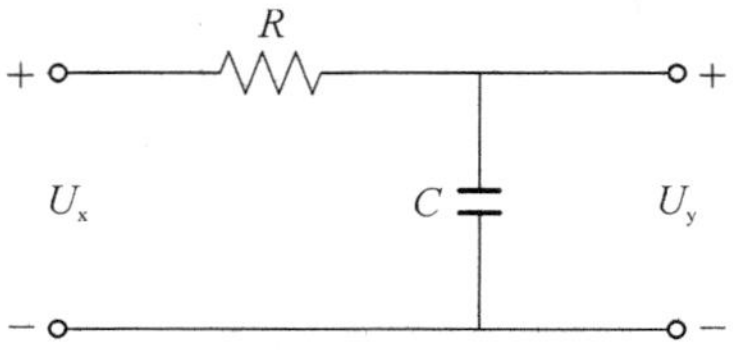

图 6－12　低通滤波原理图

图 6－12 提供了低通滤波的原理图，U_x、U_y 各自表示系统的输入量以及输出量。

通过相关分析，低通滤波的输入输出：

$$RC\frac{\mathrm{d}U_y}{\mathrm{d}t} + U_y = U_x \tag{6-40}$$

可知一阶低通滤波的数学表达式为

$$\tau\frac{\mathrm{d}Y}{\mathrm{d}t} + Y = X \tag{6-41}$$

其中，τ 表示低通滤波时间常数，$\tau = 1/2\pi f_c$，f_c 表示低通滤波截止频率。

低通滤波时域中的数学模型将时域转换到频域，具体表达式为

$$Y = \frac{1}{1 + \tau s}X \tag{6-42}$$

将低通滤波器使用到发电波动功率上，输入值 X 对应原始出力 P_w，输出值 Y 对应发电并网目标功率 P_o，则

$$P_o = \frac{1}{1 + \tau s}P_w \tag{6-43}$$

$$P_{HESS} = P_w - P_o = \frac{\tau s}{1 + \tau s}P_w \tag{6-44}$$

其中，P_{HESS} 表示储能系统的充放电功率，吸收功率时 P_{HESS} 为正，释放功率时 P_{HESS} 为负。可以看出，如果 $\tau = 0$，$P_o = P_w$，$P_{HESS} = 0$，储能装置不进行充放电，对功率波动抑制无作用；当 τ 变大时，低通滤波的截止频率相应变小，此时高频波动部分会

被储能装置吸收,因此出力变得平滑。所以时间常数 τ 的选择时刻影响着功率波动的抑制能力。

将 Δt 表示为一个控制时间单元,对连续低通滤波转化为离散形式,可计算出 $t_k = k\Delta t(k \in N^+)$ 时段的滤波前功率以及低通滤波后的功率:

$$\tau \frac{Y_k - Y_{k-1}}{\Delta t} + Y_k = X_k \tag{6-45}$$

其中,X_k 为 t_k 时刻的原始功率;Y_k、Y_{k-1} 分别为 t_k、t_{k-1} 时刻滤波后的功率。能够算出 t_k 时段经低通滤波后的发电出力为

$$Y_k = \frac{\tau}{\tau + \Delta t} Y_{k-1} + \frac{\Delta t}{\tau + \Delta t} X_k \tag{6-46}$$

则 t_k 时段混合储能装置的实时充放电功率为

$$P_{\mathrm{HESS}\_k} = X_k - Y_k = \frac{\tau}{\tau + \Delta t}(X_k - Y_{k-1}) \tag{6-47}$$

一阶低通滤波通常情况下不能很好地兼顾稳定性和灵敏度,如果一阶低通滤波器的时间常数逐渐增大,则储能装置也会有更好的功率波动抑制效果,同时,储能系统的总容量也会相应增大。

随着滤波时间常数 τ 的逐渐增加,储能装置平抑波动功率的效果越来越好,但是其所需储能容量也逐渐增大。如果时间常数 τ 数值较小,当波动功率较大时,便无法达到平滑波动功率的目标。

如果将时间常数 τ 固定,在波动功率较大的情况下,时间常数相对较小,抑制波动效果不明显,此时会对电网造成冲击;当发电具有较少的功率波动时,低通滤波的时间常数相对较大,储能装置的输出相对多余,反而会因提升充放电转换次数,最终削减其生命周期。

因此,通过混合储能装置的荷电状态作为参考输入,以此调整一阶低通滤波的时间常数,从而改善波动功率平抑的效果。如果储能系统余量充足,相应提高低通滤波的时间常数 $\tau(t)$,以使 t 时段的目标平抑结果尽可能接近 $t-1$ 时段的输出功率,因此减小 t 时段平抑后输出功率变化率,最终防止在蓄电池系统荷电状态较高时产生较高的功率变化率。t 时段混合储能系统目标平抑功率 $P_{\mathrm{o}}(t)$ 以及平抑目标以外的功率 $P_{\mathrm{HESS}}(t)$ 分别为

$$P_{\mathrm{o}}(t) = [1 - \lambda(t)]P_{\mathrm{o}}(t-1) + \lambda(t)P_{\mathrm{w}}(t) \tag{6-48}$$

$$P_{\mathrm{HESS}}(t) = [1 - \lambda(t)][P_{\mathrm{w}}(t) - P_{\mathrm{o}}(t-1)] \tag{6-49}$$

$$\lambda(t) = \frac{\Delta t}{\tau(t) + \Delta t} \tag{6-50}$$

其中，$P_w(t)$ 为 t 时刻的发电功率（风电场功率），单位为 MW；$P_o(t-1)$ 为 $t-1$ 时段平抑波动功率之后的功率输出。

剩余荷电容量与滤波系数 $\lambda(t)$ 的函数关系为

$$\lambda(t)=\begin{cases}k_1\left[1-\dfrac{E_{\mathrm{Bmax}}-E_{\mathrm{B}}(t-1)}{E_{\mathrm{Bmax}}-E_{\mathrm{Bmin}}}\dfrac{E_{\mathrm{SCmax}}-E_{\mathrm{SC}}(t-1)}{E_{\mathrm{SCmax}}-E_{\mathrm{SCmin}}}\right], & P_{\mathrm{HESS}}\geqslant 0\\ k_2\left(1-\dfrac{E_{\mathrm{B}}(t-1)-E_{\mathrm{Bmin}}}{E_{\mathrm{Bmax}}-E_{\mathrm{Bmin}}}\dfrac{E_{\mathrm{SC}}(t-1)-E_{\mathrm{SCmin}}}{E_{\mathrm{SCmax}}-E_{\mathrm{SCmin}}}\right), & P_{\mathrm{HESS}}<0\end{cases} \tag{6-51}$$

其中，k_1、k_2 为比例系数。当 k_1、k_2 的数值较小时，$\lambda(t)$ 的值逐渐减小[即时间常数 $\tau(t)$ 变大]，说明蓄电池的平抑目标将变得平滑，但会产生蓄电池荷电状态不足的情况，从而影响功率波动的整体抑制效果；随着 k_1、k_2 的逐渐变大，$\lambda(t)$ 的值也相应变大[即时间常数 $\tau(t)$ 变小]，则蓄电池的目标曲线波动逐渐明显，因此会产生蓄电池荷电容量充足的状态下输出功率波动很大的情况，此时无法充分利用蓄电池的系统容量。因此，经理论分析与仿真调试，本方案最终使用 $k_1=k_2=0.3$。

结合准 PR 控制与可变时间常数的功率波动平抑两项技术可以实现基于扰动影响的源网载协调自主趋优控制。

6.6 实 例 分 析

6.6.1 多元负载动态互补协调控制

以某船舶综合电力系统为例进行仿真计算，该系统包含 4 台装机容量为 2 MW 的电源，1 台容量为 32 MW · h 的大型蓄电池储能设备，其功率大小为 3.4 MW，初始 SOC 为 30%。

综合电力系统负荷分类参见表 6-1。重要负荷不能切除，作为日前启停计划的固定部分，成本不予考虑；可中断负荷存在运行和停运两种状态；对于可平移负荷，其用户意愿时段是 10:00～11:00；为简化算例复杂度，假设弹性负荷可以随时启动随时停止且功率需求可以在小于 4 MW 的任何数值内变化。

表 6-1　系统内负荷分类

名　称	容量/MW	类　型
负荷 1	0.6	重要
负荷 2	0.6	重要
负荷 3	1.2	可中断

（续表）

名　　称	容量/MW	类　　型
负荷 4	0.8	弹性
负荷 5	0.6	重要
负荷 6	0.4	可平移
负荷 7	0.6	可中断
负荷 8	0.6	重要

经过多元负载动态互补协调控制后,系统元件实时功率分配如图 6－13 所示。

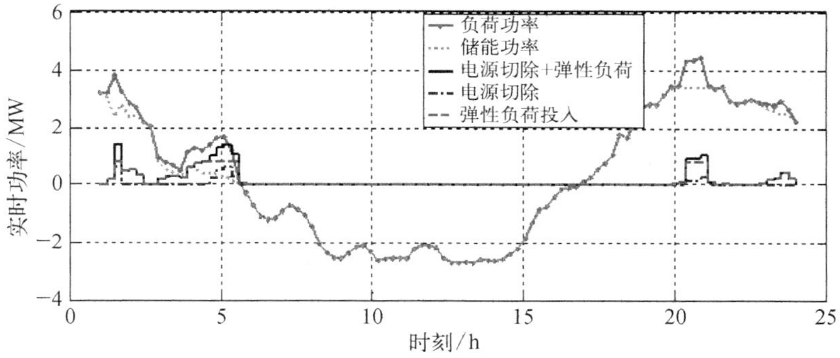

图 6－13　系统实时功率分配

针对系统实时调控策略,结果分析如下：

1）储能装置的充放电功率极限为 3.4 MW,当净负荷功率大于 3.4 MW 或者小于−3.4 MW 时,储能装置处于极限功率充放状态,缺少的功率通过电源切除以及投入弹性负荷进行平衡。由于电源切除的成本高于投入弹性负荷,因此首先投入弹性负荷,最后进行电源切除以保持实时功率的平衡。

2）实时调度采取模糊控制策略,当电源功率大于负荷功率且储能系统荷电状态接近最大值时,通过电源切除与增加弹性负荷需求相互协调,同时减小储能系统充电功率协调完成实时功率的平衡,2: 00 时由于储能电站荷电状态接近最大值,故减小储能充电功率,配合弹性负荷投入以及电源切除实现功率平衡,此时的储能、负荷、电源的协调可以真实地反映模糊控制策略的正确性。

3）5: 00 时段,净负荷功率本身并不大,但是蓄电池荷电状态已达到 90%,此时根据模糊控制规则必须将储能电站的充电功率限制到更小的范围内,配合弹性负荷投入以及电源切除实现功率平衡,此时刻的储能、负荷、电源的协调同样反映了模糊控制规则的正确性。

4）比较 4: 00 和 5: 00 两个时段的净负荷功率分配结果,可以看出,这两个时间段储能装置荷电状态均达到 85%以上,但是 4: 00 的储能装置明显分配了更高比例的功率，这体现了模糊控制的作用：当电源出力与负荷需求的差值较高时，如果此时仅依靠储能系统进行功率吸收，则储能系统荷电状态很快会达到最大荷电状态，影响下一时刻储能系统的功率分配，故在此情况下也由储能电站与电源、负荷共同实现系统实时功率的平衡，即控制实现了综合电力系统多元负载动态互补协调控制方法，通过负载优先级动态排序方法，调整低优先级负载的实时功率来转供高优先级负载，降低扰动对系统与重要负载的影响。

6.6.2　船舶综合电力系统紧急减负荷控制优化方法

针对典型船舶综合电力系统模型，应用 6.4.2 节算法对各节点减负荷率进行优化，按照建议值设置 $h_1 \sim h_8$，并根据对经济性和事故评级均衡性的偏重程度不同，确定了 3 种不同的优化目标，由此得出 3 种不同控制方案：① 控制方案 Ⅰ，$\lambda_1 = 70$，$\lambda_2 = 30$，该方案兼顾了经济性及事故评级的影响，但相对而言，更强调控制的经济性；② 控制方案 Ⅱ，$\lambda_1 = 100$，$\lambda_2 = 0$，该方案以最小经济损失为目标，完全不考虑事故评级的影响；③ 控制方案 Ⅲ，$\lambda_1 = 0$，$\lambda_2 = 100$，各负荷节点按等切除率减载。应用改进 PSO 算法求解上述 3 种控制方案，取粒子数量为 40 个，最大迭代次数为 30 次。

表 6-2 对控制方案 Ⅰ、Ⅱ、Ⅲ的效果进行了对比。在控制方案 Ⅲ 下，各节点切负荷率相等，但需切除负荷总量最大，经济代价也最大，而且当频率达到 49.8 Hz 时，仍存在 4 条线路过载，无法满足静态安全约束，由此可见，在实际工程中等切除率方案不可取。控制方案 Ⅰ、Ⅱ 均能满足各项约束条件，在控制方案 Ⅱ 下，为使直接经济损失最小，优先切除代价因子较小节点的负荷，而代价因子较大的负荷节点则不切除负荷，节点间减负荷率相差很大，有 5 个负荷节点切除率超过 15%，最大减负荷率为 37.51%。控制方案 Ⅰ 协调了经济代价和事故评级，减负荷率超过 15% 的节点数下降为 3，最大减负荷率下降为 24.91%，与控制方案 Ⅱ 相比，尽管切负荷引起的直接经济损失略有增加，但由于减供负荷率的下降对船舶综合电力系统更为重要，故控制方案 Ⅰ 的综合性能最优。

表 6-2　控制方案 Ⅰ、Ⅱ、Ⅲ的效果对比

控制方案	切负荷总量/MW	经济损失/千元	切负荷率<15%节点数	频率/Hz	过载支路数	电压越限节点数
Ⅰ	0.692	4.979	3	49.8	0	0
Ⅱ	0.682	4.641	5	49.8	0	0
Ⅲ	0.697	5.353	0	49.8	4	0

图 6-14 给出了应用改进 PSO 算法对控制方案 I 进行优化时的收敛过程，由图 6-14 可知，在初始粒子数为 40 时，经过约 30 代演化，适应度趋于稳定，目标函数收敛于最小值。对于本算例，计算用时约 15 min。为提高计算速度，可采用并行算法计算群内各粒子适应度，将优化时间控制在 1 min 以内。

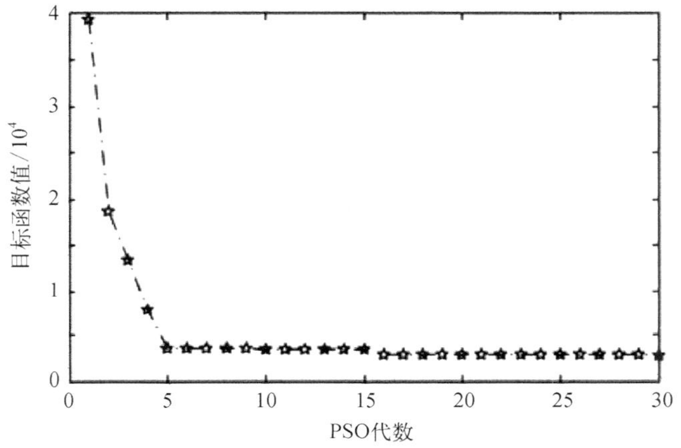

图 6-14　改进 PSO 算法收敛过程

6.6.3　基于扰动程度的综合电力系统源网载分级控制

为验证本章提出的基于扰动程度的综合电力系统源网载分级控制的效果，搭建基于扰动程度的综合电力系统源网载分级控制系统。系统稳定时船舶电源输出仿真结果如图 6-15～图 6-17 所示。

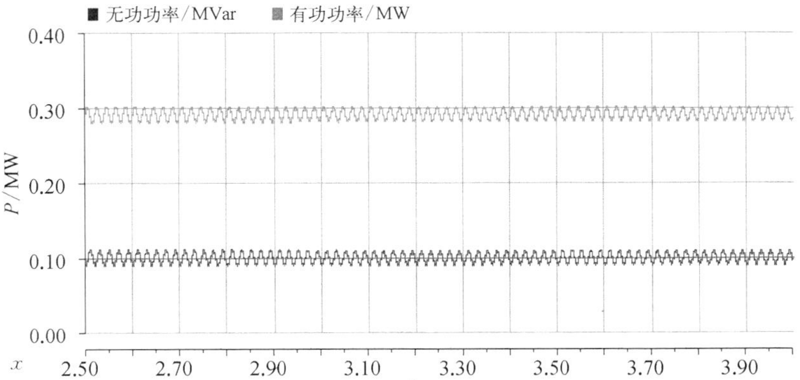

图 6-15　系统稳定时船舶电源 1 输出功率

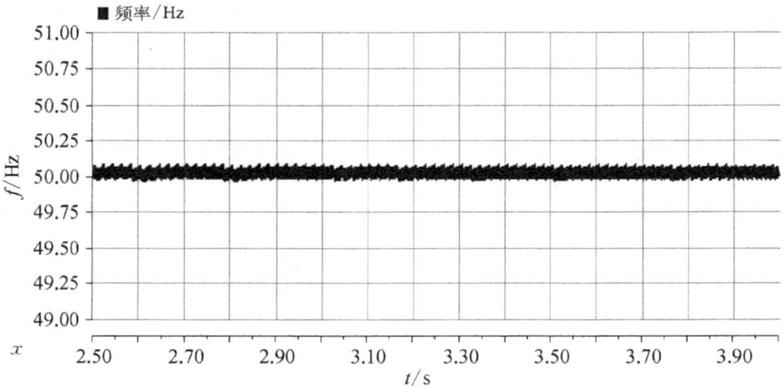

图 6-16　系统稳定时船舶电源 1 输出频率

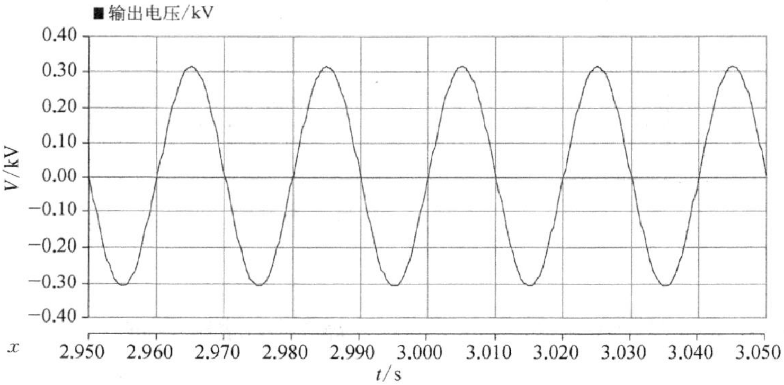

图 6-17　系统稳定时船舶电源 1 输出电压

仿真设定在系统运行至 6 s 时，设置系统船舶电源 2 输出侧发生 A 相单相接地故障，故障持续 1 s，1 s 后故障解除，系统恢复。观察系统在故障发生后与故障切除后响应结果如图 6-18、图 6-19 所示。

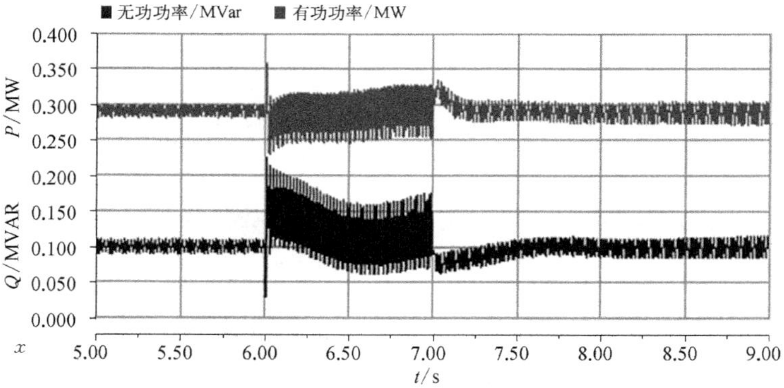

图 6-18　故障时船舶电源 1 输出功率

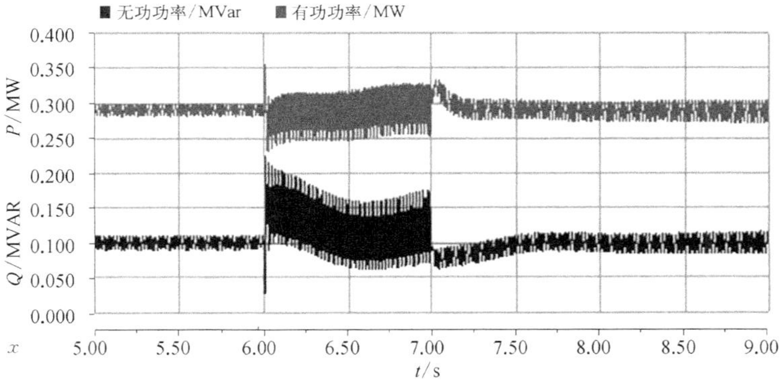

图 6-19　系统稳定时船舶电源 1 输出频率

可以看出,采用基于扰动程度的综合电力系统源网载分级控制后,系统稳定性较强,在干扰后能够快速恢复,暂态输出特性更为优良,能够应对系统出现的干扰,保持稳定的输出,具有极强的暂态以及动态特性。

表 6-3 给出了基于扰动程度的综合电力系统源网载分级控制与固定控制系数的下垂控制以及虚拟同步电机控制下,船舶电源 2 输出功率突增后船舶电源 1 输出电量动态性能指标。由表中数据可见,采用基于扰动程度的综合电力系统源网载分级控制后超调量显著减小,调节时间仍能保持较短。

表 6-3　基于扰动程度的综合电力系统源网载分级控制与固定控制系数的下垂控制以及虚拟同步电机控制对比

	动态性能指标	固定控制系数的下垂控制	固定控制系数虚拟同步电机控制	基于扰动程度的综合电力系统源网载分级控制
有功功率	超调量/%	8.3	8.7	3.3
	调节时间/s	0.7	0.7	0.7
无功功率	超调量/%	50	45	25
	调节时间/s	0.9	1.1	1
频　率	超调量/%	1.6	1.5	1.4
	调节时间/s	0.3	0.2	0.2

6.6.4　基于扰动影响的源网载协调自主趋优控制

为验证本章提出的基于扰动影响的源网载协调自主趋优控制的效果,搭建基于扰动程度的综合电力系统源网载分级控制系统。

设定系统从 0 时刻启动,即负荷增大。系统中船舶电源输出仿真结果如图 6-20~图 6-29 所示。

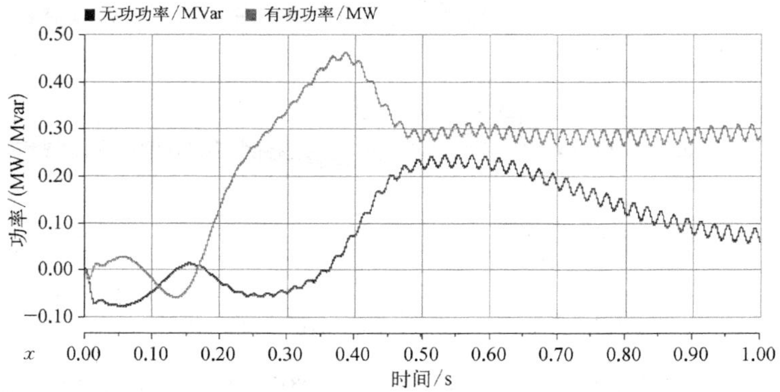

图 6-20　船舶电源 1 输出功率

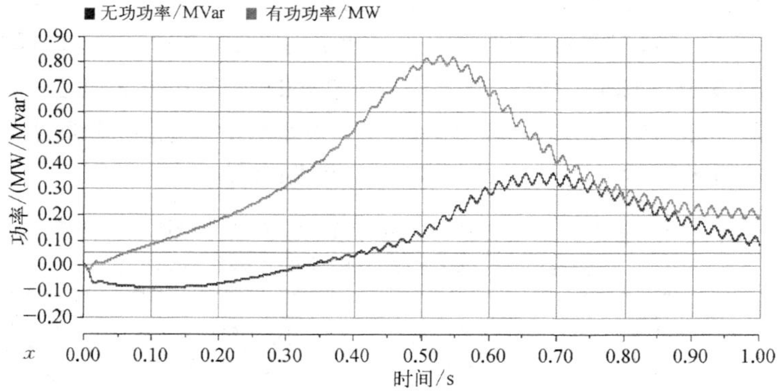

图 6-21　船舶电源 2 输出功率

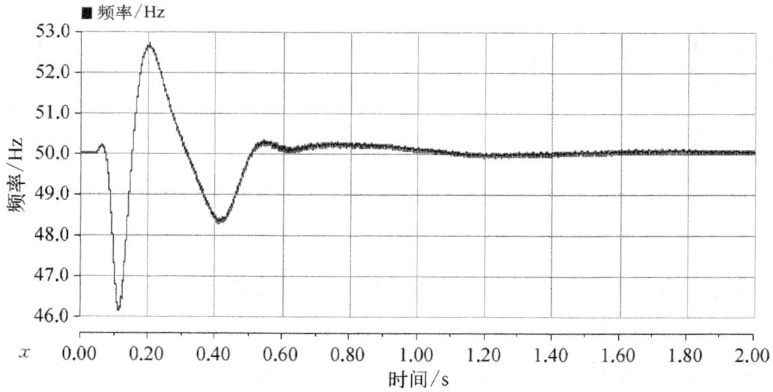

图 6-22　船舶电源 1 输出频率

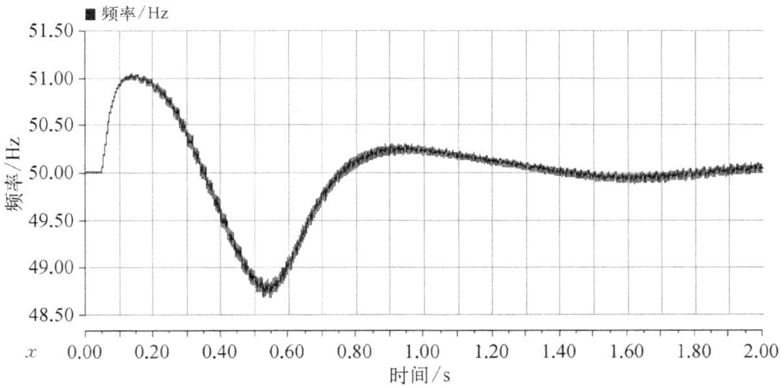

图 6-23 船舶电源 2 输出频率

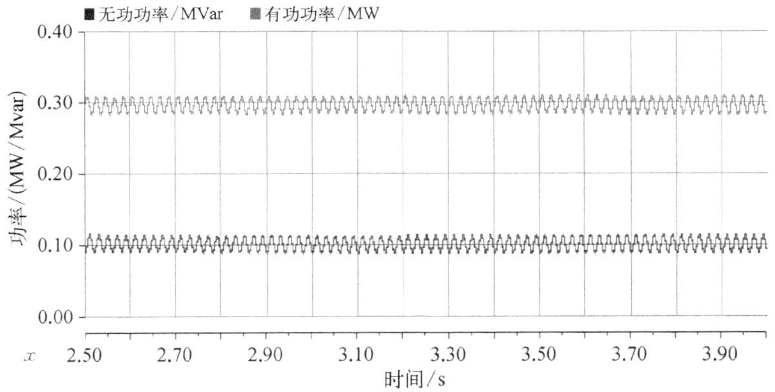

图 6-24 船舶电源 1 稳定时输出功率

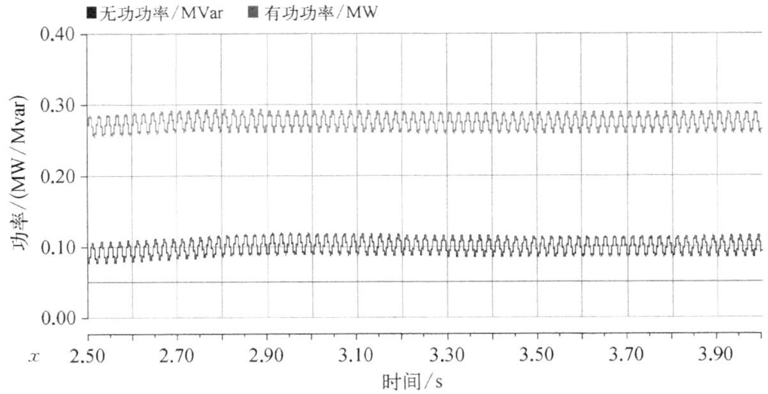

图 6-25 船舶电源 2 稳定时输出功率

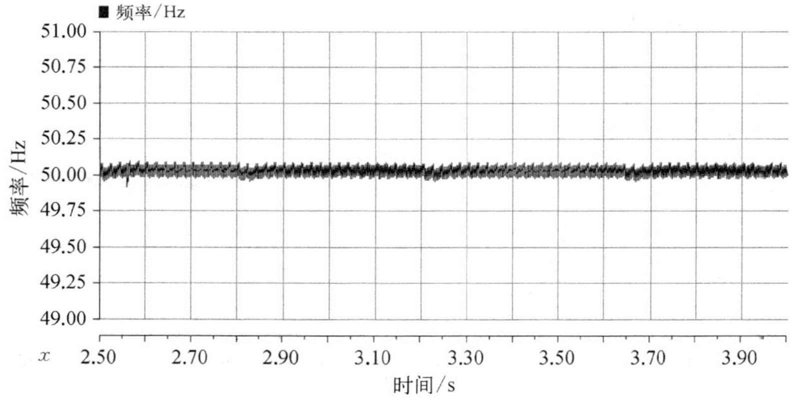

图 6-26　船舶电源 1 稳定时输出频率

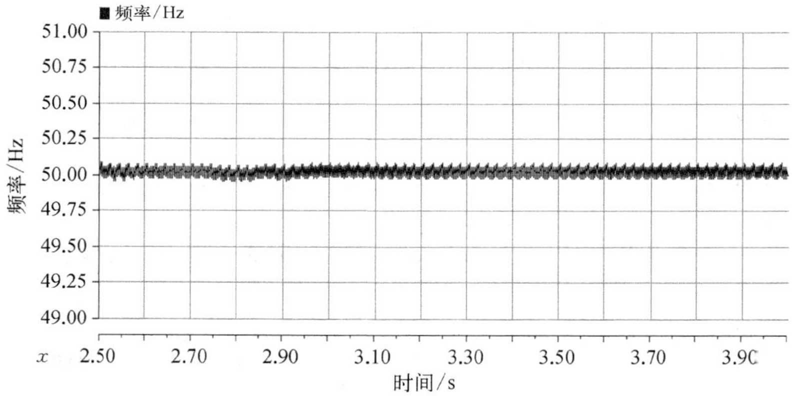

图 6-27　船舶电源 2 稳定时输出频率

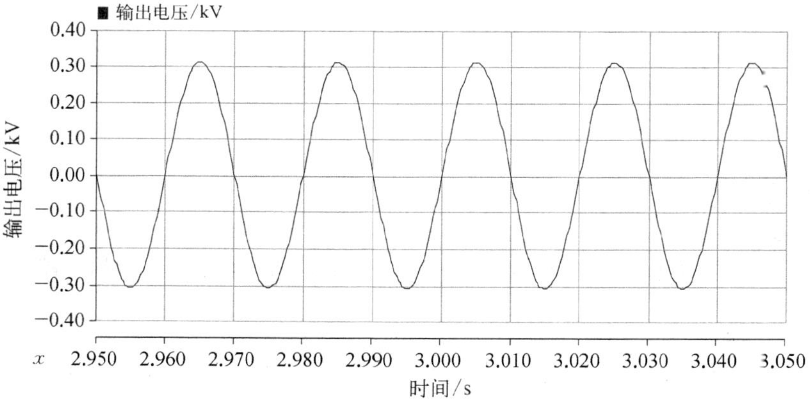

图 6-28　船舶电源 1 稳定时输出电压

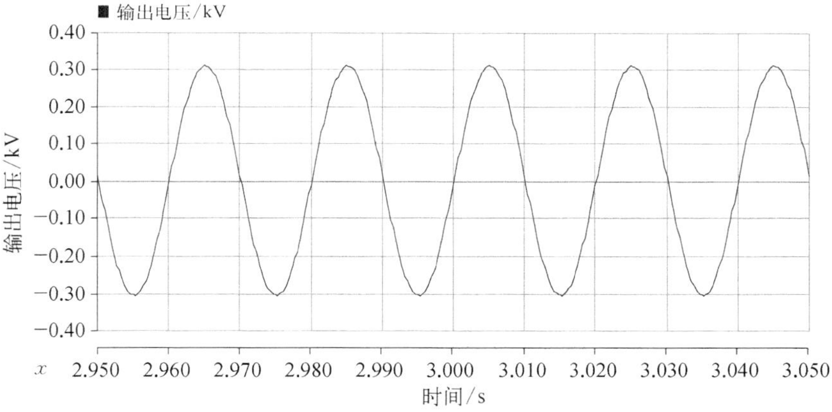

图 6－29　船舶电源 2 稳定时输出电压

采用基于可变时间常数的功率波动平抑控制后，6.6 kV 母线仿真结果如图 6－30、图 6－31 所示。

图 6－32 给出了船舶电源 1 h 内功率输出的波动成分曲线。

随着滤波时间常数 τ 的逐渐增加，储能装置平抑波动功率的效果越来越好，但是其所需储能容量也逐渐增大(图 6－33～图 6－36)。如果时间常数 τ 数值较小，当波动功率较大时，便无法达到平滑波动功率的目标。

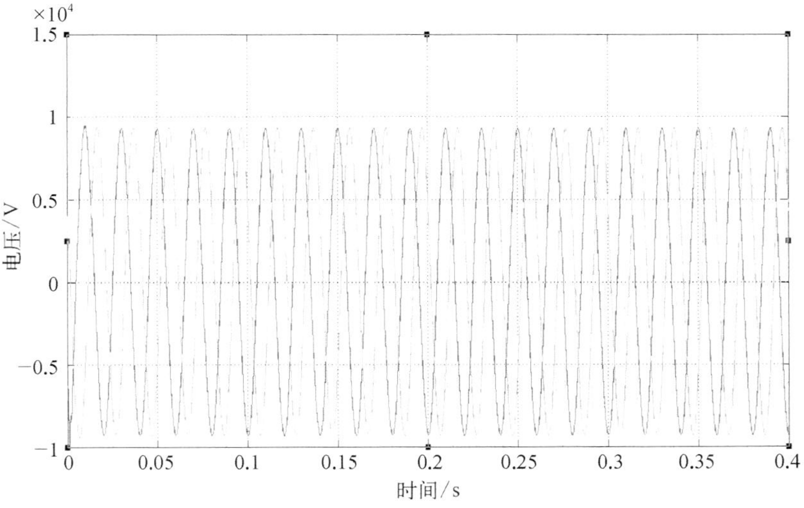

图 6－30　变频器电网侧滤波后的电压波形图

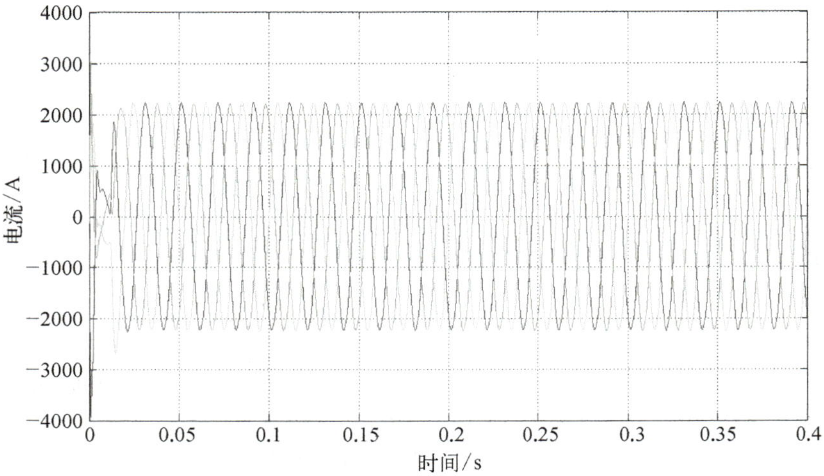

图 6－31　变频器电网侧滤波后的电流波形图

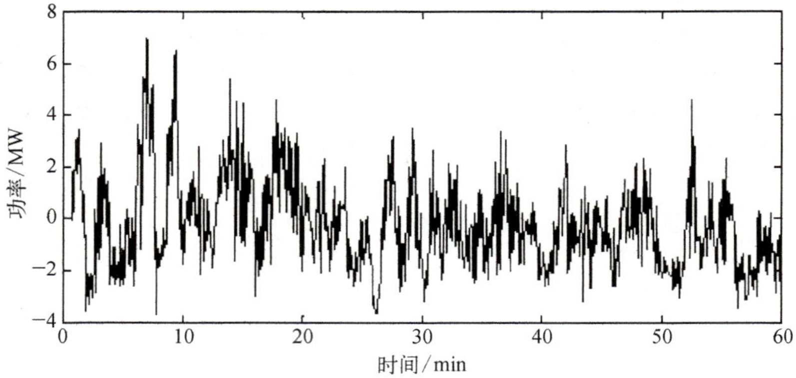

图 6－32　船舶电源 1 h 内功率输出的波动成分曲线

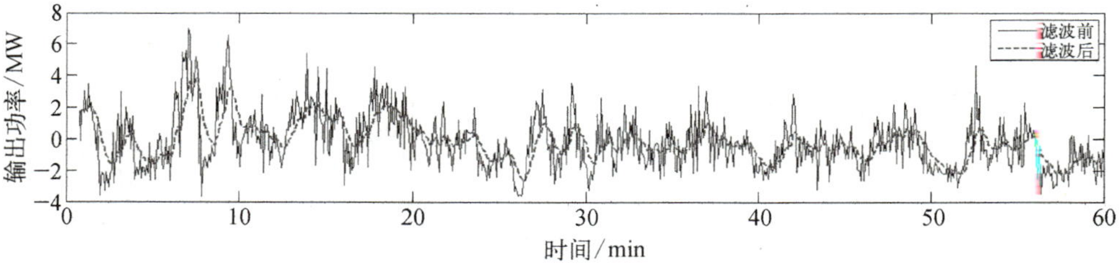

图 6－33　滤波前后功率输出(滤波时间常数 $T=10$ min)

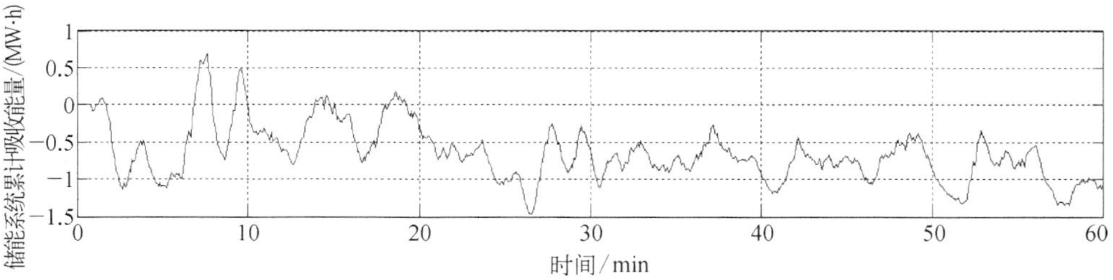

图 6－34　$T=10$ min 时储能系统累计吸收能量

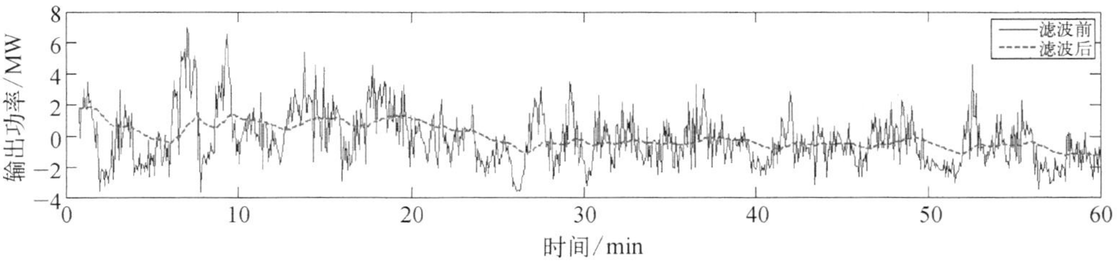

图 6－35　滤波前后功率输出(滤波时间常数 $T=60$ min)

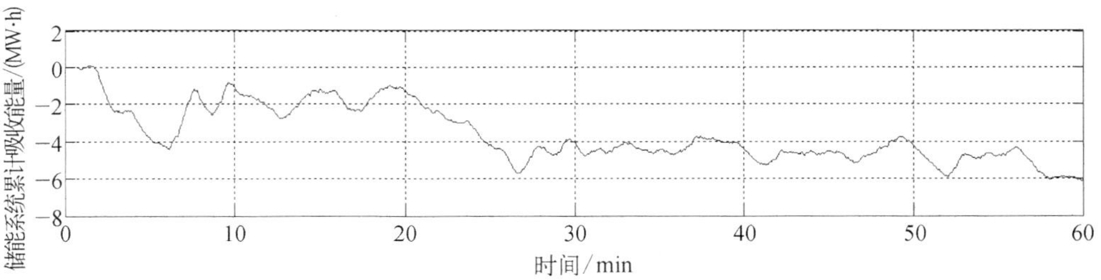

图 6－36　$T=60$ min 时储能系统累计吸收能量

综上,在多种扰动下,基于扰动影响的源网载协调自主趋优控制技术可以实现系统的稳定运行并保持较小谐波。利用源网载的多模态组合调控,基于扰动影响的源网载协调自主趋优控制技术实现负载波动与突变、变频负载谐波、电网结构变化、电源脱网等干扰下综合电力系统的稳定与优质运行。

6.7　本 章 小 结

传统综合电力系统优化控制以设备为对象,缺少全系统的协调,无法充分发挥大容量高压综合电力系统的系统裕度与调控能力。本章首创性地提出电源、电网与负载的分级控制体系,实现系统多工况可靠、稳定与优质运行,建立基于扰动程度的综合电力系统源网载分级控制架构,其中第一级以负载、电网或电源单个设备的优化控制为主,第二级以多元负载、供配电网或多源电站的优化控制为主,第三级以源网载的统一协调控制为主;发明综合电力系统多元负载动态互补协调控制方法,提出一种负载优先级动态排序方法,通过调整低优先级负载的实时功率来转供高优先级负载,降低扰动对系统与重要负载的影响;提出扰动影响程度与范围的动态感知方法,以分级控制架构为基础,提出基于扰动影响的源网载协调自主趋优控制技术,利用源、网、载的多模态组合调控,实现负载波动与突变、变频负载谐波、电网结构变化、电源脱网等干扰下综合电力系统的稳定与优质运行。

参考文献

[1] 张宁,代红才,胡兆光,等. 考虑系统灵活性约束与需求响应的源网荷协调规划模型[J]. 中国电力,2019: 1-9.

[2] 徐荆州,肖晶,许洪华,等. 基于能源路由器的源网荷储优化管理[J]. 电力需求侧管理,2018,20(6): 16-17,21.

[3] 高辉,徐晴,欧阳曾恺,等. 含多类型分布式电源的源网荷协调优化控制策略分析[J]. 电力工程技术,2018,37(4): 21-26.

[4] 罗羽垚. 源网荷储协调的主动配电网日前优化运行方法[D]. 长沙: 湖南大学,2018.

[5] 边居政. 考虑源—网—荷特性的主动配电网优化研究[D]. 昆明: 昆明理工大学,2018.

[6] 钟城. 基于源网荷互动的互联微电网能量优化管理方法研究[D]. 南京: 南京航空航天大学,2018.

[7] 张执超. 电力系统紧急状态下切负荷控制策略研究[D]. 北京: 华北电力大学,2014.

[8] 张明,周冬旭,嵇文路,等. 含源网荷的智能配电网运行仿真平台研究及应用[J]. 电力工程技术,2017,36(2): 66-71.

[9] 曾鸣,杨雍琦,刘敦楠,等. 能源互联网“源-网-荷-储”协调优化运营模式及关键技术[J]. 电网技术,2016,40(1): 114-124.

[10] 徐泰山,李峰,张建新,等. 各类紧急减负荷控制的在线风险评估和协调决策方案[J]. 电力系统自动化,2015,39(20): 91-97.

[11] 袁季修. 防止电力系统频率崩溃的紧急控制[J]. 电力自动化设备,2002,(4): 1-4.

[12] 尚瑨,邰能灵,刘琦,等. 采用区间控制的蓄电池储能电站调峰运行控制策略[J]. 电工技术学报,2015,30(16): 221-229.

第七章 综合电力系统多重自适应智能广域协调保护方法

传统船舶电网保护以过流为主,针对简单供配电网络,可通过合理设计参数实现保护的协调配合,然而大容量高压综合电力系统网络拓扑复杂、运行工况灵活,故障的影响也更为严重,已有保护方法不具备自适应能力,难以快速、可靠地切除故障。因此,本章提出了几种船舶综合电力系统的自适应保护方案,兼具主保护、后备保护与漏磁保护,能够最大化保护性能,有效提高不同运行状态下对电缆线的保护能力,改善上下级保护的速动性、可靠性和稳定性,在故障时快速准确地切除故障,保证系统非故障部分的连续供电,提高船舶的安全可靠性。

7.1 船舶综合电力系统基于数据同步的电流差动保护方案

7.1.1 船舶综合电力系统电流差动保护数据同步方案

电流差动保护是将各端电流波形数字化[1],借助于通信方式进行传送,再由微机保护进行动作判定。电流差动保护算法要求输入比较的电流量必须为同步采样值或经同步化处理所得到的电流值,因此数据同步技术是实现电流差动保护的关键之所在。从成本、方案实现难度以及拓扑的灵活性等多方面综合考虑,在不增加任何辅助设备的前提下,数据同步对于船舶综合电力系统电流差动保护是个很大的挑战。

(1) 电流差动保护数据同步方法

从叠加原理的角度分析,电力系统中发生故障相当于在故障点位置叠加一个与故障前大小相等、方向相反的电压源,该附加电压源的存在会引起保护安装处的电压和电流的变化。在故障瞬间,附加电压源产生的影响是以行波的方式向电缆线各端传播(如图 7-1 所示),当发生故障 F 时,故障行波将迅速沿着线路到达两侧保护安装处。与高压输电网不同,船舶综合电力系统中电缆线长度很短,而行波以接近于光速传播,因此不论故障发生于电缆线的哪个位置,两侧保护安装处的电流和电压都会在同一时刻发生变化。以此为基础,在船舶综合电力系统中可通过检测故障时刻的方法同步各端时标。

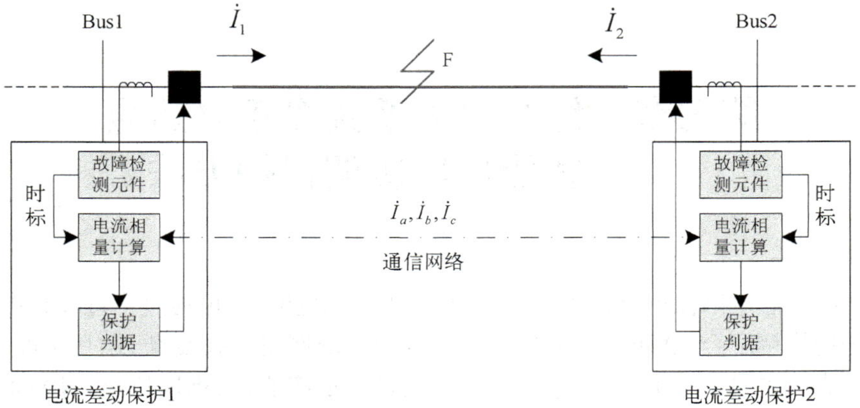

图 7-1　船舶综合电力系统电流差动保护

故障检测元件(fault detector)和保护的启动元件(starting element)可用来快速检测电力系统扰动,它们的动作灵敏度比保护判据要高得多。在数字化微机保护中,所有的计算和处理都是以采样点为单位完成的;为提高检测的可靠性,故障检测元件或启动元件通常需要对多个采样点进行验证,才能确定系统中是否真正存在扰动。当故障检测元件或启动元件确认扰动时,可认为电缆线各端最后一个验证的采样点是同一时刻采集的,即具有相同的时标。这一过程会存在一定的误差,但只要检测算法合理,误差不会超过一个采样时间间隔。由于故障检测可在故障后较短的时间内完成,因此不会受到互感器饱和的影响;但考虑发生三相故障时,变频器侧的频率可能发生一定波动,可在采样前先进行频率跟踪。

电压量和电流量均可用来检测故障时刻,这取决于船舶综合电力系统中互感器配置情况。当船舶综合电力系统中既配置电压互感器又配置电流互感器时,可利用电流量来检测船舶综合电力系统波动,同时结合电压幅值来判断其是否为正常负荷波动或变频器出力调整;当船舶综合电力系统中只配置电流互感器时,可利用电流幅值与最大负荷电流的关系来判断。船舶综合电力系统正常运行时,电缆线各端无须进行对时,但为验证通信网络是否正常,可隔一段时间向对侧发送校验信号。

(2) 电流差动保护数据同步算法

电流差动保护数据同步算法可利用电压采样值或电流采样值的变化量来实现。船舶综合电力系统电缆线很短,在发生故障时,尽管电缆线各端所接电源的短路容量相差较大,但电缆线各端的测量电压与故障点电压基本相同,即各端电压仍会大幅下降。因此,在安装有电压互感器的船舶综合电力系统中,可优先利用电压采样值变化量来构成故障检测,如式(7-1)所示:

$$|u[n]-u[n-N]|>\varepsilon \tag{7-1}$$

其中，$u[n]$ 为当前电压采样值；$u[n-N]$ 为一个周波前电压采样值；N 为每周波采样点数；ε 为门槛值。

由于故障时，电缆线各端电压变化量基本相同，因此各端的 ε 可取同一值，避免门槛值整定差异给故障时刻检测带来误差。当发生含过渡电阻故障时，电缆线各端的测量电压仍与故障点电压基本相同，不会影响式(7－1)的性能。与保护启动判据类似，为提高式(7－1)的可靠性，可利用式(7－2)检测波动。

$$||u[n]-u[n-N]|-|u[n-N]-u[n-2N]||>\varepsilon \qquad (7-2)$$

其中，$u[n-2N]$ 为两个周波前电压采样值。

当连续 N_D 个采样点都满足式(7－1)或式(7－2)时，即可认为船舶综合电力系统中发生了波动；此时可认为电缆线各端第 N_D 个采样点具有统一的时间刻度，即时刻 t_D。在后续的各端电流数据交换过程中，均以时刻 t_D 为参考，打上对应时标。

当船舶综合电力系统未配置电压互感器时，可利用电流采样值来检测波动，如式(7－3)所示。

$$\begin{cases}|i[n]-i[n-N]|>\varepsilon \\ ||i[n]-i[n-N]|-|i[n-N]-i[n-2N]||>\varepsilon\end{cases} \qquad (7-3)$$

其中，$i[n]$、$i[n-N]$、$i[n-2N]$ 分别为当前电流采样值、一周波前电流采样值和两周波前电流采样值。

由于电缆线不同端的电源短路容量不同，故障后电流变化也不尽相同，因此 ε 在整定时需要考虑该因素的影响。船舶综合电力系统中，同步型电源故障电流较大，电源的短路电流会受控制系统限制，但系统反应速度快，故障会使电流迅速增大。图 7－2 所示为电源侧和主电源侧电流故障检测波形，两侧波形分别以各自电源短路容量进行了标么化处理。从图中可以看出，两侧故障检测元件中的电流上

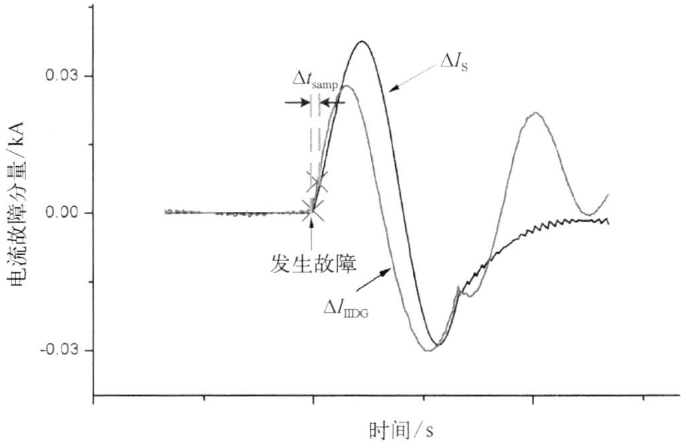

图 7－2　故障检测元件的电流波形

升趋势一致；为使两侧故障检测元件或启动元件同时发现故障，ε 可统一按弱馈侧值整定。实际采样过程中，由于两侧并未进行对时调整，利用故障检测元件检测故障时存在一定误差。误差最大的情况如图 7-2 所示，即故障发生前瞬间一侧完成采样，故障发生后瞬间另一侧完成采样，此时两侧发现故障的时刻相差 Δt_{samp}（一个采样间隔时间）。

7.1.2 船舶综合电力系统电流差动保护方案

电流差动保护有两种实现方式，即采样点差动和相量差动[2]。采样点差动保护具有计算量少、处理速度快等特点，在母线保护和变压器保护中得到广泛应用。而在线路保护中，相量差动使用较多，一方面可以节省通道容量，另一方面线路保护侧别较少，可用时差法判断电流互感器饱和状态。鉴于上述原因，船舶综合电力系统电流差动保护采用相量差动方案。

本章采用带制动特性的电流差动保护判据，其判据为

$$I_{set} = |\dot{I}_1 + \dot{I}_2| > k_{res} I_{res} = k_{res}(|\dot{I}_1| + |\dot{I}_2|) \tag{7-4}$$

其中，I_{set} 和 I_{res} 分别为动作电流和制动电流，k_{res} 为制动系数。

若为多端电缆线，则动作判据为

$$|\dot{I}_1 + \dot{I}_2 + \cdots + \dot{I}_n| > k_{res}(|\dot{I}_1| + |\dot{I}_2| \cdots + |\dot{I}_n|) \tag{7-5}$$

其中，$\dot{I}_n$ 为第 n 侧电流相量。

以图 7-2 为例分析 Δt_{samp} 对保护性能的影响，假设 $\dot{I}_1$ 的幅值比 $\dot{I}_2$ 大，则式(7-5)可化为

$$\begin{cases} |1 + \dot{\rho}| > k_{res}(1 + \rho) \\ \dot{\rho} = \dfrac{\dot{I}_2}{\dot{I}_1} \end{cases} \tag{7-6}$$

由式(7-6)可得判据的动作范围为

$$\alpha \in \left[\pi + \arccos\frac{k_{res}^2(1+\rho)^2 - (1+\rho^2)}{2\rho},\ \pi - \arccos\frac{k_{res}^2(1+\rho)^2 - (1+\rho^2)}{2\rho}\right] \tag{7-7}$$

当故障检测元件或启动元件由于负荷或变频器波动而启动时，只要采样点满足式(7-8)即不会导致保护误动作。

$$N > \frac{2\pi}{\left|\arccos\dfrac{k_{res}^2(1+\rho)^2 - (1+\rho^2)}{2\rho}\right|} \tag{7-8}$$

7.2　船舶综合电力系统暂态安全稳定主保护方案

按照船舶综合电力系统典型结构，对船舶综合电力系统中心层、区域层与系统层的结构与运行特性进行了分析，依据不同层级保护之间的阶梯时限原则，研究了多层级主保护的反时限保护架构。多层保护算法能够有效协同船舶综合电力系统内各类保护实现船舶综合电力系统高暂态安全的故障智能切除，系统层保护算法利用双向潮流，在保证各电源与船舶综合电力系统故障穿越能力的状态下实现对船舶综合电力系统层体保护。

本章提出的船舶综合电力系统多层协同主保护方案能够有效提高对不同运行状态下船舶综合电力系统内电源与电缆线的保护能力，改善上下级保护的速动性、可靠性与稳定性，为实现船舶综合电力系统高暂态安全稳定运行提供保障。

7.2.1　船舶综合电力系统多层协同主保护方案

不同类型交流船舶综合电力系统的拓扑结构大致类似，大多采用辐射状网架，其中变频器、储能装置及负荷等单元直接或经换流装置接入系统，如图 7-3 所示

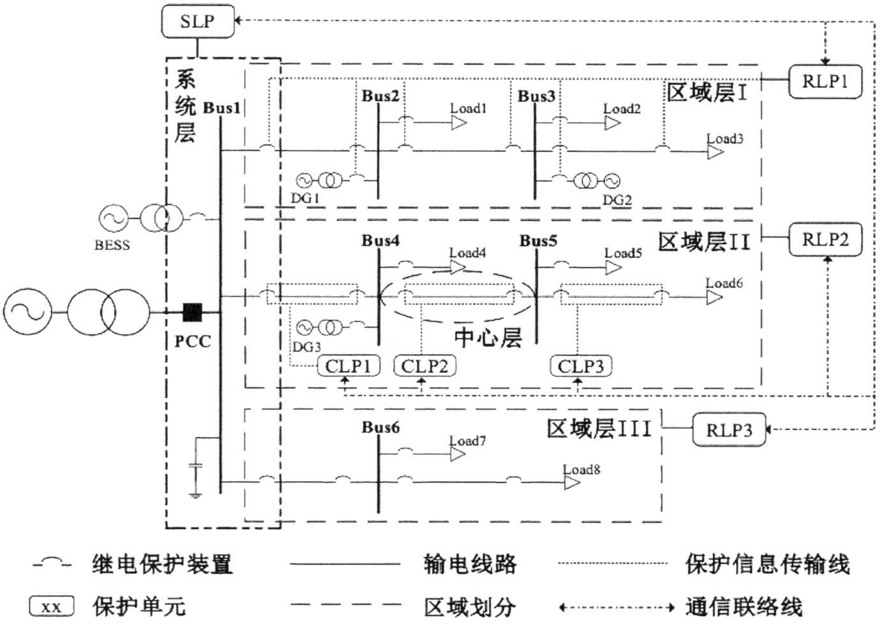

图 7-3　船舶综合电力系统典型结构及其多层级协同保护

为典型的船舶综合电力系统结构[3,4]。

图 7－3 所示船舶综合电力系统拓扑可分为单条线路、多条线路相连组成的区域以及船舶综合电力系统三层，不同层级在范围上存在重叠和交叉，且对故障的敏感程度和隔离要求各不相同。在此基础上，以故障点为中心，按照故障影响扩散衰减的过程，将保护划分为中心层、区域层和系统层，通过不同层级保护之间的协同来解决传统电流保护上下级配合困难和灵敏性不足的问题，从而有效应对船舶综合电力系统灵活多变的运行方式，形成船舶综合电力系统多层级协同保护。

（1）中心层保护（core layer protection，CLP）以单条线路作为保护的基本单元，是船舶综合电力系统线路的主保护。中心层保护采用分布式结构，即对船舶综合电力系统内线路均装设保护单元，如图 7－3 所示的 CLP1、CLP2 等，从而减少通信环境等因素对保护性能的影响，保证保护的可靠性。

（2）区域层保护（regional layer protection，RLP）面向多线路相连组成的区域，保护范围可依照船舶综合电力系统电缆线支路进行划分，如图 7－3 所示。由于 RLP 保护需要综合处理区域内各电流互感器（current transformer，CT）采集的信息，为降低对通信系统的要求，采用集中式结构，通过中央处理单元协同控制区域内各级保护。

（3）系统层保护（system layer protection，SLP）面向船舶综合电力系统的主母线（图 7－3 中 Bus1）和公共连接点（point of common connection，PCC），保证船舶综合电力系统的故障隔离，并监测船舶综合电力系统的运行方式，自适应调整保护系统的配置参数。

船舶综合电力系统多层级协同反时限保护的方案与架构如图 7－4 所示。对于船舶综合电力系统线路，保护系统由“中心层主保护–区域层多级后备保护–系统

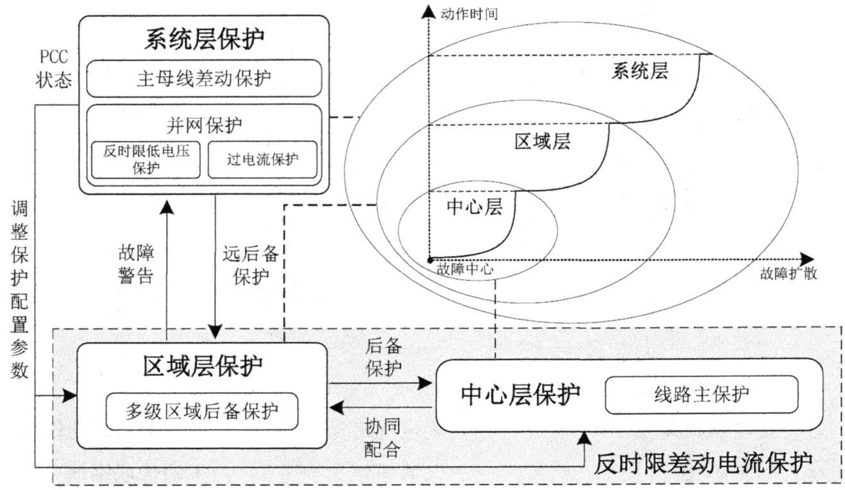

图 7－4　船舶综合电力系统多层级协同反时限保护架构

层并网保护”组成，其故障区域利用多层差动电流识别，保护动作时间与故障严重程度相关，且不同层级保护之间通过阶梯时限原则实现协同配合，总体呈现阶梯式反时限特性。在系统层设计反时限低电压保护，兼顾船舶综合电力系统故障隔离和低电压穿越能力。

7.2.2　船舶综合电力系统多层级协同保护算法

为实现船舶综合电力系统多层级协同保护方案，根据图 7－4 所示的协同策略，基于保护原理设计多层级协同保护算法，如图 7－5 所示。

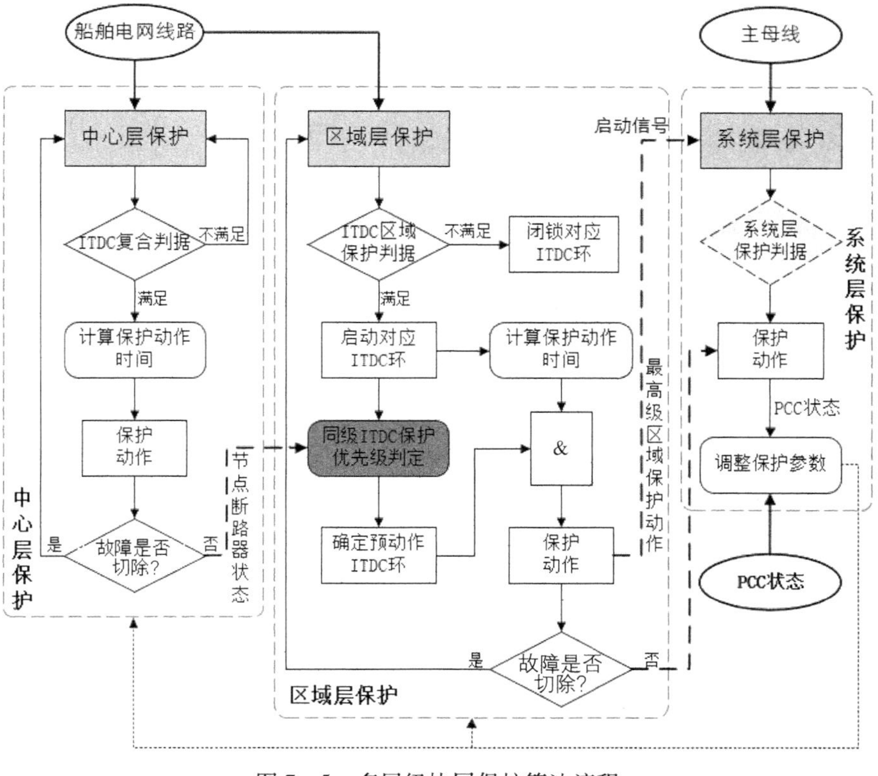

图 7－5　多层级协同保护算法流程

（1）中心层保护

1）保护判据可直接应用 ITDC 保护动作方程。

2）若保护动作执行后故障仍未切除，则监测相应断路器状态并发送至区域层保护单元。

(2) 区域层保护

1) 根据区域内拓扑结构,划分全部 ITDC 环并确定保护等级。

2) 对 ITDC 环配置区域后备保护判据。

3) 相邻 ITDC 环可能存在重叠,为尽可能减少故障的影响范围,规定同级 ITDC 环,位于船舶综合电力系统负荷侧的保护优先级高。

4) 当线路发生故障时,结合上级保护传回的断路器状态和 ITDC 环的优先级,确定预动作的 ITDC 保护。

(3) 系统层保护

1) 监测 PCC 状态,判断船舶综合电力系统的运行方式,据此设置保护系统的参数整定值。为避开船舶综合电力系统运行方式切换过程的暂态影响,保护整定值的切换可设置一定延时。

2) 主母线保护和 PCC 点并网保护算法。

7.2.3　船舶综合电力系统系统层保护算法

系统层保护包括主母线保护和并网保护,其中主母线采用母线差动保护,而并网保护需要考虑 PCC 点潮流的双向性,因此,在 PCC 点配置过电流保护单元和低电压保护单元,并设计相应的保护启动元件。

(1) 主母线差动保护

船舶综合电力系统主母线故障对系统危害最为严重,需要准确快速地切除故障。因此,主母线应配备母线差动保护,以 PCC 点和所有出线电流相量作为保护的输入量,其动作方程如式(7－9)所示。

$$\left| \dot{I}_{\text{PCC}} + \sum_{i=1}^{n} \dot{I}_{1i} \right| > I_{\text{set}} \tag{7-9}$$

其中,$\dot{I}_{\text{PCC}}$ 为 PCC 点电流相量;$\dot{I}_{1i}$ 为主母线第 i 条出线处电流相量,以流入主母线为正方向;n 为主母线出线数量;I_{set} 为保护动作电流。

(2) 并网保护

可配置 PCC 点过电流保护,动作方程如下:

$$\begin{cases} \left| \dot{I}_{\text{PCC}} \right| > k_{\text{rel}} I_{\text{Load. max}} \\ \varphi - 90° \leqslant \arg \dfrac{\dot{U}_{\text{PCC}}}{\dot{I}_{\text{PCC}}} \leqslant \varphi + 90° \end{cases} \tag{7-10}$$

其中，$\dot{U}_{PCC}$ 和 $\dot{I}_{PCC}$ 分别为 PCC 点电压和电流相量；$I_{Load.\max}$ 为 PCC 点最大负荷电流；k_{rel} 为可靠系数；φ 为船舶综合电力系统 PCC 处阻抗角。

当区域层最高级 ITDC 后备保护发出动作指令或主母线差动保护发出动作指令的同时，向系统层保护发出故障警告信号。PCC 点过电流保护在接收该信号后启动，动作时间为一个时间阶梯 Δt。

船舶综合电力系统应具有一定的低电压穿越能力，即 PCC 点电压异常时，在系统允许的时间内仍保持并网运行。因此，在 PCC 点配置反时限低电压保护，如式(7－11)所示。

$$\begin{cases}\varphi - 90° \leqslant \arg \dfrac{-\dot{U}_{PCC}}{\dot{I}_{PCC}} \leqslant \varphi + 90° \\ t_{PCC} = \dfrac{A_p}{\left(m \dfrac{0.9U_N}{|\dot{U}_{PCC}|}\right)^{\alpha_p} - 1},\ 0.2U_N \leqslant |\dot{U}_{PCC}| < 0.9U_N \\ t_{PCC} = 0,\quad |\dot{U}_{PCC}| < 0.2U_N \end{cases} \tag{7-11}$$

其中，t_{PCC} 为保护动作时间；A_p 和 α_p 为反时限曲线系数；m 为动作特性调节系数，优化保护判据整定，取值 2.0。考虑到船舶综合电力系统内部负荷和电气设备的运行要求，并网保护要在设备临界切除时间(critical clearing time，CCT)内动作。因此设置反时限曲线系数为 $A_p = 0.05$，$\alpha_p = 0.07$，其保护动作曲线如图 7－6 所示。相应地，可监测 PCC 点电压异常作为保护启动元件。

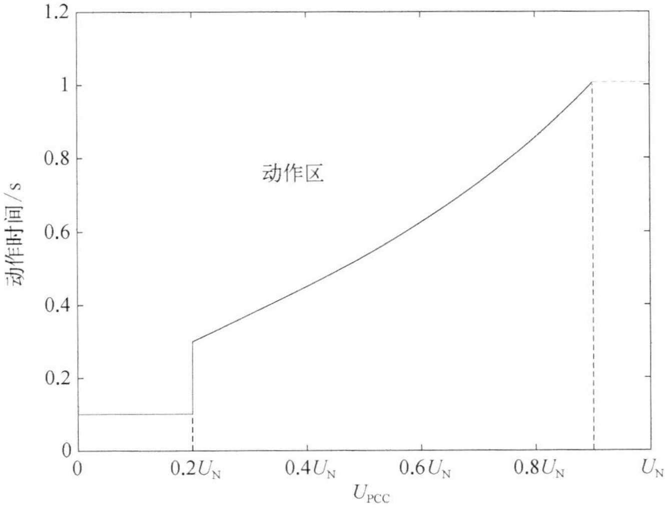

图 7－6　反时限低电压保护动作曲线

7.3　船舶综合电力系统自适应电流后备保护方案

本节以船舶综合电力系统反时限低电流环后备保护为对象，以船舶综合电力系统通信技术为基础，考虑配电变压器分接头调整、用户负荷变化、变频器出力变化与网络结构调整四个因素，提出一种电流环自适应后备保护方案。该后备保护方案以中事件为驱动，从电缆线末段逐级计算中保护定值，并依次更新。考虑反时限低电流环后备保护在有助增电源或过渡电阻时动作速度较慢的缺点，以自适应方案为基础，提出加速电流环自适应保护方案。自适应反时限低电流环后备保护方案能够最大化保护性能，有效提高不同运行状态下对电缆线的保护能力，改善上下级保护的速动性、可靠性和稳定性[5]。

7.3.1　反时限低电流环后备保护影响因素分析

由于无法测量变频器提供的助增电流，反时限低电流环后备保护的测量电流环不能准确反映保护安装处到故障点的距离。如图 7－7 所示，当 L2 上发生故障

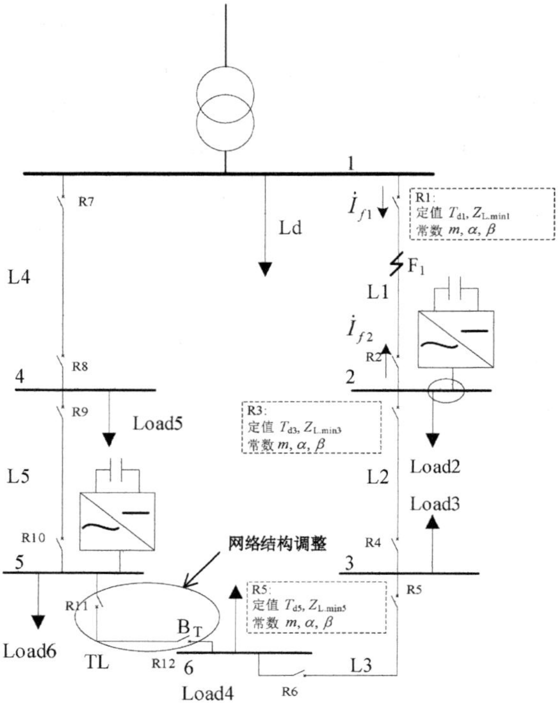

图 7－7　船舶综合电力系统

时，由于变频器的助增作用，R1 的实际动作时间增大。助增电源对反时限低电流环后备保护的影响如表 7－1 所示。

表 7－1　ITLI 的影响因素分析

影响因素	影响的保护	具体影响		
		保护延时	误　动	拒　动
助　增	后备保护	√	×	×
电弧电阻	主保护和后备保护	√	×	×
接地电阻	主保护和后备保护	√	×	√

电力系统实际发生的短路故障并非都是金属性短路故障，不管是相间短路还是接地短路，均可能存在电弧电阻和中间物质电阻等。线路发生相间故障时，过渡电阻主要由电弧电阻构成，阻值很小；发生接地短路时，过渡电阻则主要为杆塔及接地电阻，变化范围较大。利用电流环构成的单端保护都会受到过渡电阻的影响，假设图 7－7 所示系统发生故障 F1，若 F1 为相间故障，由于电弧电阻较小，测量电流环一般仍位于保护动作范围之内。而当 F1 为单相接地故障时，随着过渡电阻的增大，保护动作时间延长；当过渡电阻大于一定值后，保护会拒动。过渡电阻对反时限低电流环后备保护的影响如表 7－1 示。

7.3.2　加速自适应反时限低电流环后备保护

经过渡电阻的故障延长了反时限低电流环后备保护的动作时间，对于系统的稳定运行十分不利。由于船舶综合电力系统电缆线通常较短，在过渡电阻的作用下，测量电流环超出主保护的保护范围，甚至进入该保护作为电缆线末段后备的保护区域。利用阶梯时限原则可缩短保护的动作时间，但在不影响上下级保护配合的情况下，进一步减小反时限低电流环后备保护在电缆线末段的动作时间可进一步提升保护性能。

故障相（线）电压能间接反映故障点到保护安装处的距离，即离故障点越近，电压越低，因此基于此故障特征提出低电压加速（under-voltage acceleration，UA）策略来提高反时限低电流环后备保护的性能。如图 7－8 所示，R4 和 R6 的原动作曲线和加速动作曲线，加速 R6 及加速 R4 的动作方程分别如式（7－12）和式（7－13）所示。

$$t_{\mathrm{R6.A}} = U^{*} t_{\mathrm{R6}} = \begin{cases} U^{*} f_{\mathrm{R6}}(Z_{\mathrm{m}}) & |Z_{\mathrm{m}}| \leqslant |Z_{\mathrm{L3}}| \\ U^{*} \Delta t & |Z_{\mathrm{m}}| > |Z_{\mathrm{L3}}| \end{cases} \tag{7-12}$$

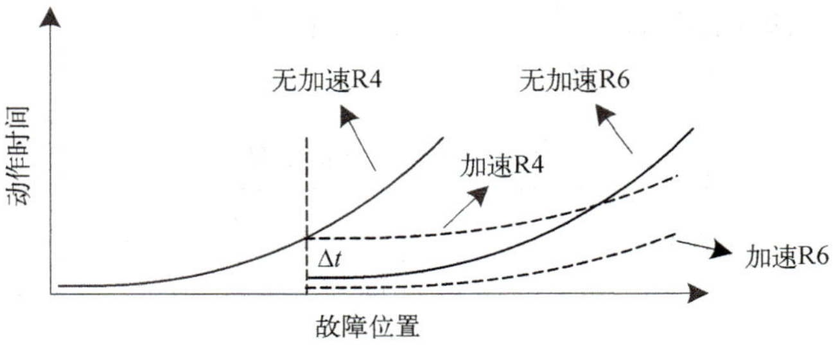

图 7－8　加速自适应反时限低电流环后备保护原理

$$t_{\mathrm{R4.A}}=\begin{cases}f_{\mathrm{R4}}(Z_{\mathrm{m}}) & |Z_{\mathrm{m}}|\leqslant|Z_{\mathrm{L2}}|\\ \Delta t+U^{*}f_{\mathrm{R6}}(Z_{\mathrm{m}}) & |Z_{\mathrm{m}}|\leqslant|Z_{\mathrm{L2}}+Z_{\mathrm{L3}}|\\ \Delta t+U^{*}\Delta t & |Z_{\mathrm{m}}|>|Z_{\mathrm{L2}}+Z_{\mathrm{L3}}|\end{cases}\tag{7-13}$$

其中，U^* 为保护 R4 测量电压的标么值；$f_{\mathrm{R4}}(Z_{\mathrm{m}})$ 和 $f_{\mathrm{R6}}(Z_{\mathrm{m}})$ 分别表示无加速 R4 和 R6 动作方程；Z_{L2} 与 Z_{L3} 分别表示 L2 和 L3 的线路电流环。

如图 7－8 及(7－12)和式(7－13)所示，采用 UA 策略的反时限低电流环后备保护可进一步缩短保护切除经过渡电阻故障的动作时间。由于船舶综合电力系统中电缆线长度较短，为作简化，上一级保护可直接使用就地电压的标么值；以 R4 为例，式(7－13)中 U^* 可取保护 R4 测量电压的标么值。

7.4　船舶综合电力系统广域差动保护方案

在广域差动保护（WADP）方案中，差动原理被用于主保护和后备保护以避免协调/选择问题。主差动保护遵循传统做法。差动继电器被安装在每个部件来组成独立的母线、线缆以及传感器保护。后备保护具有系统级的新型“差动环”故障检测和定位机制，提供选择性后备保护。后备保护同时监控主继电器以防止局部电流传感器问题造成的误跳闸。

对于图 7－9 展示的设备保护，进出受保护原件的电流量被并入差动继电器进

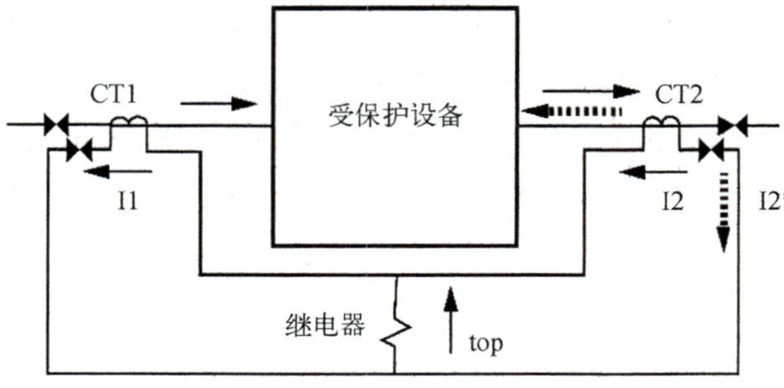

图 7－9　差动保护

行比较。如果这两个量之间的差异基本为零,则假设受保护的设备中不存在故障或不可容忍的问题。但是如果差异不为零,则存在内部问题。并且差动电流 (i_{op}) 将会操作差动继电器,从而使断路器跳闸并且将故障部件与系统的其余部分隔离开。

差动环定义了广域上的有效差动比较区域。该环遵循 KCL 定律,在正常负载情况下并不生效。通过在船舶范围内的可用数据中合适的电流传感器进行分组来识别差动环。

7.4.1 差动环

差动环的大小和位置随保护功能而变化。在 WADP 方案中定义了三种差动环。

(1) 内差动环

图 7-10 所示的内差动(环 1)是由单一部件周围的电流传感器组成的,这和常规的差动环是一样的。

(2) 增强差动环

增强差动环(环 2)是将内部差动环的两端或者唯一可用端延伸至下一个连接的电流传感器上组成的。

(3) 外差动环

最外差动环(环 3)是由坐落在保护区域边缘的电流传感器组成的,它覆盖了全部保护区域。

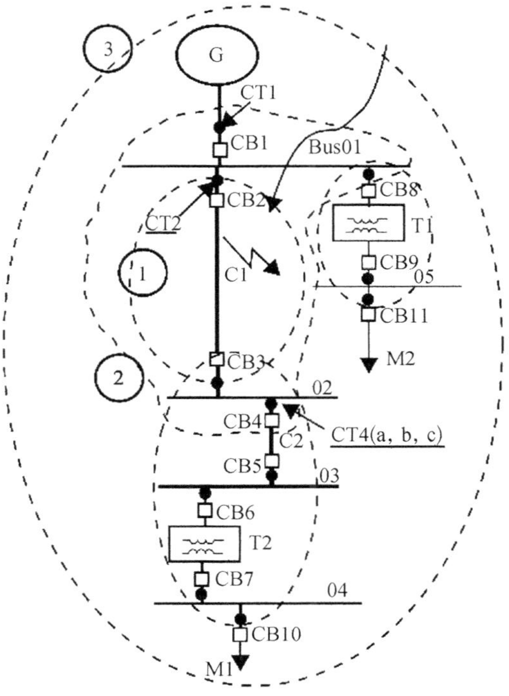

图 7-10　船舶电网差动环

系统中的故障事件会改变差动环的状态。部分环将会激活,其余的可能仍保持未激活状态。这一属性在 WADP 方案中用于故障检测和定位。

"差动环"故障检测从外差动环开始。系统任意位置的故障事件都会激活该环。如果最外差动环尚未激活,从另一个方面来讲,可以表明系统运行正常。一个激活的外差动环可以发起一次差动搜索(DS)算法来定位故障。DS 算法会通过组合和确认系统中的不同内部差动环和增强差动环来查找故障部件。对于故

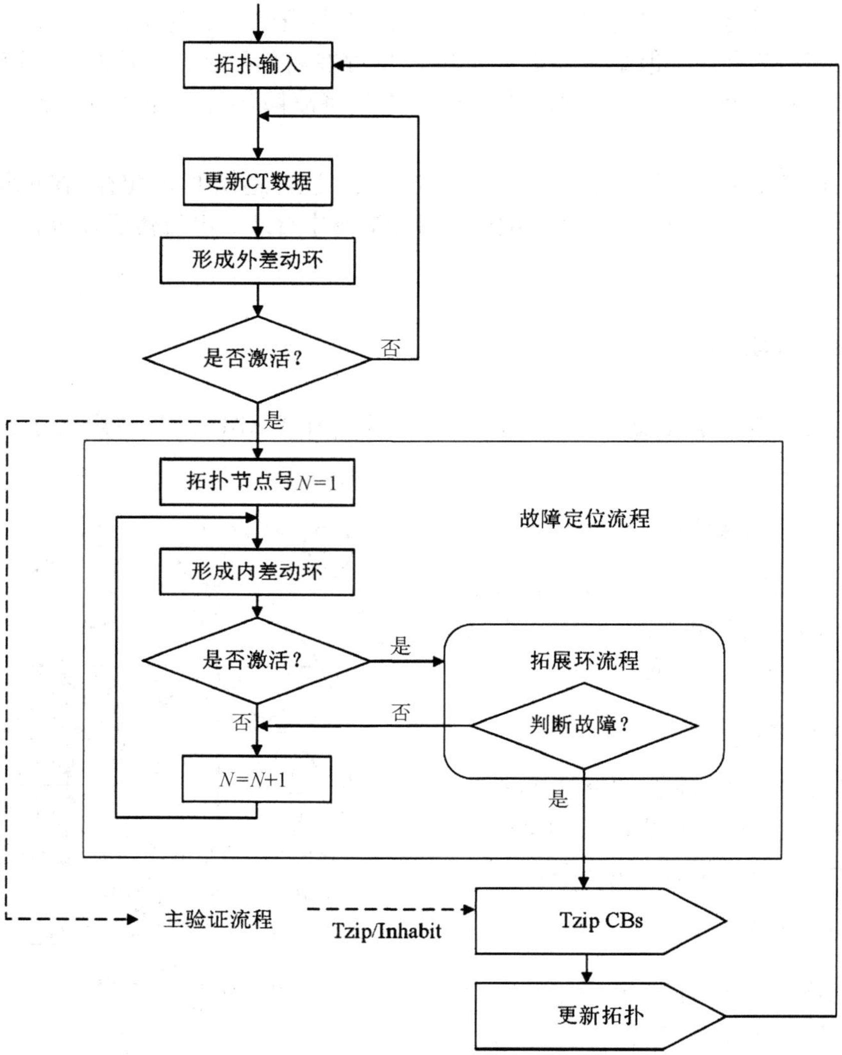

图 7－11　DS 算法流程图

障部件，其内部差动环和增强差动环都将处于激活状态。图 7－11 描述了 DS 算法。

7.4.2　广域差动保护方案

（1）主差动保护

主差动保护遵循传统做法。差动继电器被安装于每一个部件组成独立的母线、线缆及传感器保护。图 7 - 12 描述了这种保护的设计。

(2) 主确认机制

局部 CT 饱和或者 CT 开路/短路可能会导致局部主保护的误操作。为了防止此事件发生,外差动环被用于监控主继电器。外环使用远程数据来进行差动比较,因此其精度并不会被局部 CT 缺陷影响。

(3) 后备保护

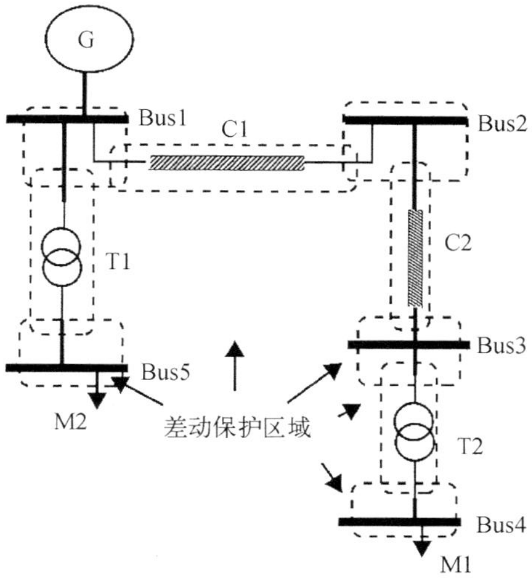

图 7 - 12　差动主保护

正常情况下,WADP 系统中只由最外环构成并且监控系统状态。如果系统某处出现了故障,外环以及主继电器都会检测到这一事件。主保护系统(由最外环控制)通常应在 2~3 个周期内清楚故障。在此期间后,如果故障仍然存在,由于最外环持续违规,WADP 方案将接管并启用后备程序。如果 WADP 接收到了主保护的跳闸指示,那必定存在断路器故障问题,涉及的断路器将激活断路器故障程序。如果并没有从主保护收到信号,WADP 中的 DS 算法将被激活以确定故障部件及最小区域。此时释放的跳闸是后备的。

7.5　船舶电网自适应保护

船舶电网自适应保护是指能根据电力系统运行方式和故障状态的变化而实时改变保护性能、特性或定值的保护。如比例制动特性的电流差动保护,其判据本身具有一定的自适应能力。自适应继电保护的基本思想是使保护尽可能地适应电力系统的各种变化,进一步改善保护的性能。电力系统由为数众多的电源设备、送变电设备、线路和各种用户组成,其运行状态(其中包括用户负荷的变化、设备的投切、发电机的出力变化等)处于频繁的变化之中,除上述正常运行情况外,电力系统中还可能发生各种类型的故障,故障可能是瞬时性或永久性的,故障又可能是金属性短路也可能是经过渡电阻短路等。因此要适应电力系统的变化是一项十分困难的任务,特别是在船舶电网中,操作与控制较多,系统运行工况多变。

7.5.1　船舶电网拓扑识别

船舶中电力系统运行工况众多,电网的拓扑结构变化复杂。为了使船舶电力系统能更安全、合理、经济的运行，需要船舶电网的拓扑结构随电网中的负荷、工况不断变化。近年来，各种改变船舶电网拓扑结构的算法相继提出，大提高了船舶电网的安全、合理及经济性，同时也对船舶电网中的保护带来了挑战。为了能保证故障时继电保护器在最灵敏的整定值，必须监测船舶电网的拓扑结构变化。船舶电网的拓扑结构取决于各断路器的状态，断路器只有断开与闭合两个状态，可以用二维数值来表示。对断路器的运行状态规定如下[6]：

1——表示断路器处于断开状态；

0——表示断路器处于闭合状态。

船舶电网的拓扑结构可以用一个二维数值的向量表示，如若只考虑 CB1～CB12，则航行工况可以表示为：[0, 0, 0, 0, 0, 0, 0, 0, 0, 1, 1, 0]。而[0, 1, 0, 1, 0, 0, 0, 0, 0, 1, 1, 0]则表示装卸货工况。通过二维数值的各种组合，进而可以将船舶系统所有可能的拓扑结构形式表示出来。

然而，由于现代船舶的快速发展，船舶电网快速增大，如果按上述方法进行拓扑结构的表示，维数灾难是很显然的。以本章为例，只考虑 12 只断路器，则拓扑结构会出现 4 096 种可能，所以有必要对拓扑识别进行必要的优化。

考虑到船舶电网的特殊性，可以将船舶电网分为两部分：电源部分和高压母线的拓扑结构部分。对两部分分别识别，然后确定船舶电网的运行情况。

对于电源部分的识别，可以采用上述二维数值向量法，四台电机的运行情况可由各出线断路器的开关状态进行检测。图 7－13 中的四台电机的状态可表示为：[0, 0, 0, 0]。看上去的排列组合有 2^4 共 16 种，但考虑到有三台发电机容量相同，实际出现的可能不到 16 种。表 7－2 为四台发电机可能的组合情况。由表可见，只有 12 种状况，如果四台发电机容量皆相同，可能的状况会少更多。

表 7－2　图 7－13 中发电机所有可能的运行状况

	二维数值向量	运行发电机	停运发电机
1	[0, 0, 0, 0]	G1, G2, G3, G4	—
2	[0, 0, 0, 1]	G1, G2, G3	G4
3	[0, 1, 0, 0]	G1, G3, G4	G2
	[1, 0, 0, 0]	G2, G3, G4	G1
4	[0, 0, 1, 0]	G1, G2, G4	G3
5	[0, 1, 0, 1]	G1, G3	G2, G4
	[1, 0, 0, 1]	G2, G3	G1, G4
6	[1, 1, 0, 0]	G3, G4	G1, G2
7	[0, 0, 1, 1]	G1, G2	G3, G4

（续表）

	二维数值向量	运行发电机	停运发电机
8	[0, 1, 1, 0]	G1, G4	G2, G3
	[1, 0, 1, 0]	G2, G4	G1, G3
9	[0, 1, 1, 1]	G1	G2, G3, G4
	[1, 0, 1, 1]	G2	G1, G3, G4
10	[1, 1, 0, 1]	G3	G1, G2, G4
11	[1, 1, 1, 0]	G4	G1, G2, G3
12	[1, 1, 1, 1]	—	G1, G2, G3, G4

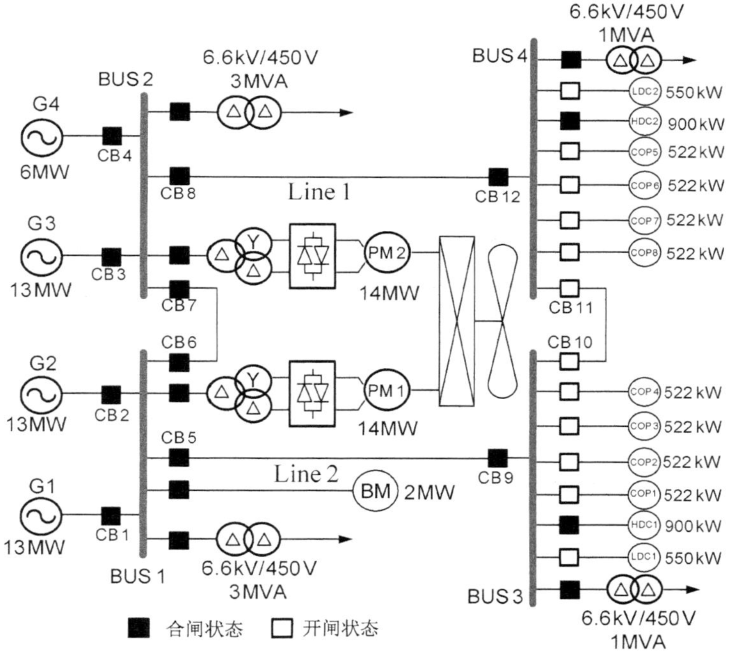

图 7－13　船舶综合电力系统航行工况

母线拓扑结构的识别方法很多，可以采用人工神经网络的方法，也可以采用矩阵运算法。在此考虑矩阵运算方法。以图 7－14 为例，对其方法进行简单介绍。

图 7－14 的母线连接矩阵表示为

$$\mathrm{BBM}=\begin{bmatrix}1010\\0100\\1011\\0011\end{bmatrix} \tag{7-14}$$

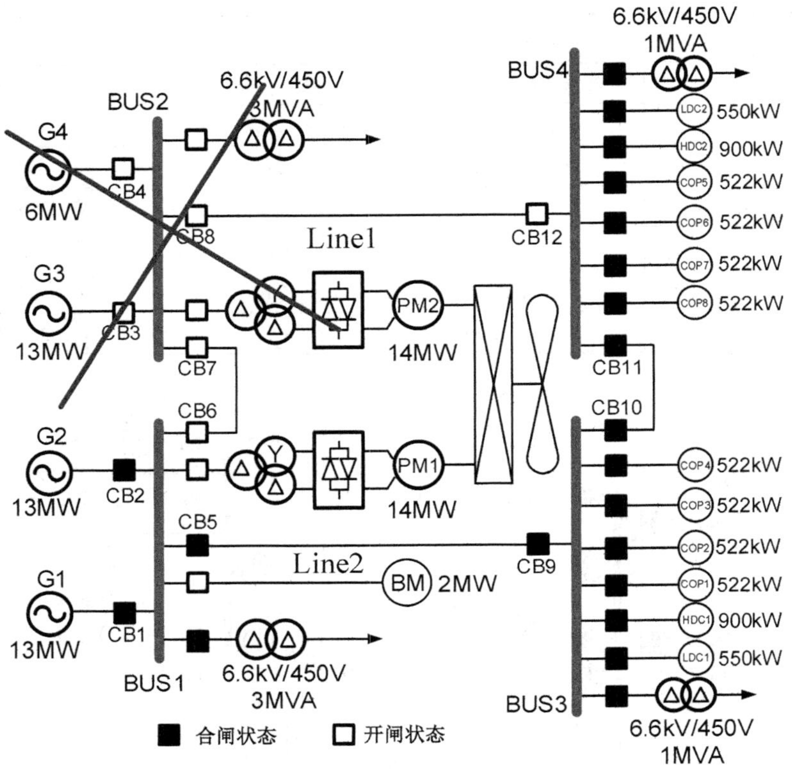

图 7－14　装卸货工况 BUS2 故障时运行情况

其中,矩阵中 (i, j) 表示母线 i 与母线 j 的连接状态,连接为 1,反之为 0;对角线部分 (i, i) 恒为 1。

母线间的连接状态取决于线路两端的断路器开合状态,所以,可以通过检测断路器的状态来形成式(7－14)中的矩阵。

通过 BBM 的运算可以得到系统连接矩阵为

$$\mathrm{SCM} = \mathrm{BBM}^n = \begin{bmatrix} 1010 \\ 0100 \\ 1011 \\ 0011 \end{bmatrix}^4 = \begin{bmatrix} 90128 \\ 0100 \\ 1201712 \\ 80129 \end{bmatrix} \tag{7-15}$$

其中, n 为矩阵 BBM 的阶数。

比较 BBM 和 SCM 可以判断出 BUS2 为孤立子系统(第二列与第二行无改变)。

根据上述方法,可以去除大量冗余的运行状况。如网络拓扑结构,最重要的是四条母线(BUS1～BUS4)之间联络线的状态,最多可能出现的情况只有 16 种。再考虑到发电机的运行状况，可能出现的运行状况数为 12×16 = 192 种。与上述的 4 096 种相比，这无疑大大简化了整定值的计算、存储与查找，更具有实用性。

7.5.2 船舶自适应保护方案

自适应保护算法可以内置入能与继电器及其他保护装置通信的中央控制电脑中。离线时，先从故障计算和潮流分析得到此时各继电器的整定值并进行存储。在发生故障时，通过继电器与保护装置采集船舶电网的数据，接下来对船舶的发电机运行情况和船舶电力系统的拓扑结构进行识别，查询得到此刻各继电器最佳的整定值，再通过通信向各继电保护装置发送[7,8]。如图 7－15 为船舶自适应保护的方案，自适应保护的流程如图 7－16 所示。

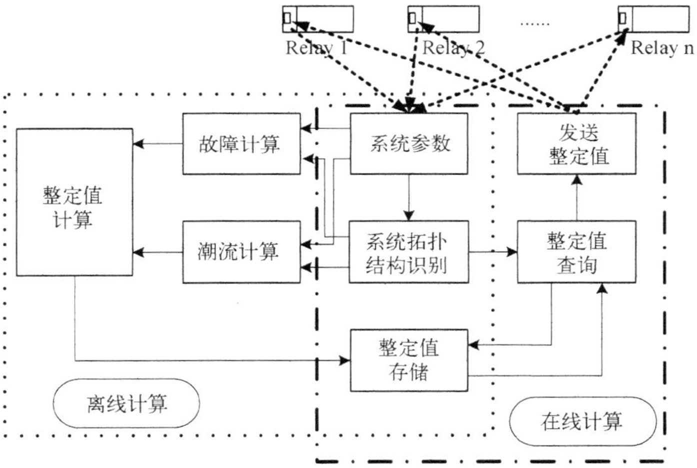

图 7－15 船舶自适应保护方案

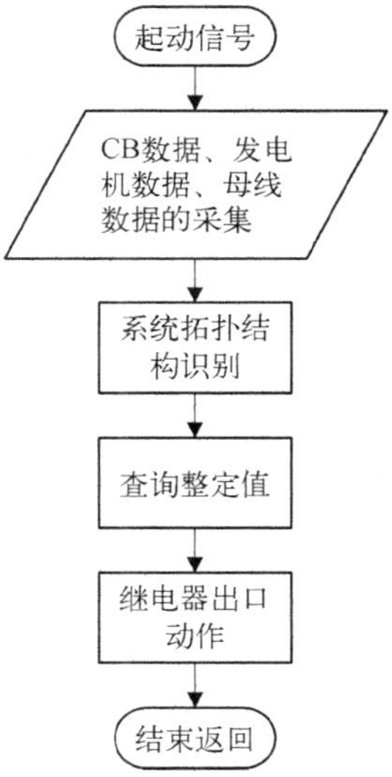

图 7－16 船舶自适应保护的流程

7.6 算例分析

7.6.1 基于故障时刻检测的电流差动保护方案

本章仿真验证模型按图 7－17 所示，船舶综合电力系统结构在 PSCAD／EMTDC 仿真软件中搭建，变频器、负荷类型及位置有少许的调整。

本节主要验证基于故障时刻检测的电流差动同步方法和改进的傅氏算法，保

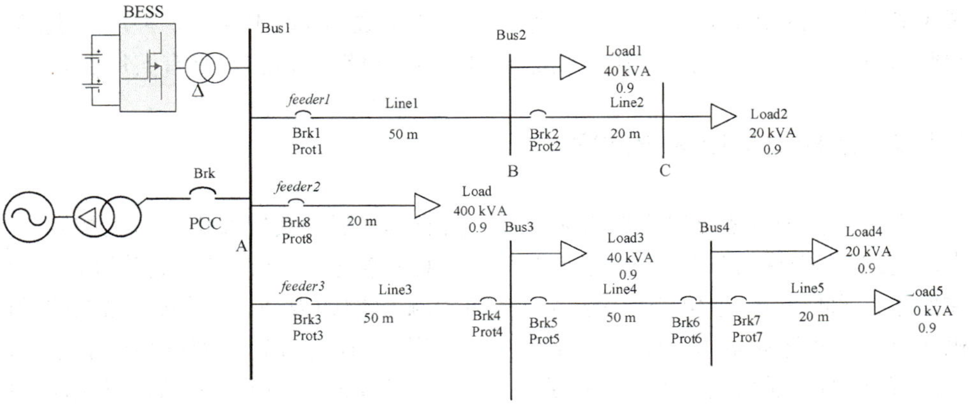

图 7－17　船舶综合电力系统电流差动保护方案系统仿真模型

护的采样率为 1 200 Hz，即每周波 24 个采样点。为方便对比分析，设图 7－2 中 Δt_{samp} 值为 0。

为提高故障时刻检测的可靠性，当连续的 3 个点均满足记录所对应的时间点为故障时刻。以图 7－1 所示的船舶综合电力系统为对象，Line3 于 0.5 s 发生不同类型的金属性故障，电缆线两侧保护 Prot3 和 Prot4 检测的故障时刻如表 7－3 示。从表中可以看出，不论在何种运行状态下发生何种类型故障，电缆线两侧保护均能及时发现故障，且检测的故障时刻基本一致。因此，利用检测到的故障时刻可用于保护的同步。

表 7－3　Line3 故障两侧保护检测的故障时刻

差动保护	三相故障/s	两相接地/s	两相故障/s	单相接地/s
Prot3	0.502 5	0.502 5	0.502 5	0.502 5
Prot4	0.502 5	0.502 5	0.502 5	0.502 5

过渡电阻对故障电流的影响较大，从而影响故障时刻的检测，表 7－4 所示为含过渡电阻故障时保护检测的故障时刻。假设单相接地故障分别发生于船舶综合电力系统的 L1 和 L3，故障发生时间同为 0.5 s，过渡电阻分别为 1 Ω 和 10 Ω。从表 7－4 可以看出，运行时故障电缆线两侧保护能同时发现故障，但随着过渡电阻的增大，低压船舶综合电力系统检测故障所需的采样点要增多。

表 7－4　含过渡电阻单相接地故障保护检测的故障时刻

过渡电阻	保　　护	中压/s	低压/s
1 Ω	Prot3	0.502 5	0.502 5
	Prot4	0.502 5	0.502 5

（续表）

过渡电阻	保　护	中压/s	低压/s
10 Ω	Prot3	0.502 5	0.503 3
	Prot4	0.502 5	0.503 3

7.6.2　基于数据同步的电流差动保护方案

（1）仿真模型

本章节在 PSCAD/EMTDC 搭建了船舶综合电力系统模型，如图 7－17 所示，系统电压等级为±380 V，相关仿真模型系统参数如表 7－5 所示。保护装置采样频率为 2 kHz，故障动作距离计算的数据窗设置为 3 ms，并且随着采样点进行滑动。设置不同条件下的故障，仿真验证保护方法的正确性。

表 7－5　船舶综合电力系统参数

参　数	数　值
交流负荷/MW	0.4
直流负荷/MW	0.2
直流线路 Cable 1、Cable 4、Cable 5 长度/km	0.8
直流线路 Cable 2、Cable 6 长度/km	0.6
直流线路 Cable 3 长度/km	0.4
直流线路单位电阻/(Ω/km)	0.112
直流线路单位电感/(mH/km)	0.56
直流线路单位对地电容/(μF/km)	0.1

（2）故障仿真

1）极间故障。直流线路 Cable1 上距离 Node1 端 0.2 km 处设置极间故障 F1，故障发生在 t = 1 s 时刻。利用线路综合保护方法计算得到各采样时刻两端故障距离如图 7－18 所示，故障发生之后，保护迅速作出反应，精确计算出两端故障距离，随着时间推移，故障距离计算快速收敛，在 5 ms 内可实现故障识别。

2）接地故障。直流线路 Cable1 上距离 Node1 端 0.4 km 处发生正极接地故障 F2，过渡电阻为 0.5 Ω。各采样时刻两端故障距离如图 7－19 所示，两端故障距离计算迅速收敛，能准确快速实现故障识别。

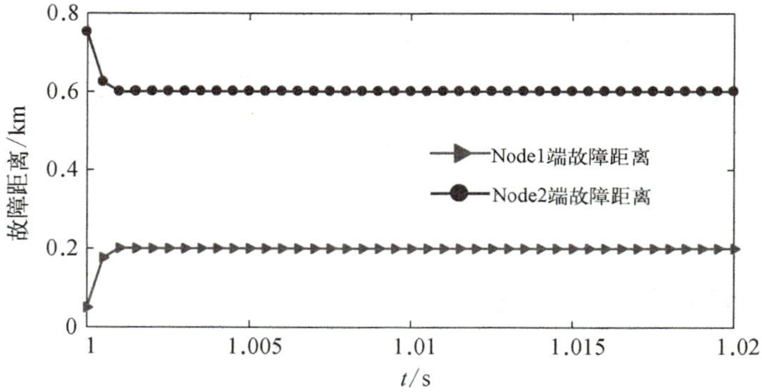

图 7-18　线路极间故障两端故障距离

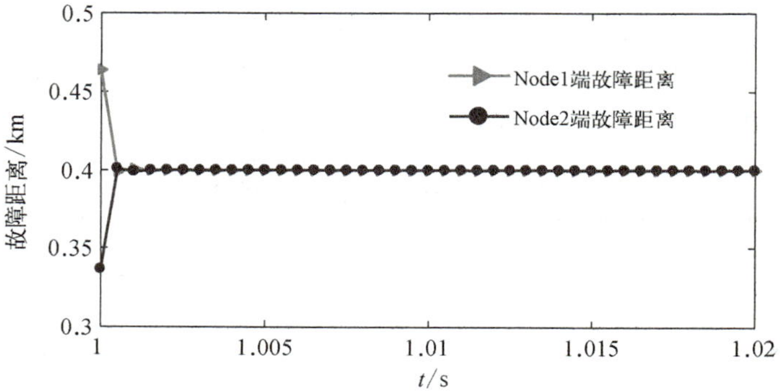

图 7-19　接地故障距离均值

3）故障影响因素。在直流线路 Cable1 不同位置、不同过渡电阻下设置极间和接地故障，考察线路综合保护方法的动作情况。故障条件和仿真结果如表 7-6 所示，其中，距离为故障位置到 Node1 的长度，R_g 为过渡电阻，d_{out_1} 和 d_{out_2} 分别为 Node1 和 Node2 端最终故障距离，d_{out} 为 d_{out_1} 和 d_{out_2} 之和的平均值。误差计算采用公式：

$$E\% = \frac{d - d_{real}}{d_{real}} \times 100\% \tag{7-16}$$

其中，d 为最终故障距离；d_{real} 为故障距离实际值。

表 7-6　不同故障条件下区内故障仿真结果

类　型	距离/km	R_g/Ω	d_{out_1}	误差 $E_1\%$	d_{out_2}	误差 $E_2\%$	d_{out}	结　果
接地故障	0.1	0	0.100 0	0.00	0.700 0	0.00	0.400 0	动作
		0.1	0.100 0	0.00	0.700 0	0.00	0.400 0	动作
		2	0.100 0	0.00	0.700 0	0.00	0.400 0	动作

（续表）

类　型	距离/km	R_g/Ω	d_{out_1}	误差 E_1%	d_{out_2}	误差 E_2%	d_{out}	结　果
接地故障	0.4	0	0.400 0	0.00	0.400 0	0.00	0.400 0	动作
		0.1	0.400 3	0.08	0.399 7	−0.08	0.400 0	动作
		2	0.400 1	0.03	0.399 9	−0.03	0.400 0	动作
	0.7	0	0.700 0	0.00	0.100 0	0.00	0.400 0	动作
		0.1	0.700 0	0.00	0.100 0	0.00	0.400 0	动作
		2	0.700 0	0.00	0.100 0	0.00	0.400 0	动作
极间故障	0.1	0	0.100 0	0.00	0.699 9	−0.01	0.400 0	动作
		0.1	0.100 0	0.00	0.699 9	−0.01	0.400 0	动作
		2	0.100 1	0.10	0.699 9	−0.01	0.400 0	动作
	0.4	0	0.400 0	0.00	0.400 0	0.00	0.400 0	动作
		0.1	0.400 1	0.03	0.399 9	−0.03	0.400 0	动作
		2	0.400 1	0.03	0.399 9	−0.03	0.400 0	动作
	0.7	0	0.699 7	−0.04	0.100 1	0.10	0.399 9	动作
		0.1	0.699 8	−0.03	0.100 1	0.10	0.400 0	动作
		2	0.699 5	−0.07	0.100 0	0.00	0.399 8	动作

从表 7－6 中可以看出，该保护方法对采样频率要求不高，可快速准确识别故障，得到较高精度的故障距离。该方法适用于不同位置的极间和接地故障，且不受过渡电阻的影响，两端分别计算得到的故障距离精度高，同时它具有很高的可靠性。

（3）误差分析

本章节采用的保护方法，需要利用双端电气量信息，两端数据不同步会降低故障距离计算准确度。为检验数据不同步对该保护方法的影响，在直流线路 Cable1 上距离 Node1 端 0.6 km 处设置极间故障 F3，进行故障距离计算时，设置两端数据相差一个采样周期 0.5 ms，得到故障距离结果如图 7－20 所示。

从图 7－20 中可以看出，数据不同步会给故障距离的计算带来误差，计算得到故障距离随着时间推移会在真实距离附近稳定波动。为了研究数据不同步对保护的影响，在直流线路 Cable1 上设置不同条件的故障，故障条件和仿真结果如表 7－7 所示。其中，距离为故障位置到 Node1 的长度，R_g 为过渡电阻，d_{out_1} 和 d_{out_2} 分别 Node1 和 Node2 端最终故障距离，d_{out} 为 d_{out_1} 和 d_{out_2} 之和的平均值。进行故障距离计算时，两端数据相差一个采样周期 0.5 ms，并运用公式（7－16）进行故障距离误差计算。

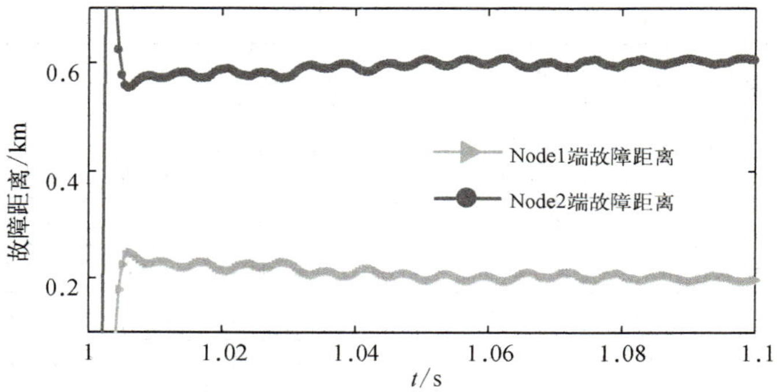

图 7-20　数据不同步下两端故障距离

表 7-7　不同故障条件下数据不同步仿真结果

类　型	距离/km	Rg/Ω	dout_1	误差 E1%	dout_2	误差 E2%	dout	结　果
接地故障	0.1	0	0.100 0	0.00	0.699 9	-0.01	0.400 0	动作
		0.1	0.088 8	-11.20	0.776 0	10.86	0.432 4	动作
		2	0.098 2	-1.80	0.740 1	5.73	0.417 6	动作
	0.4	0	0.400 0	0.00	0.400 0	0.00	0.400 0	动作
		0.1	0.356 3	-10.93	0.441 1	10.28	0.398 7	动作
		2	0.384 2	-3.95	0.415 8	3.95	0.400 0	动作
	0.7	0	0.700 0	0.00	0.100 0	0.00	0.400 0	动作
		0.1	0.758 7	8.39	0.136 8	36.8	0.447 8	动作
		2	0.675 7	-3.47	0.114 1	14.1	0.394 9	动作
极间故障	0.1	0	0.099 8	-0.20	0.700 0	0.00	0.399 9	动作
		0.1	0.103 2	3.20	0.675 9	-3.44	0.389 6	动作
		2	0.103 7	3.70	0.740 8	5.83	0.422 3	动作
	0.4	0	0.399 9	-0.03	0.400 1	0.03	0.400 0	动作
		0.1	0.427 0	6.75	0.373 0	-5.32	0.400 0	动作
		2	0.379 3	-5.18	0.430 6	7.65	0.405 0	动作
	0.7	0	0.699 8	-0.03	0.100 2	0.20	0.400 0	动作
		0.1	0.722 6	3.23	0.106 0	6.00	0.414 3	动作
		2	0.676 5	-3.36	0.106 1	6.10	0.391 3	动作

从表 7-7 可以看出，在金属性故障条件下，不论故障类型和发生在线路的哪个位置，数据不同步对故障距离计算的影响很小。对于接地故障，故障发生距离越短，数据不同步对故障距离计算误差的影响越大，随着过渡电阻的增大，数据不同步带来的误差有先增后减的趋势；对于极间故障，不同故障条件下，数据不同步带

来的故障距离计算误差差异较小，故障发生在线路中点时，计算误差最大，越往线路两端，计算误差反而减小。从仿真结果可知，数据不同步会带来故障距离计算误差，但是对两端最终故障距离的平均值的影响较小，保护动作判据依然满足，因此该保护方法不受数据同步影响。

综上所述，基于限流电抗的线路综合保护方法能够有效实现线路保护，能够不受故障类型、位置、过渡电阻和数据不同步的影响，快速准确识别故障，并得到故障发生的位置信息。

7.6.3　船舶综合电力系统暂态安全稳定主保护方案

(1) 仿真模型及参数

利用 PSCAD/EMTDC 建立如图 7－21 所示的船舶综合电力系统系统仿真模型。其系统电压等级为 10 kV，线路正序参数 R_1 = 0.26 Ω/km，X_1 = 0.35 Ω/km，零序参数 R_0 = 0.53 Ω/km，X_0 = 1.02 Ω/km，最大故障电流限制为额定电流的 1.5 倍。

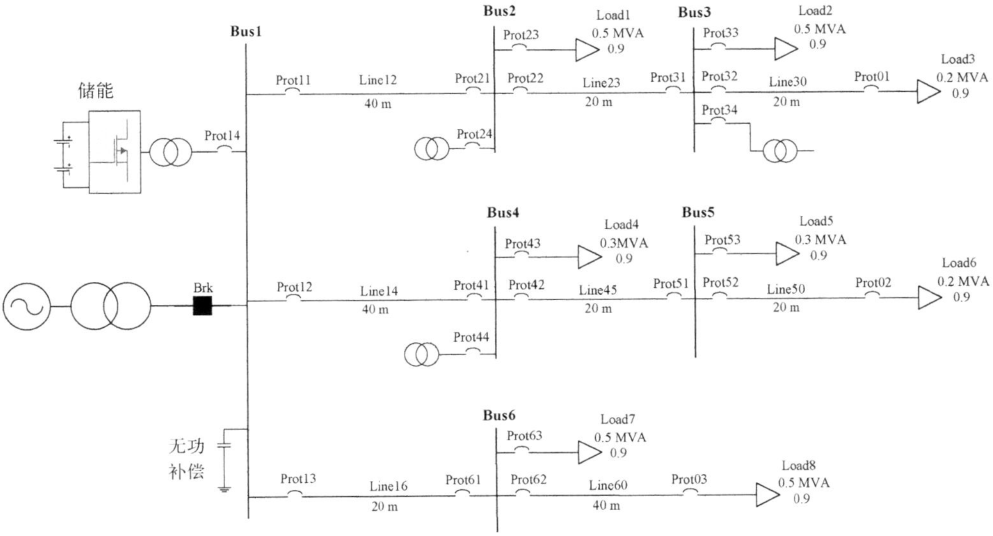

图 7－21　船舶综合电力系统主保护仿真模型

(2) 仿真结果

(a) 相量计算改进算法分析

故障电流包括非周期分量和谐波分量，其典型表达式如式(7－17)所示。

$$x(t) = 100e^{-t/\tau} + 100\sin(\omega t + 30°) + 10\sin(2\omega t) + 30\sin(3\omega t) + 10\sin(4\omega t) + 20\sin(5\omega t) \quad (7-17)$$

在式(7－17)中取不同的衰减时间常数，相量计算改进算法和传统 DFT 算法的计算结果如表 7－8 所示，其中一个周波的采样点数 $N=24$。根据表 7－8 数据，改进的相量算法精确度要优于传统 DFT 算法，仅增加两个采样点的数据窗长度，性能良好。

表 7－8　基波幅值的计算结果

时间常数/ms	相量计算改进算法		传统 DFT 算法	
	幅　值	误差/%	幅　值	误差/%
20	100.184 2	0.184 2	119.877 2	19.877 2
30	99.840 7	0.159 3	113.104 1	13.104 1
40	99.724 9	0.275 1	112.102 1	12.102 1
50	99.689 1	0.310 9	110.074 2	10.074 2

注：表中数据为算法延时一个数据窗后的计算结果。

在船舶综合电力系统仿真模型中进一步验证相量计算改进算法的性能。图 7－22 所示为船舶综合电力系统并网运行时，线路 Line16 发生单相故障的仿真结果。图 7－22(a)所示为流经保护 Prot13 的故障电流波形，可以看出其包含正弦分量和衰减直流分量。

如图 7－22(b)所示，传统 DFT 算法受到衰减直流分量的影响，在一个周波的延时后，其结果仍处于衰减振荡的过程中，误差较大。而改进的相量算法在经过 $N+2$ 点后便趋于稳定，可以得到精确度很高的计算结果，能够更好地适用于保护方案。

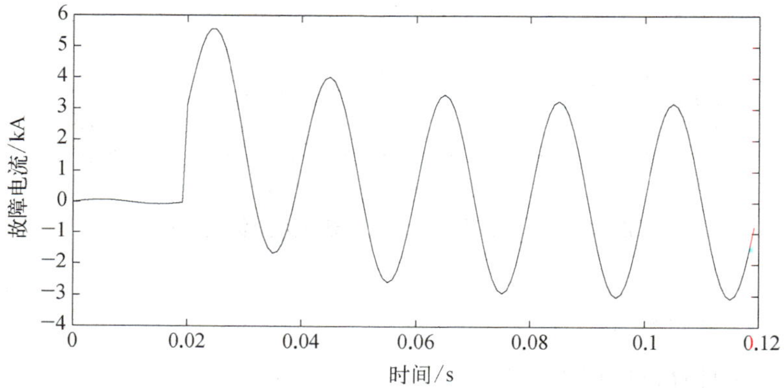

(a) 故障电流波形

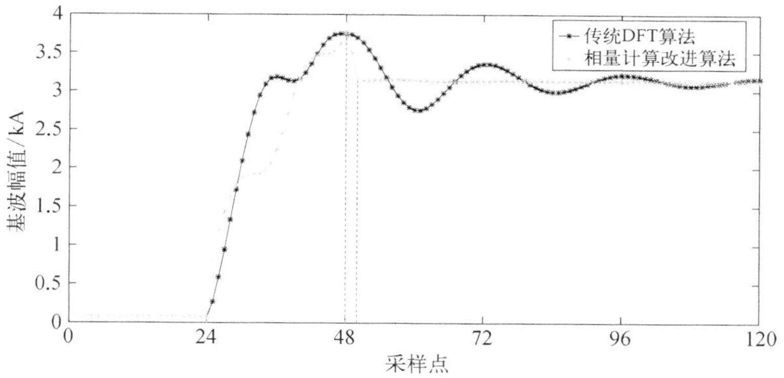

(b) 相量计算结果

图 7－22　相量计算改进算法仿真结果

(b) 保护方案仿真分析

根据船舶综合电力系统参数,可以对保护方案进行整定。设定上下级保护的动作时间阶梯 $\Delta t = 0.5$ s,针对船舶综合电力系统,设计保护配置参数,如表 7－9 所示为线路 Line23 和 Line16 的主保护整定值。在此基础上,系统层保护单元可根据 PCC 断路器状态自适应地进行调整,从而适应船舶综合电力系统的灵活运行。

表 7－9　ITDC 线路主保护整定值

线　路	K_{set}	I_{op} /A	A	α	β
Line23	0.3	37.7	10.28	1.17	1
Line16	0.3	97.5	2.76	0.90	1

船舶综合电力系统并网运行时,线路 Line30 相间故障的保护动作情况如图 7－23 所示,设故障发生时刻为 $t = 0$ s。如图 7－23(a)所示,故障后线路 Line30 的差动电流迅速增大,远大于保护启动电流 I_{op},且差动电流与制动电流之比 $I_d / I_b > K_{set}$,保护正确动作。

线路 Line30 的主保护是其对应的中心层保护,并由区域层保护提供Ⅱ级和Ⅲ级后备保护,若故障仍未切除,则 PCC 点并网保护可作为线路的远后备保护。如图 7－23(b)所示,多层级主保护之间能够正确协同配合。

如图 7－24 所示为线路 Line23 在不同位置发生相间故障时的保护动作情况。根据图 7－24(a)所示的故障电流和 ITDC 保护动作区域可知,保护灵敏性高,且能够有效识别经过渡电阻 R_g 的区内故障,具有一定的抗过渡电阻能力。

图 7－24(b)所示为 Line23 不同位置发生金属性相间故障时的保护动作时间，其中主保护能够在短时间内切除故障，且自适应故障的严重程度。同时区域层Ⅱ级和Ⅲ级保护作为后备保护同样响应，并具有合理的动作延时，满足可靠性和选择性的要求。

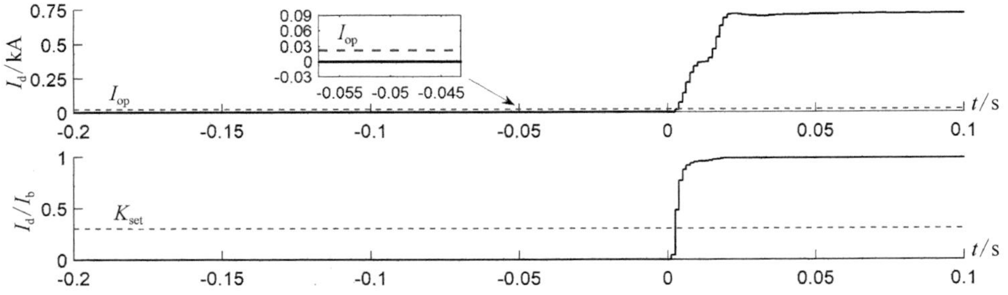

(a) 线路差动电流

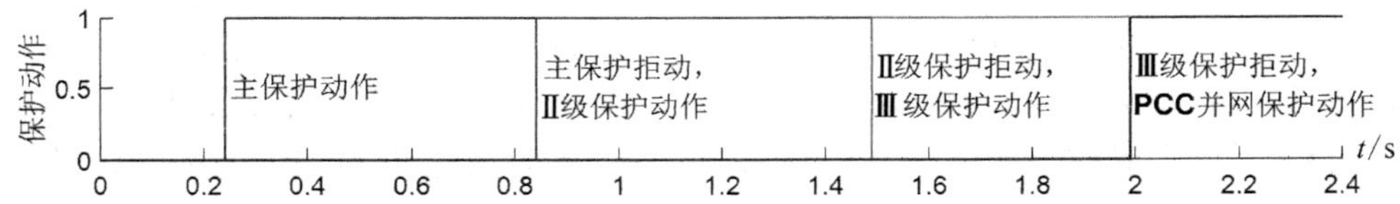

(b) 保护动作逻辑

图 7－23　Line30 相间故障时保护动作情况

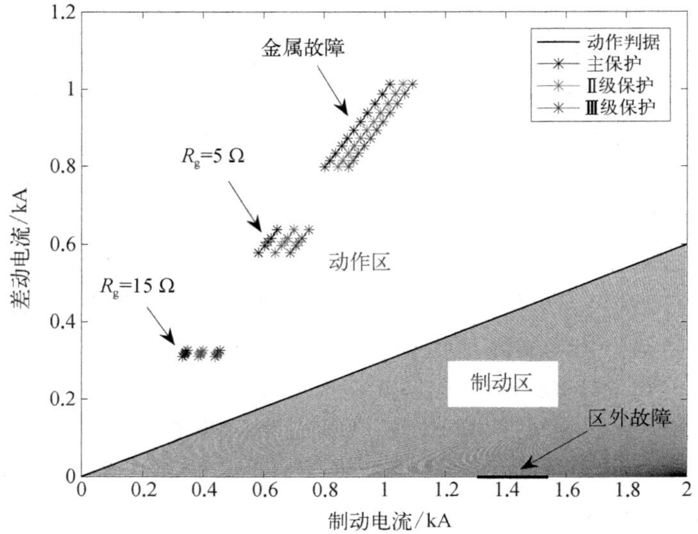

(a) 不同位置短路时的故障电流

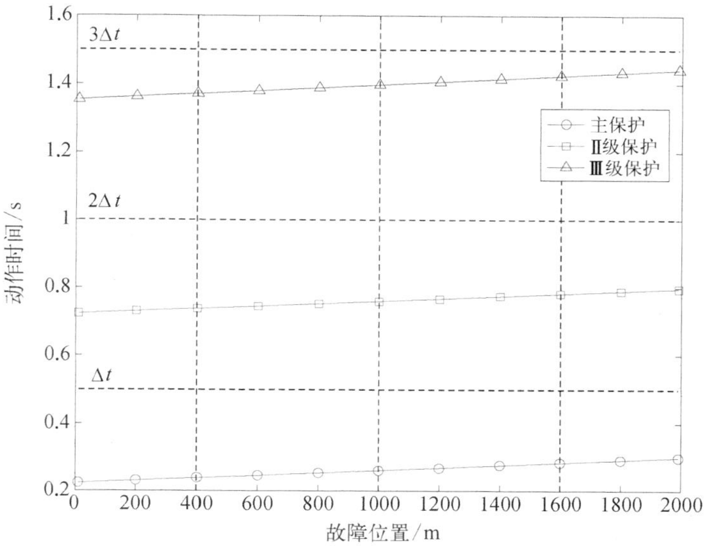

(b) 不同位置短路时的保护动作时间

图 7－24　Line23 相间故障时保护动作情况

由表 7－10 数据可知，对于不同的线路故障，保护均能够快速切除，同时各层级保护配合良好，系统运行方式未对保护性能造成明显影响。

表 7－10　不同类型线路故障时的保护动作时间　（单位：s）

Line12 单相故障			Line30 相间故障			Line16 三相故障		Line60 相间故障	
Ⅰ	Ⅱ	Ⅲ	Ⅰ	Ⅱ	Ⅲ	Ⅰ	Ⅱ	Ⅰ	Ⅱ
0.39	0.89	1.39	0.24	0.84	1.49	0.12	0.62	0.22	0.90

考虑到过渡电阻对 ITDC 保护的影响，分析线路经过渡电阻故障时的保护动作情况，相应动作时间如表 7－11 所示。可以看出，过渡电阻的存在会延长保护动作时间，但由于 ITDC 保护设定了动作时间上限，因此仍然能够准确可靠地切除故障。

表 7－11　经不同过渡电阻故障时的保护动作时间　（单位：s）

故障类型	$R_g=0\ \Omega$			$R_g=5\ \Omega$			$R_g=10\ \Omega$			$R_g=15\ \Omega$		
	Ⅰ	Ⅱ	Ⅲ	Ⅰ	Ⅱ	Ⅲ	Ⅰ	Ⅱ	Ⅲ	Ⅰ	Ⅱ	Ⅲ
Line23 相间	0.26	0.76	1.40	0.42	0.92	1.42	0.50	0.95	1.45	0.50	1.00	1.50
Line12 单相	0.39	0.89	1.39	0.50	1.00	1.50	0.50	1.00	1.50	0.50	1.00	1.50

7.6.4 自适应过流保护

(1) 仿真模型

图 7－25 所示为某船舶电网的系统接线图，利用仿真软件 ETAP 建立图示仿真模型，在系统中设置了 7 个故障点，即 F1～F7。电源情况与网络拓扑结构理论变化情况很多，难以一一仿真，本章只给出 7 种情况，各种情况的详细状况如表 7－12 所示。对于每种工况下的各种故障，利用 ETAP 软件对其进行计算，对继电器的过电流速断保护整定值进行计算。

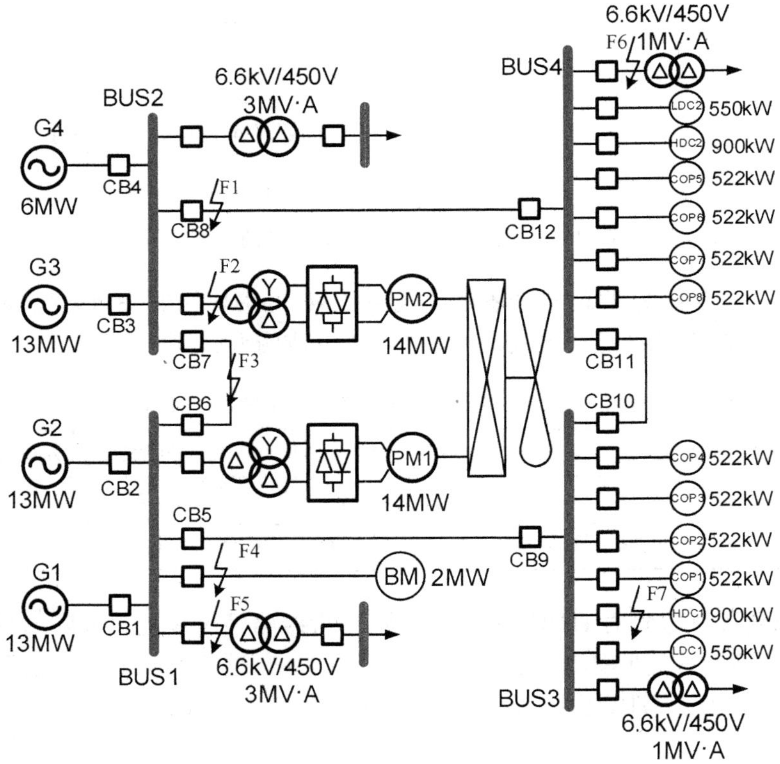

图 7－25　Line23 船舶电网仿真系统

表 7－12　仿真工况

编　号	电 源 情 况	网络拓扑状态
1	G1, G2, G3, G4	[0, 0, 0, 0, 0, 1, 1, 0]
2	G1, G2, G3, G4	[0, 1, 1, 0, 0, 1, 1, 0]

（续表）

编 号	电 源 情 况	网络拓扑状态
3	G1, G2, G3, G4	[1, 0, 0, 0, 1, 1, 1, 0]
4	G1, G3	[0, 0, 0, 0, 0, 1, 1, 0]
5	G1, G2	[0, 1, 1, 1, 0, 0, 0, 1]
6	岸电	[0, 0, 0, 0, 0, 1, 1, 0]
7	G4	[0, 0, 0, 0, 0, 1, 1, 0]

(2) 仿真结果

过电流速断保护的整定值计算如表 7－13 所示。图 7－26~图 7－32 为系统仿真图中 G3 支路 CB3 配置的继电器、F1 点 CB8 配置的继电器及 BUS4 出线 F6 处 CB 配置的继电器中过电流保护在各种工况下相互配合的时间-电流曲线。

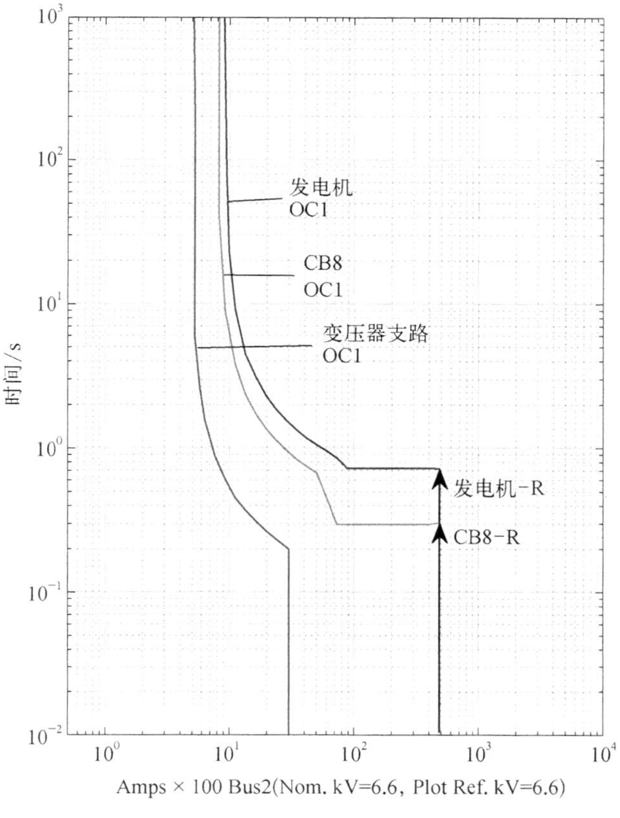

图 7－26 工况 1 时的过电流保护配合

表 7－13　仿真结果

工　况	F1/A	F2/A	F3/A	F4/A	F5/A	F6/A	F7/A
1	6 765	4 946	3 125	5 896	5 702	2 931	3 0[illegible]7
2	3 000	2 908	/	3 925	3 846	2 208	2 6[illegible]5
3	6 687	5 048	3 394	5 938	5 742	3 060	/
4	4 944	/	3 037	/	4 502	2 835	2 9[illegible]2
5	/	/	/	/	4 038	2 962	3 0[illegible]2
6	823	/	702	/	712	758	/
7	1 725	/	1 610	/	1 577	1 440	/

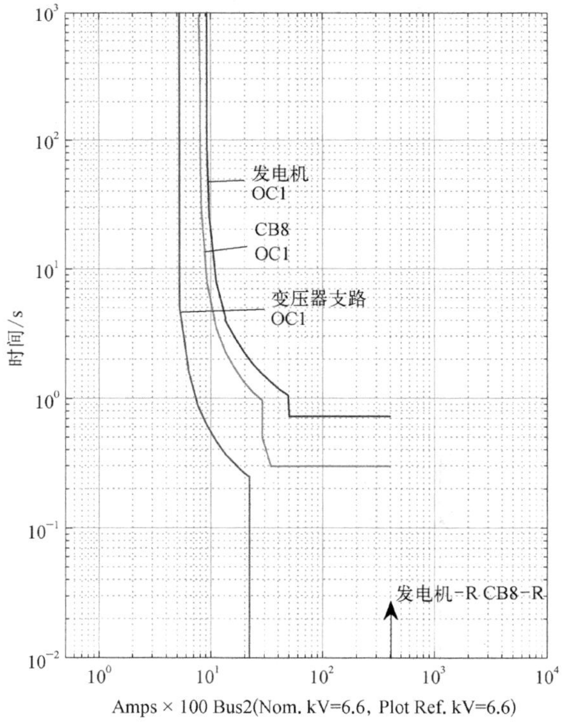

图 7－27　工况 2 时的过电流保护配合

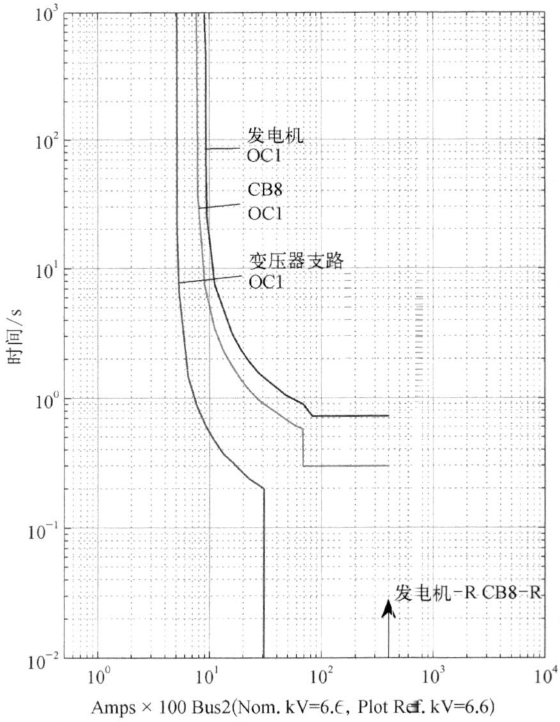

图 7－28　工况 3 时的过电流保护配合

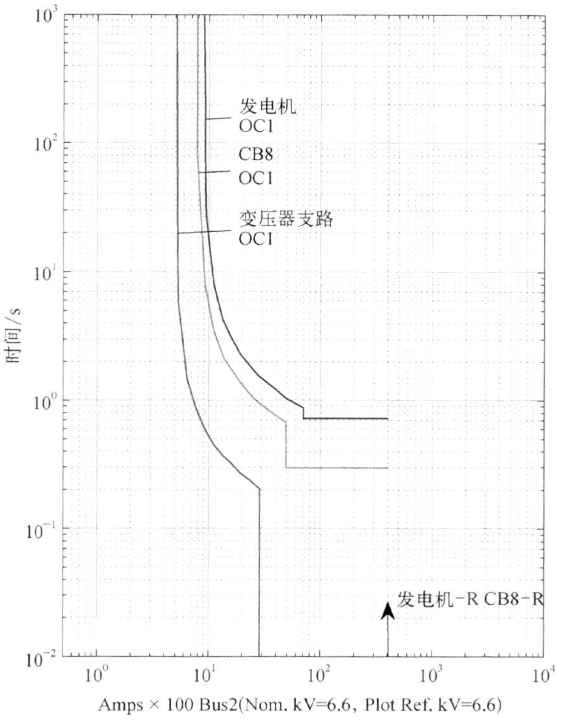

图 7-29　工况 4 时的过电流保护配合

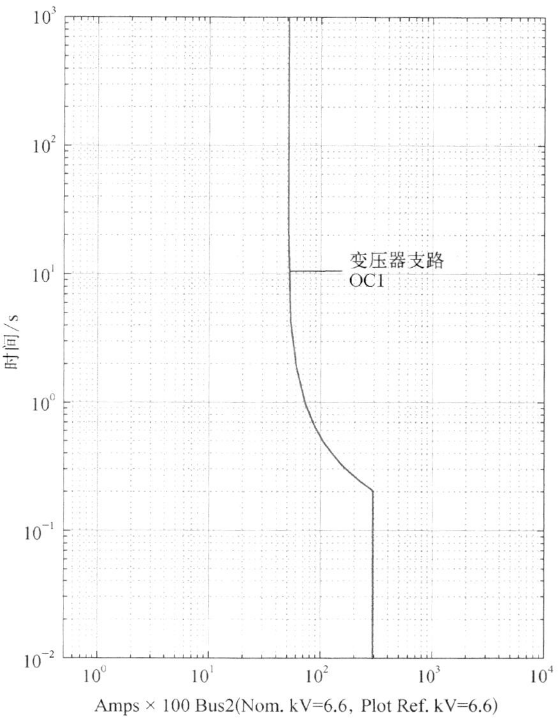

图 7-30　工况 5 时的过电流保护配合

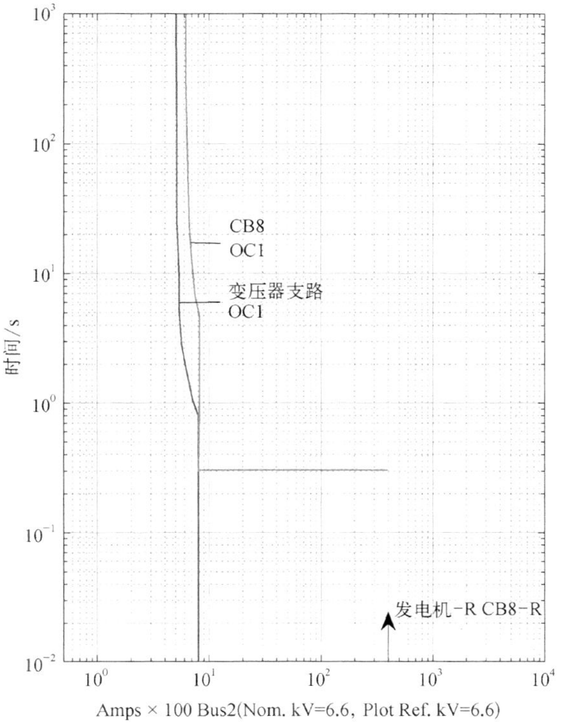

图 7-31　工况 6 时的过电流保护配合

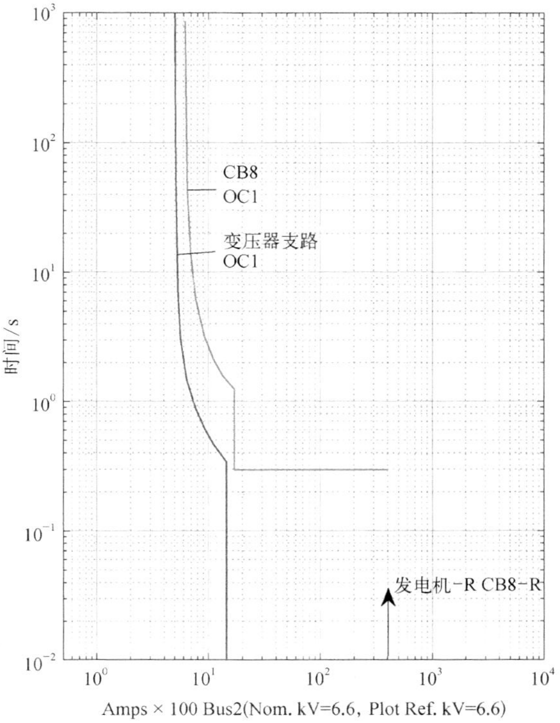

图 7-32　工况 7 时的过电流保护配合

通过表 7－13 及图 7－26~图 7－32 可以看出，在各种工况下，过电流保护的整定值相差很大。统一的整定值很难使保护能灵敏地反映出各种工况下的故障。通过自适应保护的及时调整保护整定值，使得保护的灵敏性更高，更有利于船舶电力系统的安全稳定运行。

7.6.5　船舶选择性微机漏电保护系统

利用 PSCAD/EMTDC 建立如图 7－33 所示的仿真模型；系统电压等级为 6.6 kV，电源中性点不接地。设置图 7－33 所示共七个故障点，每个故障点仿真单相接地和两相接地短路共 6 种故障，接地过渡电阻考虑 0~35 000 Ω 共计 10 种情况。考虑到船舶电缆线支路分布电容分散性大，特设定三条分布电容有较大差异的支路[9]，各支路零序 π 形等效参数如下：

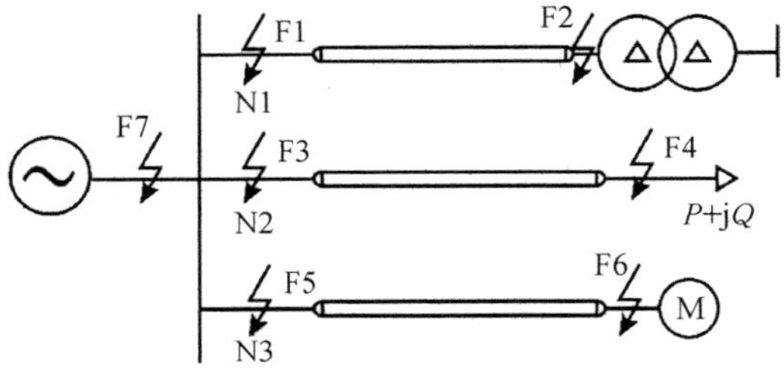

图 7－33　系统仿真图

N1：$C1=C2=0.138\,340\,73\ \mu F$；$R=10.627\,923\,6\ \Omega$，$L=0.119\,163\,5\ H$；

N2：$C1=C2=0.069\,170\,367\ \mu F$；$R=5.313\,961\,8\ \Omega$，$L=0.059\,581\,77\ H$；

N3：$C1=C2=0.011\,528\,395\ \mu F$；$R=0.885\,660\,3\ \Omega$，$L=0.009\,930\,29\ H$。

仿真得到故障数据并进行数据处理，每个周波 40 点采样。比较零序电流保护、带稳态补偿的零序电流保护与基于时域补偿的零序电流保护三种方案在反向故障与正向故障时的保护动作情况。

表 7－14 为支路 Nl 在 F7 点单相故障，即反方向故障时三种零序电流继电器不误动作的最小整定值（反向故障时继电器可能误动作，继电器的整定值须大于反向故障时可能出现的最大值），表 7－15 为支路 Nl 在 F1 点单相故障，即正向故障时能动作的最大整定值（正向故障时，若要继电器动作，继电器的整定值须小于出现的最大值）。图 7－34 与图 7－35 为支路 N3 在反方向故障与正方向故障时三种零序电流保护动作值随过渡电阻的变化情况。

表 7－14　F7 点单相接地故障时支路 Nl 的动作值

R_g/Ω	不补偿	稳态补偿	时域补偿
0	478.34	158.96	71.62
10	475.89	157.99	66.40
1 000	425.75	143.81	59.97
2 000	354.20	119.17	48.41

（续表）

R_g /Ω	不 补 偿	稳态补偿	时域补偿
3 000	290.70	102.49	38.76
5 000	204.50	79.38	26.95
8 000	136.63	58.81	18.04
10 000	110.86	50.13	14.67
16 000	110.86	50.13	14.67
35 000	110.86	50.13	14.67

表 7－15　F1 点单相接地故障时支路 N1 的动作值

R_g /Ω	不 补 偿	稳态补偿	时域补偿
0	280.79	749.73	745.66
10	278.84	747.72	743.50
1 000	249.34	712.49	671.88
2 000	207.25	565.12	558.91
3 000	169.88	468.96	458.66
5 000	119.21	337.43	322.55
8 000	79.45	230.18	211.40
10 000	64.40	188.14	174.72
16 000	64.40	188.14	174.72
35 000	64.40	188.14	174.72

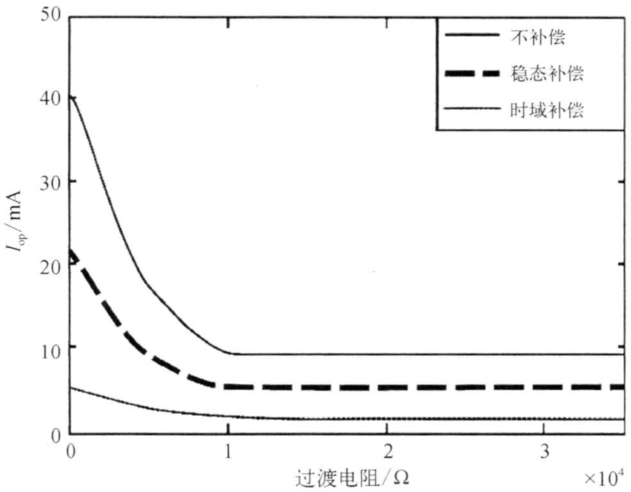

图 7－34　F7 点单相接地故障时支路 N3 的动作电流

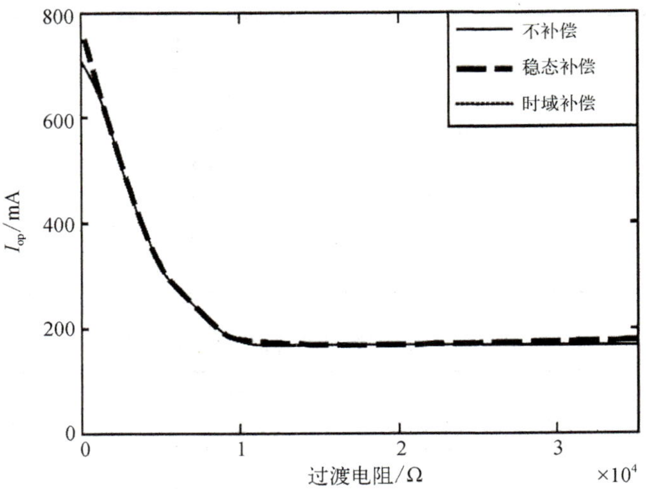

图 7－35　F5 点单相漏电故障时支路 N3 的动作电流

由表 7－14 的数据可以看出，反方向故障时，稳态补偿和时域补偿都能对动作电流进行相应补偿，防止继电器误动作。数据对比可以明显看出时域补偿比稳态补偿的效果更显著，可见时域补偿更能有效地防止反方向漏电故障时继电器误动，提高继电器的可靠性。

表 7－15 数据表明，正方向故障时，稳态补偿与时域补偿皆能大幅提高继电器的动作值。这对于继电器的动作十分有利，能有效提高继电器的灵敏度。从稳态补偿与时域补偿的数据对比可以看出，时域补偿的动作值略小。

对于零序电流继电器的选择性，最主要考虑的是背侧母线处故障时的动作情况，在图 7－33 所示系统图中即为 F7 点故障。表 7－14 和表 7－15 的数据对比表明，没有补偿的零序电流保护并不具有选择性。稳态补偿后选择性得到一定的满足，但是整定范围较小，灵敏度和可靠性都很低。对于时域补偿，其选择性是很明显的，并且整定范围更大，灵敏度和可靠性都能有很好的裕度。

图 7－34 和图 7－35 则是支路 N3 在反向故障与正向故障时三种保护方案的动作值。由图可见，支路 N3 的变化情况及补偿效果与支路 N1 基本相同，说明无论线路分布电容的大小，时域补偿皆有很好的效果。

图 7－36 是反向故障后第一周波内三种保护方案动作值随采样点的变化情况。从图 7－36 可以看出，由于故障后暂态过程的影响，零序电流变化剧烈。稳态补偿后，由于补偿过程中并未计及暂态过程的影响，仍然存在两个波峰，易造成继电器误动。时域补偿可以将此暂态过程的电流波动很好补偿，使电流变化趋于平缓，能有效防止继电器的误动作。

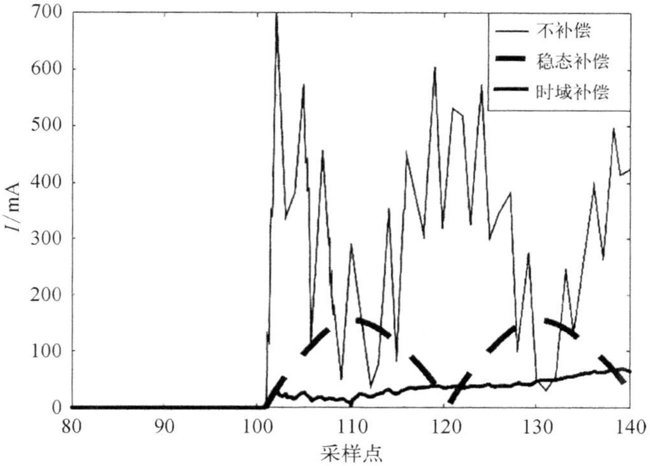

图 7－36　反向故障后第一周波动作电流随采样点的变化

从以上仿真分析可以得出如下结论：

1）零序电流保护在应用时须进行电流补偿；电流补偿后，不仅能降低反向故障时的动作值，还能提高正向故障时的动作值，保护的可靠性及灵敏度都有提高。

2）与稳态补偿相比，时域补偿能更好地抑制故障后暂态过程、提高保护的灵敏度与可靠性。

3）时域补偿对支路分布电容的分散性并不敏感，无论支路分布电容大小，都能有很好地补偿效果。

7.7　本章小结

传统船舶电网保护以过流为主，针对简单供配电网络，可通过合理设计参数实现保护的协调配合，然而大容量高压综合电力系统网络拓扑复杂、运行工况灵活，故障的影响也更为严重，已有保护方法不具备自适应能力，难以快速、可靠切除故障。本章提出一种自动对时的数据同步方法，通过快速检测故障时刻并以此为时标参考点实现自动对时，为供配电网保护数据同步提供基础；提出基于差动电流环的供配电网多层协调自适应广域保护，以被保护线路为中心层，向外拓展分别建立拓展层与区域层，各层之间通过闭锁信号与短延时完成协调配合，一方面提高了保护动作的可靠性与速动性，另一方面不受运行方式与故障类型的影响，具备自适应运行工况的能力；提出船舶供配电网保护参数自适应整定算法，解决了单端保护固定整定值难以适应系统多工况的技术难题，提高了后备保护的动作能力与可靠性。基于时域补偿法的供配电系统选择性漏电保护系统，解决稳态补偿方法不能反映暂态影响的不足，有效提高漏电保护的可靠性。

参 考 文 献

[1] Huang W T, Tai N L, Fan C J, et al. An inverse-time low-impedance protection design for feeders in active distribution networks [J]. IEEJ Transactions on Electrical and Electronic Engineering, 2016, 11(S1): 57 - 67.

[2] Zhang L, Tai N L, Huang W T. A review on the protection of DC microgrids[J]. Journal of Modern Power Systems and Clean Energy, 2018, (6): 1113 - 1127.

[3] 黄文焘,邰能灵,杨霞. 微网反时限低阻抗保护方案[J]. 中国电机工程学报,2014,34(1): 105 - 114.

[4] 黄文焘,邰能灵,唐跃中. 交流微电网系统并网保护分析[J]. 电力系统自动化,2013,37(6): 114 - 120.

[5] Huang W T, Tai N L, Li K, et al. Protection scheme for active distribution networks using positive-sequence[C]. Denver: 2015 IEEE Power & Energy Society General Meeting, 2015.

[6] 邰能灵,王鹏,倪明杰. 大型船舶电力系统关键技术与应用[M]. 北京: 科学出版社,2012.

[7] 黄彬,邰能灵,王鹏,等. 船舶电网方向保护配置的研究[J]. 水电能源科学,2013,10: 230 - 233.

[8] 黄彬,邰能灵,王鹏,等. 自适应算法在船舶电网保护中的应用[J]. 上海交通大学学报,2013,12: 1963 - 1967,1973.

[9] 张琦兵,王鹏,邰能灵,等. 船舶选择性微机漏电保护系统[J]. 电力系统保护与控制,2009,24: 60 - 64.

第八章　综合电力系统直流保护方法

综合电力系统直流侧发生故障时，过电流和低电压会对系统中敏感用电负荷造成极大的危害，船舶中重要负荷（如脉冲性雷达负载、推进电机等）等均不能正常工作，对船舶电力系统的安全稳定运行带来了严重影响。若想提高综合电力系统应对直流故障时的动态稳定性，需要一种快速的直流保护方法，以快速切除故障区段，避免重要负载电网脱载。现有用于船舶配电网的保护方法包括过电流保护、阻抗保护和电流差动保护等。电流保护广泛采用三段式电流保护，利用电流原则和时间原则来达到选择性保护的要求。但是，将三段式电流保护直接应用到综合船舶电力系统将带来诸多问题，包括：① 综合船舶电力系统电缆长度较短，电缆阻抗很小，因此不同故障点的短路电流的区分度非常低，这使得保护无法区分区内、区外故障，大大降低保护选择性；② 由于故障时靠港船舶电动机负载会向故障点注入较大短路电流，因此可能会导致非故障电缆因检测到较大馈送电流而误动，降低保护可靠性；③ 不同故障点相近的短路电流导致相邻两级保护开关的动作电流值难以整定，保护难以配合。距离保护是指综合船舶电力系统电缆长度短、阻抗低，因此当不同位置发生故障时，距离保护计算的测量阻抗差别很小，保护的选择性很差。同时，由于测量阻抗计算值本身不大，测量误差及计算误差相比测量阻抗值本身不可忽略，因此当测量出现干扰或者计算出现偏差时距离保护就会误动，保护的可靠性较低。电流差动保护要求严格的数据同步，综合船舶电力系统的电缆故障电流变化率大，区外故障时微小的时间差也会产生较大差动电流使得保护误动。由此可见，传统的电流三段式保护、距离保护、电流差动保护难以直接应用于综合船舶电力系统，选择性和可靠性不足。考虑到现有保护技术的不足，亟须一种可靠的直流保护方法，以确保船舶系统有选择性地切除故障区段，确保非故障区域能够安全稳定运行，保障船舶系统的安全稳定运行，尽可能地减少失电区域，避免重要负载电网脱载，确保综合电力系统的动态稳定性满足要求。

8.1　基于高频功率的直流保护原理

船舶系统故障瞬间，故障点电压会迅速下降，其波形特性类似于阶跃信号，因阶跃信号分解为各次谐波信号的叠加，所以故障点含有各个频率的谐波分量。依据叠加原理，可将系统故障状态等效为非故障状态和故障附加状态的叠加。故障前直流电缆的电压电流主要成分是直流分量，高频含量很少，因此故障后的高频分量几乎都反映在故障附加网络中的故障附加高频分量。

首先定义高频功率为高频电压相量与高频电流共轭相量的乘积的实部部分。高频功率的表达式可用式(8－1)表示。

$$P = \mathrm{Re}[\boldsymbol{U} \times \boldsymbol{I}^*] \tag{8-1}$$

其中，Re[·]表示取复数的实部部分；$\boldsymbol{U}$ 为高频电压相量；$\boldsymbol{I}^*$ 为高频电流共轭相量；P 为高频功率。

8.1.1　区内故障分析

区内故障的故障频域附加网络如图 8－1 所示。m 和 n 表示被保护电缆两侧的母线；f 为故障点；$\boldsymbol{U}_f$ 为故障点处的高频电压；R_g 为过渡电阻；Z_m 和 Z_n 分别表示母线 m 和 n 距故障点的电缆高频阻抗；Z_{sm} 和 Z_{sn} 分别表示母线 m 和 n 背侧的等效高频阻抗；$\boldsymbol{U}_m$ 和 $\boldsymbol{U}_n$ 分别表示母线 m 和 n 的高频电压；$\boldsymbol{I}_m$ 和 $\boldsymbol{I}_n$ 分别表示母线 m 和 n 流向电缆的高频电流；箭头方向表示高频电压、电流的参考正方向。

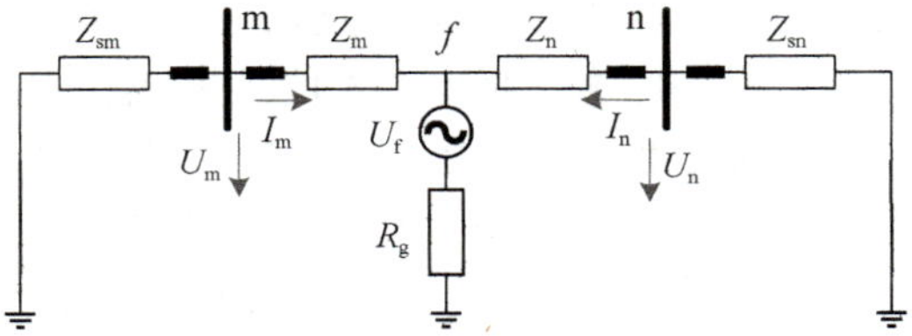

图 8－1　区内故障的故障频域附加网络

由图 8－1，故障点 f 到两端接地点的等值高频导纳分别为

$$\begin{cases} Y_1 = 1/(Z_m + Z_{sm}) \\ Y_2 = 1/(Z_n + Z_{sn}) \end{cases} \tag{8-2}$$

其中，Y_1 表示故障点左侧的等值高频导纳；Y_2 表示故障点右侧的等值高频导纳。

电缆 m 和 n 侧的高频电流分别为

$$\begin{cases} \boldsymbol{I}_m = -Y_1\boldsymbol{U}_f \\ \boldsymbol{I}_n = -Y_2\boldsymbol{U}_f \end{cases} \tag{8-3}$$

电缆 m 和 n 侧的高频电压分别为

$$\begin{cases} \boldsymbol{U}_m = \dfrac{Z_{sm}}{Z_m + Z_{sm}}\boldsymbol{U}_f = Z_{sm}Y_1\boldsymbol{U}_f \\ \boldsymbol{U}_n = \dfrac{Z_{sn}}{Z_n + Z_{sn}}\boldsymbol{U}_f = Z_{sn}Y_2\boldsymbol{U}_f \end{cases} \tag{8-4}$$

根据式(8－1)、式(8－3)、式(8－4)，m 和 n 侧的高频功率分别为

$$\begin{cases} P_{m} = \mathrm{Re}[\boldsymbol{U}_{m}\boldsymbol{I}_{m}^{*}] = -|U_{f}|^{2}|Y_{1}|^{2}\mathrm{Re}[Z_{sm}] \\ P_{n} = \mathrm{Re}[\boldsymbol{U}_{n}\boldsymbol{I}_{n}^{*}] = -|U_{f}|^{2}|Y_{2}|^{2}\mathrm{Re}[Z_{sn}] \end{cases} \tag{8-5}$$

其中，$|U_f|^2$ 表示故障点电压模值的平方；$|Y_1|^2$ 和 $|Y_2|^2$ 表示导纳模值的平方。

式(8－5)中，Z_{sm} 和 Z_{sn} 取实部相当于从阻抗中取电阻部分。Z_{sm} 和 Z_{sn} 是保护背侧的等效高频阻抗，由换流器等效高频阻抗和电缆高频阻抗等组成，其电阻部分一定为正值。因此有

$$\begin{cases} P_{m} = -|U_{f}|^{2}|Y_{1}|^{2}R_{sm} < 0 \\ P_{n} = -|U_{f}|^{2}|Y_{2}|^{2}R_{sn} < 0 \end{cases} \tag{8-6}$$

其中，R_{sm} 和 R_{sn} 分别表示 Z_{sm} 和 Z_{sn} 的电阻部分。

式(8－6)说明区内故障时，电缆两侧的高频功率都为负值。

8.1.2　区外故障分析

以 n 侧区外故障为例，故障频域附加网络如图 8－2 所示，m 侧区外故障可同理分析。Z_{mn} 表示被保护电缆的高频阻抗；Z_{nf} 表示故障点到母线 n 的等效高频阻抗；Z_{sf} 表示故障点背侧的等效高频阻抗。

由图 8－2，故障点 f 左侧的等值高频导纳 Y_3 为

$$Y_{3} = 1/(Z_{sm} + Z_{mn} + Z_{nf}) \tag{8-7}$$

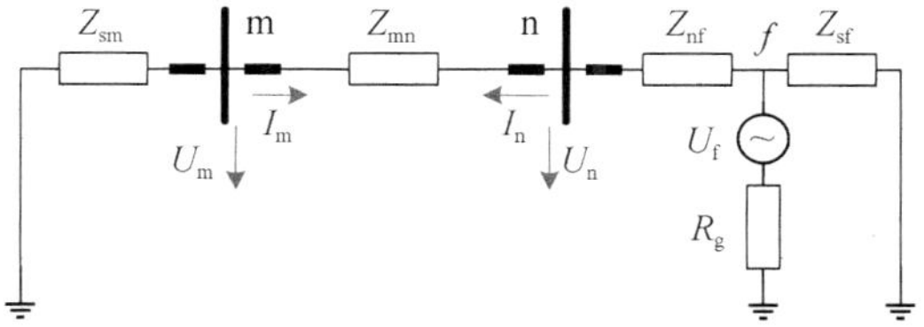

图 8－2　区外故障的故障频域附加网络

电缆 m 和 n 侧的高频电流分别为

$$\begin{cases} \boldsymbol{I}_{m} = -Y_{3}\boldsymbol{U}_{f} \\ \boldsymbol{I}_{n} = Y_{3}\boldsymbol{U}_{f} \end{cases} \tag{8-8}$$

电缆 m 和 n 侧的高频电压分别为

$$\begin{cases} \boldsymbol{U}_{m} = \dfrac{Z_{sm}}{Z_{sm} + Z_{mn} + Z_{nf}}\boldsymbol{U}_{f} = Z_{sm}Y_{3}\boldsymbol{U}_{f} \\ \boldsymbol{U}_{n} = \dfrac{Z_{sm} + Z_{mn}}{Z_{sm} + Z_{mn} + Z_{nf}}\boldsymbol{U}_{f} = (Z_{sm} + Z_{mn})Y_{3}\boldsymbol{U}_{f} \end{cases} \tag{8-9}$$

电缆 m 和 n 侧的高频功率分别为

$$\begin{cases} P_{\mathrm{m}} = \mathrm{Re}[\boldsymbol{U}_{\mathrm{m}}\boldsymbol{I}_{\mathrm{m}}^{*}] = -|U_{\mathrm{f}}|^{2}|Y_{3}|^{2}\mathrm{Re}[Z_{\mathrm{sm}}] \\ P_{\mathrm{n}} = \mathrm{Re}[\boldsymbol{U}_{\mathrm{n}}\boldsymbol{I}_{\mathrm{n}}^{*}] = |U_{\mathrm{f}}|^{2}|Y_{3}|^{2}\mathrm{Re}[Z_{\mathrm{sm}} + Z_{\mathrm{mn}}] \end{cases} \tag{8-10}$$

式(8－10)的高频阻抗 Z_{sm} 和 Z_{sn} 取电阻部分，得

$$\begin{cases} P_{\mathrm{m}} = -|U_{\mathrm{f}}|^{2}|Y_{3}|^{2}R_{\mathrm{sm}} < 0 \\ P_{\mathrm{n}} = |U_{\mathrm{f}}|^{2}|Y_{3}|^{2}(R_{\mathrm{sm}} + R_{\mathrm{mn}}) > 0 \end{cases} \tag{8-11}$$

式(8－11)说明区外故障时，电缆远故障点侧的高频功率为负值，近故障点侧的高频功率为正值。

因此，利用直流线路两侧高频功率的正负特性可实现故障识别：故障线路两侧高频功率都为负；非故障线路两侧高频功率分别为一正一负。此外，高频功率的正负符号可以反映故障的正方向信息。当高频功率为负时，表示故障正方向；当高频功率为正时，表示故障反方向。只有当一条直流线路的两侧保护均被判断为故障正方向时，才确定该线路为故障线路。

在此基础上，根据直流线路两侧高频功率的正负特性，可以形成方向纵联保护的判据。

8.2 方向纵联保护方案

用傅里叶变换算法提取直流电缆各保护安装处的特定高频（可取 2 000 Hz）的电压、电流的幅值和相角，并按公式（8－12）计算出对应的高频有功功率。

$$P_{\mathrm{HF}} = \frac{1}{n}\sum_{k=1}^{n}\{|u_{\mathrm{HF}}(k)||i_{\mathrm{HF}}(k)|\cos[\varphi_{u}(k) - \varphi_{i}(k)]\} \tag{8-12}$$

其中，n 为 5 ms 时间窗内采样点总数；k 为时间窗内采样点序号（$k = 1, 2, 3, \cdots, n$）；$|u_{\mathrm{HF}}(k)|$ 和 $|i_{\mathrm{HF}}(k)|$ 表示采样点高频电压和高频电流的幅值；$\varphi_{u}(k)$ 和 $\varphi_{i}(k)$ 表示采样点高频电压和高频电流的相角。

当保护 i 处的高频有功功率低于一定值时判定为故障正方向，转化为逻辑信号 D_i 取 1。判别故障正方向的判据为

$$D_i = \begin{cases} 1, & P_{i\mathrm{HF}} \leqslant -P_{\mathrm{set}} \\ 0, & P_{i\mathrm{HF}} > -P_{\mathrm{set}} \end{cases} \tag{8-13}$$

其中，$P_{i\mathrm{HF}}$ 表示保护 i 处的高频有功功率；P_{set} 为一设定的阈值，为一正值，需考虑正常运行时的高频功率幅值，并考虑一定裕度，可取 10 W。

当 $D_i = 1$ 表示故障方向为正方向，此电缆为潜在故障电缆；当 $D_i = 0$ 表示故障

方向为反方向,此电缆为非故障电缆。电缆 ij 两端的保护装置 i 和 j 通过方向纵联传递判据式(8－13)所得的逻辑信号,若两端均判断为正方向故障时,则判定该电缆故障, F_{ij} 取 1,方向纵联保护的判据为

$$F_{ij}=\begin{cases}1,\ D_i\cap D_j=1\\0,\ D_i\cap D_j=0\end{cases}\tag{8-14}$$

其中, D_i 和 D_j 表示保护电缆两侧的两个故障方向逻辑信号。F_{ij} 表示电缆 ij 故障信号,只有在内部故障时才变为 1。

正常运行时,高频功率值约为 0, D_i 和 D_j 均为 0。对于任何区外故障,电缆两侧的高频功率符号相反, D_i 和 D_j 不能同时为 1。只有当发生区内故障时,电缆两侧的高频功率均为负值,且 D_i 和 D_j 可同时等于 1。因此,可以通过方向纵联保护来确定故障电缆。

8.3　方向纵联保护流程图

方向纵联保护流程如图 8－3 所示。

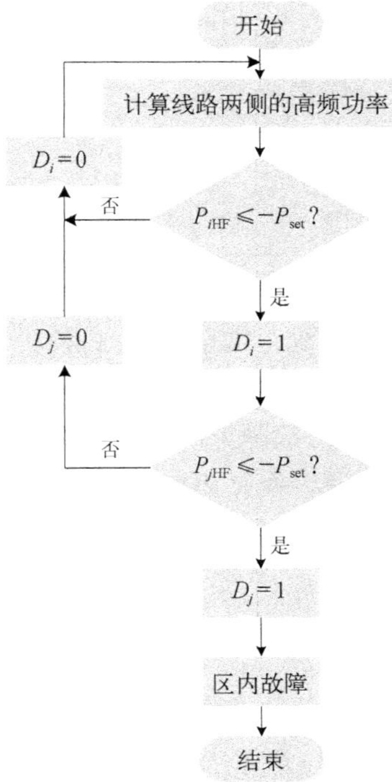

图 8－3　方向纵联保护流程图

8.4　区内区外仿真验证

对于一条直流电缆，设其两端的保护编号分别为 3 和 6，保护处提取出 2 000 Hz 的高频电压、电流分量后，计算相应的高频功率 P_3 和 P_6。故障方向逻辑信号分别为 D_3 和 D_6。设故障时刻为 0.4 s，仿真区内故障和区外故障的情况。

8.4.1　区内故障仿真

直流电缆在 0.4 s 时刻发生区内双极故障时，电缆两端保护 3、6 处检测计算出的高频功率 P_3 和 P_6 的波形以及故障方向逻辑信号 D_3 和 D_6 的跳变如图 8－4 所示。

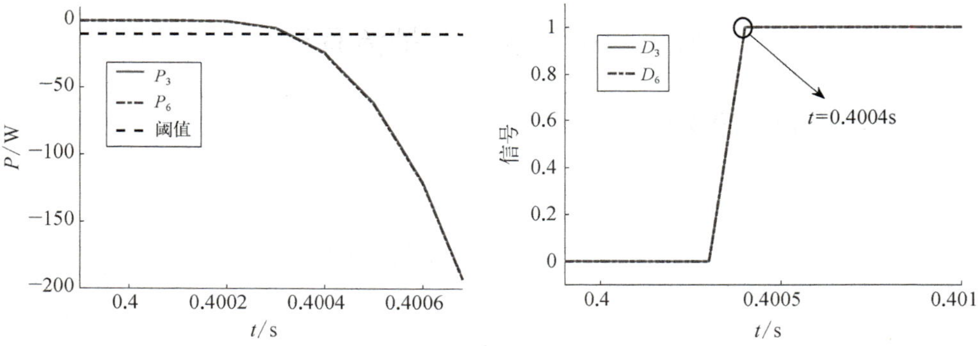

(a) 电缆两端的高频功率波形　　(b) 逻辑信号的跳变

图 8－4　区内故障仿真

由图 8－4(a)可知，故障前系统正常运行时，高频功率 P_3 和 P_6 均为 0。在故障时刻的 0.4 ms 之后，电缆两端的高频功率 P_3 和 P_6 均低于设定阈值−10 W。由图 8－4(b)可知，在故障后的 0.4 ms，故障方向逻辑信号 D_3 和 D_6 均从 0 跳变为 1，因此电缆两端均判断为故障正方向。根据方向纵联判据式(8－14)，电缆故障信号 $F_{3,6}$ 在故障后的 0.4 ms 变为 1，因此电缆判断为故障电缆。

8.4.2　区外故障仿真

直流电缆在 0.4 s 时刻发生区外故障时，电缆两端保护 3、6 处检测计算出的高频功率 P_3 和 P_6 的波形以及故障方向逻辑信号 D_3 和 D_6 的跳变如图 8－5 所示。

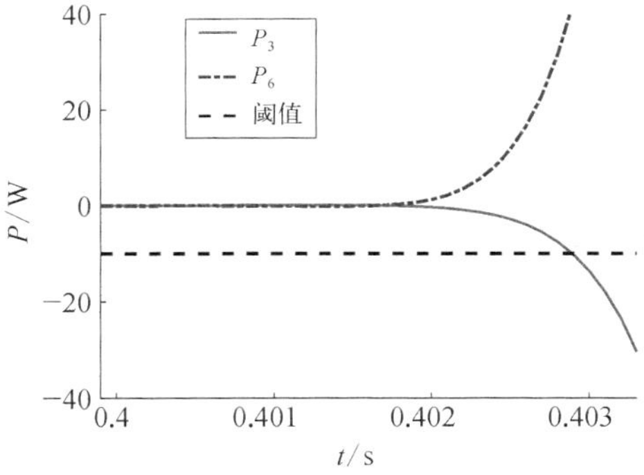

(a) 电缆两端的高频功率波形

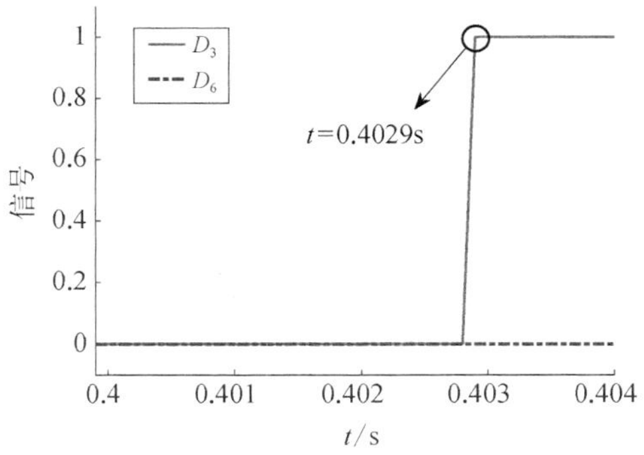

(b) 逻辑信号的跳变

图 8-5　区外故障仿真

由图 8-5(a)可知，故障前系统正常运行时，高频功率 P_3 和 P_6 均为 0。在故障后的 2.9 ms，电缆其中一端的高频功率 P_3 低于设定阈值-10 W，电缆另一端的高频功率 P_6 一直为正值，不会低于设定阈值-10 W。由图 8-5(b)可知，在故障后的 2.9 ms，电缆仅其中一端的故障方向逻辑信号 D_3 从 0 跳变为 1，另一端的故障方向逻辑信号 D_6 一直为 0，因此电缆另一端均判断为故障反方向。根据方向纵联判据(8-14)，电缆故障信号 $F_{3,6}$ 一直为 0，因此电缆判断为非故障电缆。

8.4.3　各种故障情况下的故障识别结果

分别对不同的故障位置、故障类型、故障电阻进行了仿真实验。故障电缆识别和保护动作时间结果见表 8-1 和表 8-2。在表中，$F_{3,6}$、$F_{2,8}$、$F_{9,12}$ 和 $F_{5,11}$ 分别表示电缆 Cable1、Cable2、Cable3、Cable4 的故障信号。

对于各种故障情况，只有故障电缆的故障信号 $F_{m,n}$ 取 1，其他非故障电缆的故障信号均取 0。故障后 0.4~2.5 ms 保护动作迅速。故障电缆可准确、快速识别。因此，所提出的保护方法对各种故障情况均具有良好的选择性和快速性。

表 8-1　各种区内故障的故障电缆识别及保护动作时间结果

故障位置	故障类型	故障电阻/Ω	$F_{3,6}$	$F_{2,8}$	$F_{9,12}$	$F_{5,11}$	故障电缆识别结果	保护动作时间/ms
F1	双极短路	0	1	0	0	0	Cable1	0.4
		3	1	0	0	0	Cable1	0.4
		10	1	0	0	0	Cable1	0.6
	单极接地	0	1	0	0	0	Cable1	0.4
		3	1	0	0	0	Cable1	0.6
		10	1	0	0	0	Cable1	1.5

表 8-2　各种区外故障的故障电缆识别及保护动作时间结果

故障位置	故障类型	故障电阻/Ω	$F_{3,6}$	$F_{2,8}$	$F_{9,12}$	$F_{5,11}$	故障电缆识别结果	保护动作时间/ms
F2	双极短路	0	0	1	0	0	Cable2	0.6
		10	0	1	0	0	Cable2	1.5
	单极接地	0	0	1	0	0	Cable2	0.9
		10	0	1	0	0	Cable2	2.5
F3	双极短路	0	0	0	1	0	Cable3	0.6
		10	0	0	1	0	Cable3	2.5
	单极接地	0	0	0	1	0	Cable3	0.9
		10	0	0	1	0	Cable3	2.4
F4	双极短路	0	0	0	0	1	Cable4	0.4
		10	0	0	0	1	Cable4	0.6
	单极接地	0	0	0	0	1	Cable4	0.5
		10	0	0	0	1	Cable4	1.3

8.5　本章小结

传统保护方法难以直接应用于保护综合船舶电力系统，动作时间长且选择性、可靠性不足，导致故障区段无法迅速准确地切除。本章提出了一种可靠的综合电力系统直流保护方法，直流侧发生故障时保护可以有选择性地快速切除故障区段，极大限度地减少故障对船舶综合电力系统的危害，并可确保非故障区域能够安全稳定运行，尽可能地减少失电区域，可有效避免重要负载电网脱载，提高综合电力系统的动态稳定性。

第九章　船舶系统故障分层递进智能诊断方法

传统船舶综合电力系统故障判断依赖于保护或开关信息，这种方法操作简单，但无法实现故障影响范围、属性、位置与严重程度的快速诊断，对于越来越复杂的大容量高压综合电力系统不再适用。因此，本章基于数据模型与物理模型双驱动的模式实现对船舶综合电力系统运行监测与诊断，提出“区域判别-设备辨别-属性识别-定位计算”分层递进诊断方法，利用多源数据信息构建故障描述矩阵进行故障区段区域层定位，然后在确定的故障区段范围内，基于 R－L 算法、Kalman 算法以及 Elman 神经网络算法进行线路层定位，利用故障区段两端节点电气量信息进行计算，得到精确的故障位置，以解决传统诊断方法的局限性。

9.1　基于多源信息的船舶综合电力系统故障区域层定位方法研究

9.1.1　基于多源数据的故障智能搜索定位方法

在船舶综合电力系统发生线路故障后，快速准确实现故障定位，是提高船舶综合电力系统供电可靠性的关键。针对传统故障定位方法的缺陷，本章提出一种基于多源数据的船舶综合电力系统故障分层定位方法。该方法利用上传的故障时刻的断路器、分段开关和联络开关监测终端的信息构建故障描述矩阵进行故障区段区域层定位，然后在确定的故障区段范围内进行线路层定位，利用故障区段两端节点电气量信息进行计算，得到精确的故障位置。

该船舶综合电力系统故障智能搜索定位算法的流程如图 9－1 所示。根据船舶综合电力系统的状态感知，通过基于物理和多源数据的双驱动模型，在数据不完备和冗余的情况下都能实现对船舶综合电力系统故障发生高概率区域的识别，并给出警示信息。在故障发生高概率区域，通过建立该区域等效开关矩阵 $\boldsymbol{D}$，并通过开关节点的故障电流与正方向的一致性原则，对开关矩阵进行修改，得到故障描述矩阵 $\boldsymbol{F}$。通过开关矩阵和故障描述矩阵的相关判断原则，可以得到故障发生的区域，将故障区域进行实质性缩小；在此基础上，通过故障区域多端的电气量特性，利用改进 R－L 算法，可以实现线路故障位置的精确定位。总体而言，船舶综合电力系统故障智能搜索定位算法可以分为基于多源信息的船舶综合电力系统故障区域层定位方法和船舶综合电力系统线路故障精确定位方法两个重要部分。

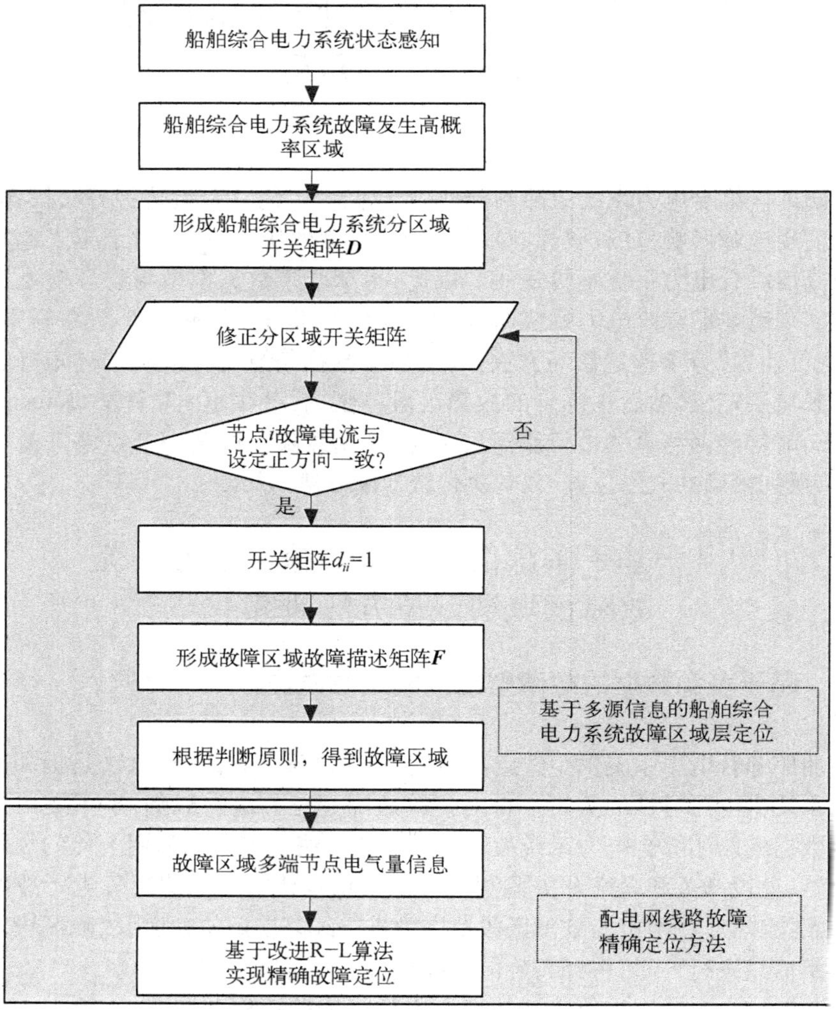

图 9－1　船舶综合电力系统故障智能搜索定位算法

9.1.2　综合电力系统区域层定位方法原理

船舶综合电力系统通信装置所处的恶劣工作环境以及各地区配电自动化程度不一造成了船舶综合电力系统故障信息的不确定性，目前船舶综合电力系统故障定位的研究领域中缺乏对于配变和用户故障系统和有效的定位方法进行研究，虽然定位停电区域一般而言不是故障定位的范畴,但是停电区域不仅能在缺乏必要信息而无法准确故障定位的情况下表示成故障元件粗略位置,同时也能对故障元件的准确性进行辅助验证[1,2]。

针对上述问题,本章提出了基于多源信息融合的船舶综合电力系统故障区域层定位方法。本方法对于船舶综合电力系统中的辐射形、树状形、环形,要判断故障区段,只需根据电缆线沿线各开关处是否流过故障电流即可,不必对安装于各开关上的每台开关分别按不同的值进行整定,因此开关的整定非常容易,相应的,故障区段应位于最后一个经历了故障电流的节点和第一个未经历故障电流的节点之间。对于单电源来说,电缆线的正方向即为功率流出方向,但对于任意多个电源的复杂船舶综合电力系统,必须首先确定各开关的假定正方向,这样对于闭环运行的环状网就可不必同时采集各开关的电流及电压信息[3]。

线路发生故障后,首先利用断路器、分段开关和联络开关监测终端开关信息等多源数据构造故障描述矩阵进行故障位置的初始定位[4]。基于船舶综合电力系统中拓扑结构,将断路器、分段开关和联络开关标记成开关节点,并形成开关网络描述矩阵 $\boldsymbol{D}$。首先设定网络正方向,规定:单电源网络为线路功率流动方向;多电源网络为假设在某一电源单独供电情况下,线路功率流动的方向。在 N 个节点网络中,构建 $N \times N$ 阶开关描述矩阵 $\boldsymbol{D}$,对于开关节点 i,若开关节点 j 与之相连,且网络正方向为开关节点 i 指向开关节点 j,则 $d_{ij} = 1$;否则 $d_{ij} = 0$。即有

$$d_{ik} = \begin{cases} 1 & k = j \\ 0 & k = 1,\ 2,\ 3,\ \cdots,\ N,\ k \neq j \end{cases} \tag{9-1}$$

简单船舶综合电力系统开关网络如图 9－2 所示,实线箭头方向为网络正方向,则可以得到 7 阶开关描述矩阵:

$$\boldsymbol{D} = \begin{bmatrix} 0 & 1 & 0 & 0 & 0 & 0 & 0 \\ 0 & 0 & 1 & 0 & 0 & 0 & 0 \\ 0 & 0 & 0 & 1 & 1 & 0 & 0 \\ 0 & 0 & 0 & 0 & 0 & 1 & 1 \\ 0 & 0 & 0 & 0 & 0 & 0 & 0 \\ 0 & 0 & 0 & 0 & 0 & 0 & 0 \\ 0 & 0 & 0 & 0 & 0 & 0 & 0 \end{bmatrix} \tag{9-2}$$

当线路发生故障,若开关节点 i 流过故障电流的方向与设定的网络正方向一致,则此节点开关向控制中心上传信号"1",同时修正开关网络描述矩阵 $\boldsymbol{D}$,将 d_{ii} 值修正为 1;否则若开关节点 i 流过故障电流方向与网络正方向相反,或者没有故障电流流过,则 d_{ii} 保持原值。开关网络描述矩阵 $\boldsymbol{D}$ 修正完成后,得到故障描述矩

阵 $\boldsymbol{F}$。

根据故障描述矩阵 $\boldsymbol{F}$ 进行区域层故障定位,若开关节点 i 满足 $f_{ii}=1$, 故障区域判断原则为:

1) 对于所有满足 $f_{ij}=1$ 的开关节点 $j(j=1,2,3,\cdots N,j\neq i)$, 同时满足 $f_{jj}=0$, 则故障发生在开关节点 i 和开关节点 j 区段上。

2) 若所有开关节点 $j(j=1,2,3,\cdots N,j\neq i)$, 均满足 $f_{ij}=0$, 则故障发生在开关节点 i 的末端。

如图 9-2 所示,假设故障发生在开关节点 4,6,7 的 T 型区域;虚线箭头为故障电流方向。从而有 $d_{11}=d_{22}=d_{33}=d_{44}=1$。修正开关网络描述矩阵 $\boldsymbol{D}$ 得到故障描述矩阵 $\boldsymbol{F}$:

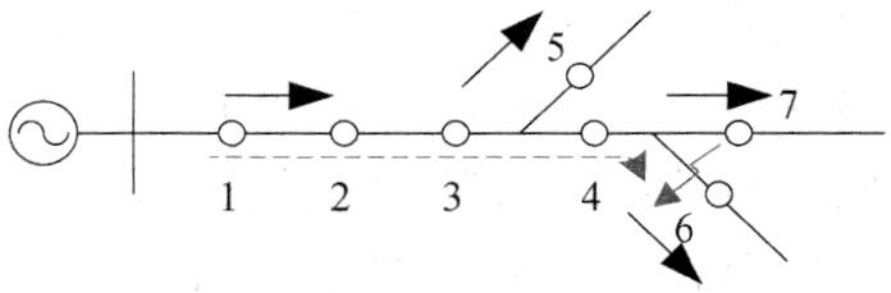

图 9-2　简单船舶综合电力系统开关网络图

$$\boldsymbol{F}=\begin{bmatrix}1&1&0&0&0&0&0\\0&1&1&0&0&0&0\\0&0&1&1&1&0&0\\0&0&0&1&0&1&1\\0&0&0&0&0&0&0\\0&0&0&0&0&0&0\\0&0&0&0&0&0&0\end{bmatrix}\tag{9-3}$$

根据故障区域判断原则 1):

如果 $f_{44}=1$、$f_{46}=1$、$f_{66}=0$、$f_{47}=1$、$f_{77}=0$, 则故障区域为开关节点 4 和开关节点 6 或者开关节点 4 和开关节点 7 之间,与假设保持一致。

9.2　船舶综合电力系统线路故障精确定位方法研究

随着现代电力系统的发展,船舶综合电力系统的网络日益复杂,船舶综合电力系统的安全正常运行成为服务电网用户的关键环节。在船舶综合电力系统运行监测中,能够在线路故障后快速实现准确故障定位测距,是提高船舶综合电力系统供电可靠性的关键。

线路发生相间短路故障,会伴随出现过流现象,容易实现故障识别。船舶综合电力系统中单相接地故障是最常见的故障类型,船舶综合电力系统故障定位主要是针对单相接地故障的准确定位。目前,船舶综合电力系统故障测距的常用方法有:① 基于阻抗的故障测距方法,以线路端点处测量故障距离;② 基于行波的故障测距方法,通过故障产生的行波在故障点和测量端之间往返时间来计算故障距离;③ 基于信号注入的故障测距方法,通过对系统注入信号来实现故障点寻迹。其中,基于阻抗法的故障测距方法原理简单,得到了广泛的应用研究。传统的单端量故障测距 R-L 算法,在存在过渡电阻情况下,无法消除双端电流的耦合信息,不能实现精确定位。

针对传统单端量故障测距 R-L 算法存在的问题,本章提出一种新的改进 R-L 算法模型,该算法利用双端信息进行数据处理,从原理上消除了过渡电阻的影响。仿真结果表明:该方法能够不受故障类型和位置的影响,具有较强抗过渡电阻能力,能够快速准确地实现故障定位。

9.2.1 R-L 算法基本原理

R-L 模型算法仅用于计算线路阻抗,用于距离保护。它假设被保护线路的分布电容可以忽略,而且在短路情况下,线路分布电容产生的影响主要表现为高频分量,如果采用低通滤波器将高频分量滤除,就相当于排除了分布电容的影响。因而从故障点到保护安装处的线路阻抗可用一个电阻和电感串联电路来表示,如图 9-3 所示。

于是在短路时下列微分方程成立:

$$u(t) = R_1 i(t) + L_1 \frac{\mathrm{d}i(t)}{\mathrm{d}t} \tag{9-4}$$

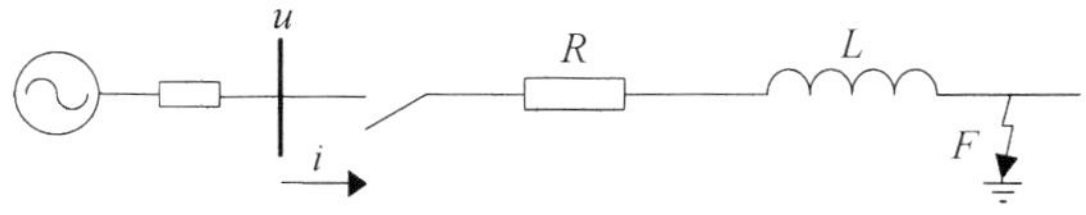

图 9-3 R-L 模型示意图

其中, R_1、L_1 为故障点到保护安装处线路段的正序电阻和电感; u、i 为保护安装处的电压和电流。

R-L 模型分为微分算法和积分算法。积分算法和微分算法相比,如果积分区间足够大,则兼有一定的滤波作用,从而可以抑制高频分量,但是所需要的数据窗也要相应加长。本问题的研究都考虑在微分方程的基础上进行研究。

在两个时刻 t_1 和 t_2 分别测量 u、i 和 $\frac{\mathrm{d}i}{\mathrm{d}t}$, 就可以得到两个独立的方程:

$$\begin{aligned} u_1 &= R_1 i_1 + L_1 D_1 \\ u_2 &= R_1 i_2 + L_1 D_2 \end{aligned} \tag{9-5}$$

其中, D 表示 $\frac{\mathrm{d}i}{\mathrm{d}t}$, 下标表示 t_1 和 t_2 两个时刻的值,为满足方程独立性条件,则要

求：$t_1 \neq t_2 \pm k\dfrac{T}{2}(k = 0, 1, 2, 3, \cdots)$。

联立求解可以得到

$$R_1 = \frac{u_2 D_1 - u_1 D_2}{i_2 D_1 - i_1 D_2} \qquad L_1 = \frac{u_1 i_2 - u_2 i_1}{i_2 D_1 - i_1 D_2} \tag{9-6}$$

利用差分来近似微分计算，则选取两个相邻的采样瞬间的中间值有

$$\begin{cases} D_1 = \dfrac{i(n+1) - i(n)}{T_s} \\ D_2 = \dfrac{i(n+2) - i(n+1)}{T_s} \end{cases} \tag{9-7}$$

电流、电压取相邻采样的平均值，有

$$\begin{cases} u_1 = \dfrac{u(n) + u(n+1)}{2} \\ u_2 = \dfrac{u(n+1) + u(n+2)}{2} \end{cases} \tag{9-8}$$

$$\begin{cases} i_1 = \dfrac{i(n) + i(n+1)}{2} \\ i_2 = \dfrac{i(n+1) + i(n+2)}{2} \end{cases} \tag{9-9}$$

然而上面的讨论都是在假定发生金属性短路的基础上得到的结论，但实际中发生的短路一般存在一定的过渡电阻。如图 9－4 所示，发生经过渡电阻 R_g 接地短路。

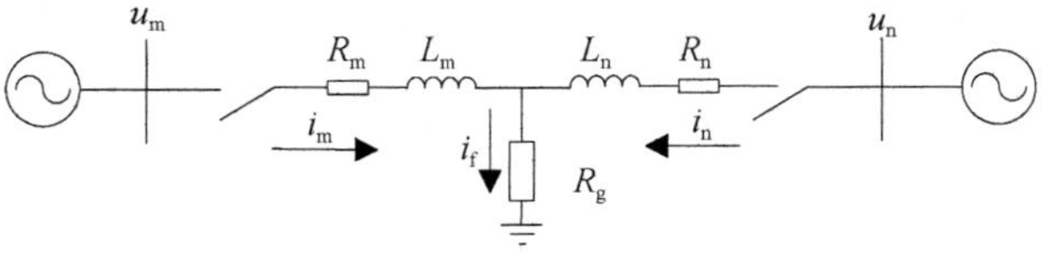

图 9－4　等效双端供电系统示意图

则微分方程要进行相应的修正如下：

$$u_m = R_1 i_m + L_1 \frac{di_m}{dt} + i_f R_g \tag{9-10}$$

又由于 $i_f = i_m + i_n$，若两侧电压相角相差不大（相位差小于5°），且系统阻抗角与线路阻抗角接近时，可以近似认为 i_f 和 i_m 相位相同，设定 $i_f = Ki_m$，其中 K 近似为常数。

则式（9－10）可以进一步修改为

$$u_m = R_1 i_m + L_1 \frac{di_m}{dt} + i_f R_g = (R_1 + KR_g) i_m + L_1 \frac{di_m}{dt} \tag{9-11}$$

通过比较式（9－10）和式（9－11）可以知道，如果采用R－L算法进行分析，当发生金属性短路时，测量的结果是精确可靠的，但是当发生经过渡电阻接地的情况时：① 若是单电源进行供电，则此时 $i_f = i_m$，则有 $u_m = (R_1 + R_g) i_m + L_1 \frac{di_m}{dt}$，则过渡电阻对算法的准确性的影响很小，因此，R－L算法完全适用；② 若是如图9－4所示，为双电源进行供电，则 $i_f = Ki_m$ 式在假设的基础之上的，所以分析的结果是近似的。若此时依然适用R－L算法进行分析，则有比较大的误差。

传统的R－L算法利用单端量进行测距研究，如式（9－11）所示，由于过渡电阻的出现，无法消除双端电流的耦合信息，因而只能在 $i_f = Ki_m$ 的假设下利用R－L算法进行计算。因此，针对上述过渡电阻对R－L算法可能造成的影响，本章提出一种新的改进R－L算法模型，该算法利用双端信息进行数据处理，具有很强的抗过渡电阻能力。

9.2.2　改进R－L算法基本原理

以双端电源供电，如图9－4所示，经过渡电阻 R_g 短路为例，可以建立的式子为

$$\begin{cases} u_m = R_m i_m + L_m \dfrac{di_m}{dt} + i_f R_g \\ u_n = R_n i_n + L_n \dfrac{di_n}{dt} + i_f R_g \\ i_f = i_m + i_n \\ L_1 = L_m + L_n \\ R_1 = R_m + R_n \end{cases} \tag{9-12}$$

其中，R_m 和 L_m 分别为故障发生处距离 m 端的线路等效电阻和电感，R_n 和 L_n 分别为故障发生处距离 n 端的线路等效电阻和电感；R_l 和 L_l 线路等效总电阻和电感值；u_m 和 u_n 为线路两端对地电压；i_m 和 i_n 为线路两端电流；i_f 为故障点电流；$\frac{di_m}{dt}$ 和 $\frac{di_n}{dt}$ 为线路两端电流微分值。

对式子进行整理，可以得到

$$\begin{aligned} u_m - u_n &= R_m i_m - R_n i_n + L_m \frac{di_m}{dt} - L_n \frac{di_n}{dt} \\ &= R_m i_m - (R_l - R_m) i_n + L_m \frac{di_m}{dt} - (L_l - L_m) \frac{di_n}{dt} \\ &= R_m (i_m + i_n) + L_m \left(\frac{di_m}{dt} + \frac{di_n}{dt} \right) - R_l i_n - L_l \frac{di_n}{dt} \end{aligned} \tag{9-13}$$

从而将式(9－13)定义为

$$\Delta u_{mn} = R_m i_f + L_m D_{mn} - U_n \tag{9-14}$$

其中，$\Delta u_{mn} = u_m - u_n$；$i_f = i_m + i_n$；$D_{mn} = \frac{di_m}{dt} + \frac{di_n}{dt}$；$U_n = R_l i_n + L_l \frac{di_n}{dt}$。

两个时刻 t_1 和 t_2 分别测量 u、i 和 $\frac{di}{dt}$，就可以得到两个独立的方程：

$$u_{m1} - u_{n1} = R_m (i_{m1} + i_{n1}) + L_m \left(\frac{di_{m1}}{dt} + \frac{di_{n1}}{dt} \right) - R_l i_{n1} - L_l \frac{di_{n1}}{dt} \tag{9-15}$$

$$u_{m2} - u_{n2} = R_m (i_{m2} + i_{n2}) + L_m \left(\frac{di_{m2}}{dt} + \frac{di_{n2}}{dt} \right) - R_l i_{n2} - L_l \frac{di_{n2}}{dt} \tag{9-16}$$

则可以通过联立式(9－15)和式(9－16)进行计算，得到

$$R_m = \frac{\Delta u_{mn1} D_{mn2} - \Delta u_{mn2} D_{mn1} + U_{n1} D_{mn2} - U_{n2} D_{mn1}}{i_{f1} D_{mn2} - i_{f2} D_{mn1}} \tag{9-17}$$

$$L_m = \frac{\Delta u_{mn1} i_{f2} - \Delta u_{mn2} i_{f1} + U_{n1} i_{f2} - U_{n2} i_{f1}}{i_{f2} D_{mn1} - i_{f1} D_{mn2}} \tag{9-18}$$

利用差分来近似微分计算，选取两个相邻的采样瞬间的中间值：

$$D_{\mathrm{mn1}}=\frac{i_{\mathrm{m}}(n+1)-i_{\mathrm{m}}(n)}{T_{\mathrm{s}}}+\frac{i_{\mathrm{n}}(n+1)-i_{\mathrm{n}}(n)}{T_{\mathrm{s}}} \tag{9-19}$$

$$D_{\mathrm{mn2}}=\frac{i_{\mathrm{m}}(n+2)-i_{\mathrm{m}}(n+1)}{T_{\mathrm{s}}}+\frac{i_{\mathrm{n}}(n+2)-i_{\mathrm{n}}(n+1)}{T_{\mathrm{s}}} \tag{9-20}$$

同理，Δu_{mn}、i_{f} 和 U_{n} 同样选取两个相邻的采样瞬间的中间值。则可以通过联立进行计算得到 R_{m} 和 L_{m}，并以 R_{m} 和 L_{m} 分别求得故障距离的平均值作为最终故障距离计算值：

$$s=\frac{R_{\mathrm{m}}/R_1+L_{\mathrm{m}}/L_1}{2} \tag{9-21}$$

其中，R_1 和 L_1 分别为线路单位长度正序电阻值和电感值。本章选取 5 ms 数据窗进行数据处理，数据窗随着采样点滑动。在一个数据窗中，连续得到的故障位置计算值 s 满足相对误差连续小于 1%，则判断计算值收敛，作为最终故障距离。

如果线路未发生故障，式(9－17)和式(9－18)进行化简会使得分子和分母同时为零，不应进行故障距离计算。因此设置故障距离计算判据：

$$|i_{\mathrm{f1}}D_{\mathrm{mn2}}-i_{\mathrm{f2}}D_{\mathrm{mn1}}|>K_{\mathrm{set}} \tag{9-22}$$

取 K_{set} 为 0.1，若线路未发生故障，不满足动故障距离计算判据则不进行故障距离计算。

9.3　基于暂态方向和间歇性检测算法的间歇性高阻接地故障检测方案

船舶电力系统的基本参数主要包括电流种类(电制)、额定电压和额定功率的等级。随着电力负荷需求的猛增，使得原来的低压交流供电和配电系统不再完全适合，必须考虑使用中压交流电力系统。如装载大量冷藏集装箱的某超大型集装箱船，冷藏箱数量超过 700 个，全船电力负荷超过 10 MW；某海洋工程 FPSO，船体部分最大工况负荷超过 15 MW；还有大型 LNG 船，全船电力负荷也十分惊人。当电力系统的容量到达一定的数值之后，采用中压交流电力系统是一个很好的选择，它可以大大降低短路电流的等级，在降低配电板成本的同时，也节约了大量电缆，提高系统的安全可靠性。由于中压系统对设备绝缘等级的要求非常高，出于对绝缘成本、人身和设备安全等方面的考虑，中性点接线方式自然而然地成为了必须合理解决的问题。

中性点经电阻接地方式，即是中性点与大地之间接入一定电阻值的电阻。该电阻与系统对地电容构成并联回路，由于电阻是耗能元件，也是电容电荷释放元件和谐振的阻尼元件,对防止谐振过电压和间歇性电弧接地过电压有一定优越性。中性点经电阻接地的方式有高电阻接地和低电阻接地等方式。两者的目的都是为了限制瞬间电流至一个安全值,约在正常值的 250%之内[5]。

高阻接地方式一般不要求立即清除接地故障,因为接地故障电流已经被限制到一个极低的数值,这一低数值的标准值为 5 A。这种接地保护采用检测和警告的方式,因为这样比立即跳闸好,可以尽可能保证运行的连续性。一般认为,电网采用高阻接地方式,线对地故障电流不应该超过 10 A。低电阻接地方式具有立即有选择性地清除线路接地故障的优点,但要求最小接地故障电流足够大,通常在 400~500 A,便可以可靠地启动接地故障继电保护装置[6]。

9.3.1　暂态方向检测高阻接地原理

使用一个三相电压源作为整个船舶电力系统的电源如图 9－5 所示,其中最左侧为一三相电源及其引出的中性点。在电源出口处连接如图 9－6 所示电路。

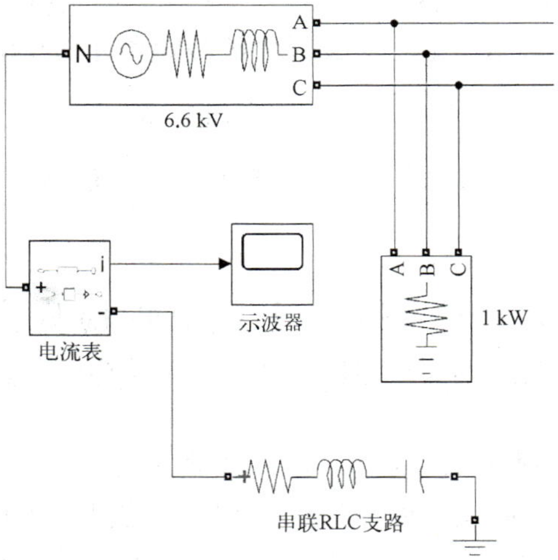

图 9－5　船舶中性点接地方式仿真模型(电源模型)

方向的检测难点是如何利用暂态信息,在本章节中,基于瞬时无功的统一行波理论被作为方向检测算法的核心。功率方向是方向检测的基础。

(1) 典型的功率方向理论

图 9－6 所示是在中性点非谐振接地系统(中性点不接地或者经过电阻接地)的故障回路。规定从母线到支路为正方向,反之为负方向。同时根据典型的功率的定义,电容支路产生无功,电感支路消耗无功,而电阻支路消耗有功。

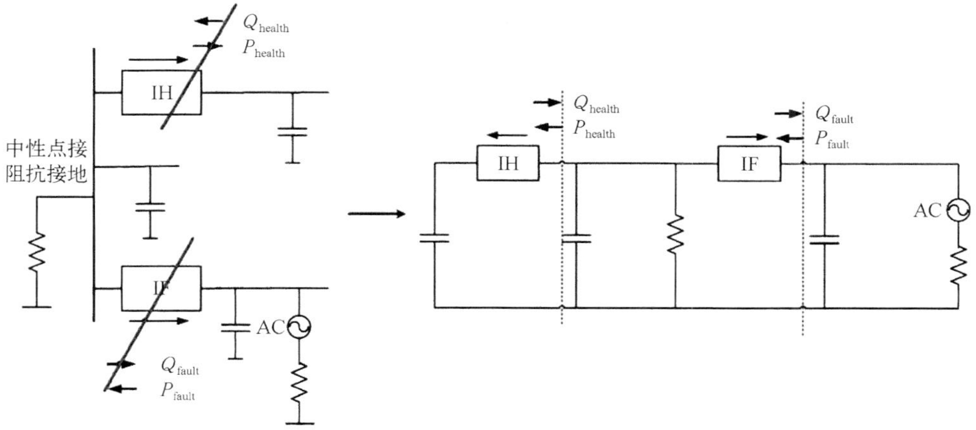

图 9-6 故障分量网络中典型功率流向示意图

故障线路上(图中的 IF 处),负方向的系统都是容性系统,因故障扰动产生的功率流动中,无功 Q_{fault} 方向的为从母线到故障线路,为正方向;而因为电源在故障线路上,有功 P_{fault} 的方向为从线路到母线,为负方向。同理,在健全线路上看(图中的 IH 处),正方向的系统都是容性的,无功 Q_{health} 的方向为从线路流向母线,为负方向;而有功的方向为从母线流向线路,为正方向。

因为分布参数线路中的分布电导很小,有功量级很小。而对高频信号,通过分布电容构成回路,暂态信号大都集中在高频段,电容的容抗高频时相对较小,因此无功的流向成为检测暂态方向的重要指标[7,8]。

(2) 瞬时功率方向的定义

上述关于功率方向的分析适用于正弦稳态的状况,在暂态非工频正弦情况下,需要对功率,尤其是无功进行重新定义,使得瞬时功率满足以下条件:

1) 对于任何频率分量,对指定频率的一个周期内的瞬时无功的积分再对时间求平均得到了无功功率,无功功率能够反映系统的负荷特性。感性系统吸收无功功率,计算得到的无功功率应该为负值;容性系统发出无功功率,计算得到的无功功率应该为正值。

2) 传统的基于工频正弦的无功功率的定义只是上述定义的特例。

上述条件 1)保证基于瞬时无功理论的暂态方向算法能够通过极性确定地表示故障方向,而条件 2)保证了从定义上看,方向元件在故障暂态和故障稳态中都能够正常工作。

(3) 基于希尔伯特变换的瞬时功率

基于希尔伯特变换的瞬时功率能够满足上述要求,是本算法中数字信号处理部分的核心内容。

时域中的希尔伯特变换可以写为

$$h(t)=\frac{1}{\pi t}\qquad -\infty<t<+\infty \tag{9-23}$$

在频域中，希尔伯特变换可以写为

$$H(\omega)=-j\mathrm{sgn}(\omega)=\begin{cases}-j,\ \omega>0\\0,\ \omega=0\\j,\ \omega<0\end{cases} \tag{9-24}$$

从式(9－24)中看到，希尔伯特变换实际可以被看作是一个全通滤波器，该滤波器对所有的正频率分量有－90°的相移。

下面应用希尔伯特变换表示非正弦信号的瞬时无功，对于某个特定频率 ω，电压和电流的瞬时值可以写为

$$\begin{cases}u=\sqrt{2}U\cos\omega t\\i=\sqrt{2}I\cos(\omega t-\varphi)\end{cases} \tag{9-25}$$

式(9－25)中的电压电流瞬时值直接计算得到的功率瞬时表达式可以写为

$$p=ui=UI\cos\varphi\cdot(1+\cos2\omega t)+UI\sin\varphi\cdot\sin2\omega t \tag{9-26}$$

第一部分 $UI\cos\varphi\cdot(1+\cos2\omega t)$ 是有功部分，表示实际的能量的损耗。一个周波的平均有功功率 $UI\cos\varphi$ 可以通过对 p 在一个周波进行平均求得。而第二部分 $UI\sin\varphi\cdot\sin2\omega t$ 是无功功率部分，其波动的幅值 $UI\sin\varphi$ 是传统无功的定义。$UI\sin\varphi$ 的极性也反映了系统的特性(容性或感性)。

求出 $UI\sin\varphi$ 量值可以采用的一种方法就是对电压进行希尔伯特变换：按照理想希尔伯特变换的结果，电压正频率产生－90°的相移，式(9－26)就变为

$$\begin{aligned}p'=\hat{u}i&=\sqrt{2}U\cos\left(\omega t-\frac{\pi}{2}\right)\cdot\sqrt{2}I\cos(\omega t-\varphi)\\&=UI\sin\varphi\cdot(1+\cos2\omega t)+UI\cos\varphi\cdot\sin2\omega t\end{aligned} \tag{9-27}$$

通过对 p' 在它的一个周波内做平均就能够得到频率为 ω 时无功的量值。φ 是该频率段电压和电流的相角差 ($\varphi=\varphi_u-\varphi_i$)。

$$Q=UI\sin\varphi=\sin(\varphi_u-\varphi_i) \tag{9-28}$$

要将无功理论应用到非正弦信号，下一步就是将上述原则推广到非正弦信号，首先对非正弦暂态信号进行估计，以 ω 作为基波，傅里叶级数的估计为

$$\begin{cases} u(t) = \sum_{n=1}^{\infty} \sqrt{2} U \cos(n\omega t + \varphi_{un}) \\ i(t) = \sum_{n=1}^{\infty} \sqrt{2} I_n \cos(n\omega t + \varphi_{in}) \end{cases} \tag{9-29}$$

在对电压希尔伯特变换之后，得

$$HT(u)(t) = \sum_{n=1}^{\infty} \sqrt{2} U_n \sin(n\omega t + \varphi_{un}) \tag{9-30}$$

对上述基波的一个周期 T 进行平均得到的瞬时无功功率平均值为

$$\begin{cases} P(t) = \dfrac{1}{T}\int_{t-T}^{t} u(\tau) \cdot i(\tau)\mathrm{d}\tau \\ Q(t) = \dfrac{1}{T}\int_{t-T}^{t} HT(u)(\tau) \cdot i(\tau)\mathrm{d}\tau \end{cases} \tag{9-31}$$

由式(9－31)可以得

$$\begin{aligned} Q &= \sum_{n=1}^{\infty} \left[\frac{2U_n I_n}{T} \int_0^{\mathrm{T}} \sin(n\omega t + \varphi_{un}) \cos(n\omega t + \varphi_{in}) \mathrm{d}t \right] \\ &= \sum_{n=1}^{\infty} [U_n I_n \sin(\varphi_{un} - \varphi_{in})] \end{aligned} \tag{9-32}$$

在一个基波周期内求出的瞬时有功的平均值为

$$P = \sum_{n=1}^{\infty} [U_n I_n \cos(\varphi_{un} - \varphi_{in})] \tag{9-33}$$

对于中性点电阻接地或绝缘的系统，系统的容性或感性的特性对于任何频率分量都是一致的，因此，在 $Q(t)$ 的不同频率成分都表现出相同的极性。同时，对于正弦稳态信号，$Q(t)$ 又和传统的无功定义相一致。$Q(t)$ 满足判断方向的瞬时无功的要求，另外 $Q(t)$ 还有以下的特点：

1）对 $Q(t)$ 的计算，充分考虑了高频分量，而高频分量是暂态和间歇性故障中重要的成分；

2）$Q(t)$ 的极性仅仅取决于系统的特性，另外，$Q(t)$ 计算中的平均值操作能够滤除局部的噪声和干扰，算法更稳定；

3）$Q(t)$ 的计算实际是一个有限冲击响应（FIR）滤波器，可以很容易在保护平台中实现。

不仅仅在中性点电阻接地的系统中，即使是在中性点绝缘的系统中，$Q(t)$ 的方向一样适用，但是在中性点经过消弧线圈接地的系统中不能再用 $Q(t)$ 判断方向，因为无功定义的条件 1）已经不再满足，而采用 $P(t)$ 从理论上讲是可行的。

实际计算中，希尔伯特变换是输入信号 $x(t)$ 和希尔伯特函数 $h(t)$ 的柯西主值卷积［因为 $h(t)$ 实际是不可积分的函数］：

$$HT(x)(t) = p.v.\int_{-\infty}^{\infty} x(\tau)h(x-\tau)\mathrm{d}\tau \tag{9-34}$$

数字化实现时，希尔伯特变换是通过希尔伯特滤波器实现的，对于离散信号 $x[n]$，离散希尔伯特变换可以写成

$$HT(x)[n] = h[n] * x[n] \tag{9-35}$$

式(9－35)中，有 $h[n]$ 的定义如式(9－36)所示：

$$h[n] = \begin{cases} 0, & n = 2k \\ \dfrac{2}{n\pi}, & n = 2k+1 \end{cases} \tag{9-36}$$

本算法中，同时对 $h[n]$ 加了海明窗。

（4）算法流程

当间歇性检测算法给出启动信号后，启动定时器开始计时，根据故障前两周波零序电流和电压波形求出故障分量零序电流电压波形，利用故障分量零序电流电压求出基于希尔伯特变换的瞬时功率，将瞬时无功和预先设定好的方向阈值相比较，瞬时无功为正且大于正向阈值则判断为正向故障，故障发生在本条线路；瞬时无功为负且小于反向阈值则判断为反向故障，故障发生在其他线路或母线。将判断结果给标志位以供间歇性检测算法利用，流程图如图 9－7 所示。

9.3.2　间歇性检测高阻接地故障原理

间歇性故障检测关注的是零序电流幅值的变化。而在间歇性故障中，这样的零序电流变化表现为图 9－7 中所示的脉冲（故障燃起和熄灭）。当间歇性检测算法被启动后，在一个预先设定好的启动定时器计时的时间窗内，算法开始对检测到的正方向的故障脉冲计数，在启动定时器计时结束的时候，将对脉冲的计数结果和一个预先设定的阈值进行比较。在预设好的时间窗内，如果该计数值

超过阈值，认为短时间内发生了激烈的暂态，算法就会就当作间歇性的高阻故障而报警。

在图 9－8 中，间歇性检测的流程可以分为两个阶段：在就绪阶段，算法更新当前平均电流幅值，同时根据两周波故障分量的幅值判断启动算法，如果两周波故障分量电流幅值大于启动阈值则算法进入启动阶段，启动前的平均幅值被存储，作为故障前的负荷状况。

在启动阶段，启动定时器开始计时，同时一个计数器对检测到的正方向的脉冲进行计数，当启动定时器计时结束的时候，脉冲计数器的结果和一系列阈值相比较，如果脉冲数过多，则报告为间歇性高阻接地故障，否则按照其他情况（暂态故障、稳态或噪声）处理。

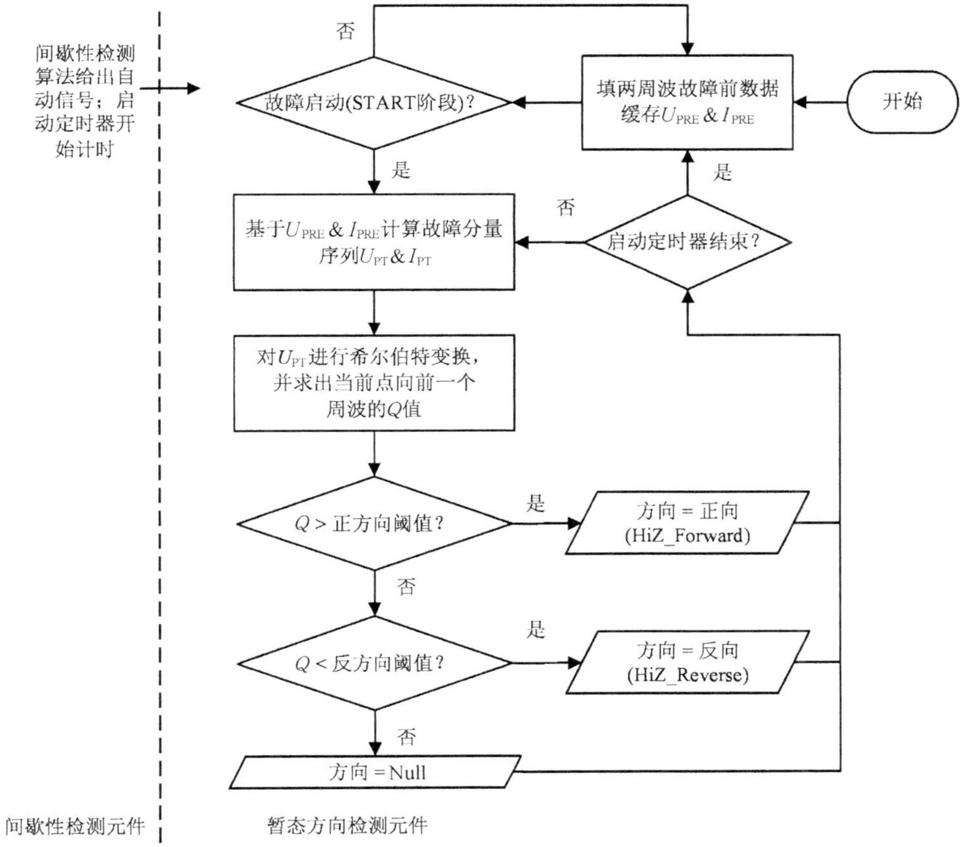

图 9－7　暂态方向算法流程图

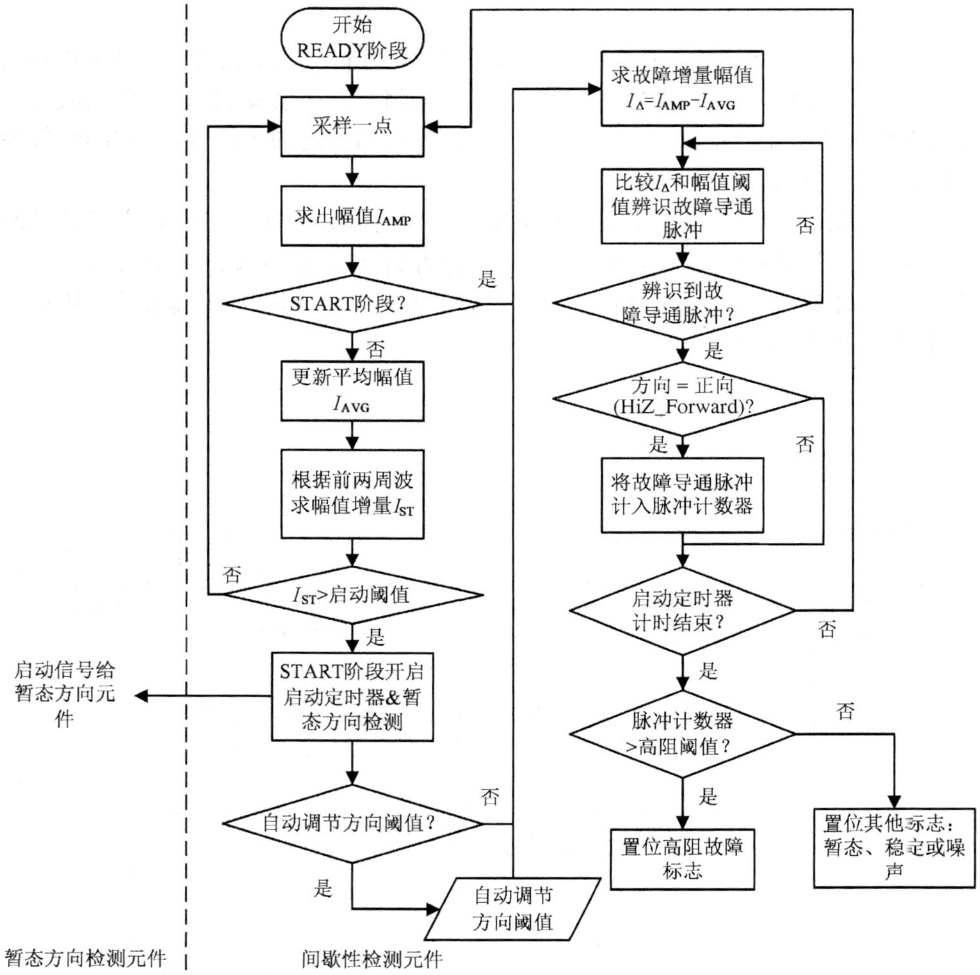

图 9－8　间歇性检测元件流程图

9.3.3　暂态方向检测和间歇性检测的综合

间歇性检测和暂态方向检测的综合通过方向闭锁实现，检测到脉冲出现的时候就去采样瞬时功率方向标志，如果方向标志为正则为正向暂态，反之为反向暂态故障（图 9－9）[9,10]。间歇性检测算法仅对正向的脉冲计数，在检测时间截止的时候和阈值比较判断故障。

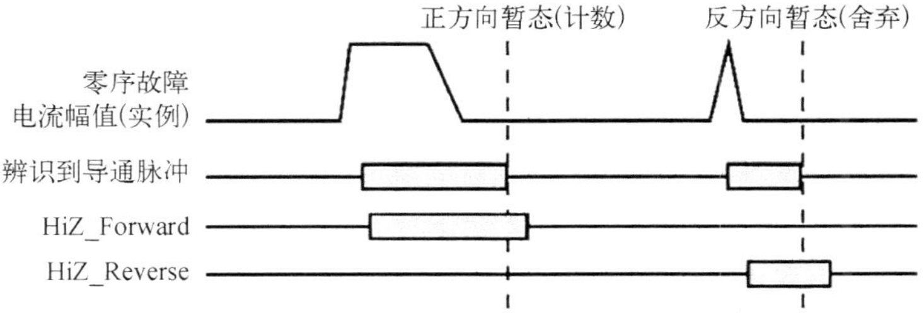

图 9-9　间歇性检测和方向元件检测结果

9.4　算例分析

9.4.1　区域层定位方法

对图 9-10 所示 9 节点船舶电力系统线路图进行仿真。其中，CB1～CB7 表示断路器，S1 和 S2 表示分段开关，断路器及分段开关上都安装有开关，T1～T3 表示

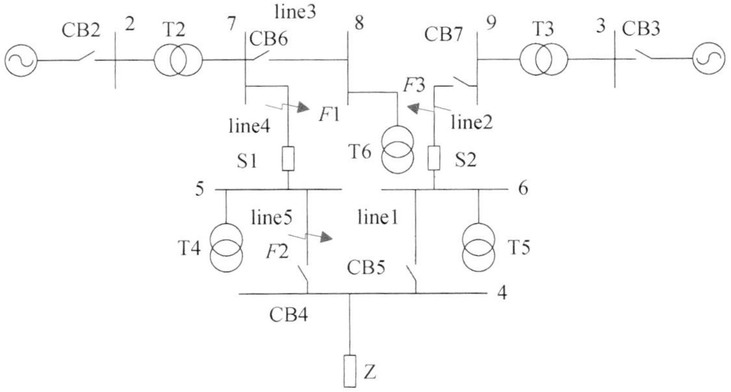

图 9-10　9 节点船舶综合电力系统系统等效图

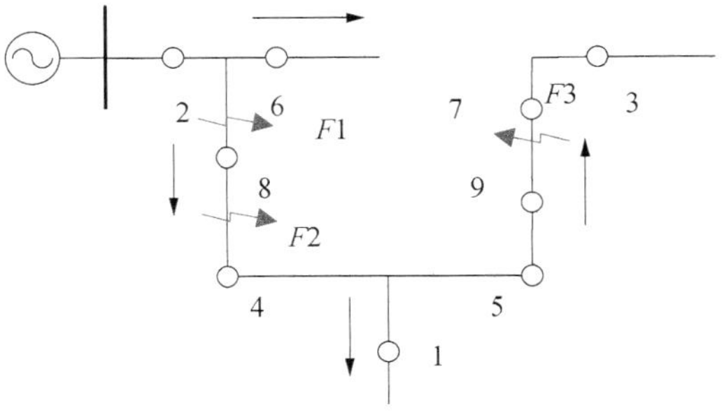

图 9-11　9 节点船舶综合电力系统系统开关网络图

主变,T4 ~ T6 表示配变。对断路器和分段开关依次标记为开关节点并进行编号,可以得到开关网络图(图 9 - 11)。

由船舶综合电力系统区域层定位方法原理可知,图 9 - 11 的开关网络描述矩阵 **D** 为

$$\boldsymbol{D}=\begin{bmatrix}0&0&0&0&0&0&0&0&0\\0&0&0&0&0&1&0&1&0\\0&0&0&0&0&0&0&0&0\\1&0&0&0&1&0&0&0&0\\0&0&0&0&0&0&0&0&1\\0&0&0&0&0&0&0&0&0\\0&0&1&0&0&0&0&0&0\\0&0&0&1&0&0&0&0&0\\0&0&0&0&0&0&1&0&0\end{bmatrix}\tag{9-37}$$

(1) 单相接地故障。在线路 line4 上距离节点 7 端 100 m 处设置 A 相线路接地故障 $F1$,过渡电阻为 1 Ω,故障发生在 t = 0.5 s 时刻。如图 9 - 11 所示,根据故障电流方向与网络正方向一致原则,开关节点 2 流过故障电流的方向与设定的网络正方向一致,则此节点开关向控制中心上传信号“1”,同时修正开关网络描述矩阵 **D**, 将 d_{22} 和 d_{66} 值修正为 1,即得到 d_{22} = 1, 从而对矩阵 **D** 进行修正得到故障描述矩阵 **F** 为

$$\boldsymbol{F}=\begin{bmatrix}0&0&0&0&0&0&0&0&0\\0&1&0&0&0&1&0&1&0\\0&0&0&0&0&0&0&0&0\\1&0&0&0&1&0&0&0&0\\0&0&0&0&0&0&0&0&1\\0&0&0&0&0&0&0&0&0\\0&0&1&0&0&0&0&0&0\\0&0&0&1&0&0&0&0&0\\0&0&0&0&0&0&1&0&0\end{bmatrix}\tag{9-38}$$

根据故障区域判断原则 1):

$f_{2,2}=1$, $f_{2,6}=1$, $f_{6,6}=0$, $f_{2,8}=1$, $f_{8,8}=0$, 则故障区域为开关节点 2 和开关节点 6 之间或者开关节点 2 和开关节点 8 之间,对应到系统结构图则为节点 7 和节点 8 之间,或者节点 7 和节点 5 之间。

(2) 两相相间故障。线路 line6 上在距离节点 4 端 100 m 处设置 AB 相两相相间

故障 $F2$，故障发生在 $t = 0.5$ s 时刻。如图 9－11 所示，根据故障电流方向与网络正方向一致原则，可以得到 $d_{22} = d_{88} = 1$，从而对矩阵 $\boldsymbol{D}$ 进行修正得到故障描述矩阵 $\boldsymbol{F}$ 为

$$\boldsymbol{F} = \begin{bmatrix} 0 & 0 & 0 & 0 & 0 & 0 & 0 & 0 & 0 \\ 0 & 1 & 0 & 0 & 0 & 1 & 0 & 1 & 0 \\ 0 & 0 & 0 & 0 & 0 & 0 & 0 & 0 & 0 \\ 1 & 0 & 0 & 0 & 1 & 0 & 0 & 0 & 0 \\ 0 & 0 & 0 & 0 & 0 & 0 & 0 & 0 & 1 \\ 0 & 0 & 0 & 0 & 0 & 0 & 0 & 0 & 0 \\ 0 & 0 & 1 & 0 & 0 & 0 & 0 & 0 & 0 \\ 0 & 0 & 0 & 1 & 0 & 0 & 0 & 1 & 0 \\ 0 & 0 & 0 & 0 & 0 & 0 & 1 & 0 & 0 \end{bmatrix} \tag{9-39}$$

根据故障区域判断原则 1)：

$f_{8,8} = 1$，$f_{8,4} = 1$，$f_{4,4} = 0$，则故障区域为开关节点 4 和开关节点 8 之间。

（3）三相故障。线路 line1 上在距离节点 6 端 100 m 处设置三相故障 $F3$，故障发生在 $t = 0.5$ s 时刻。如图 9－11 所示，根据故障电流方向与网络正方向一致原则，可以得到 $d_{33} = 1$，从而对矩阵 $\boldsymbol{D}$ 进行修正得到故障描述矩阵 $\boldsymbol{F}$ 为

$$\boldsymbol{F} = \begin{bmatrix} 0 & 0 & 0 & 0 & 0 & 0 & 0 & 0 & 0 \\ 0 & 0 & 0 & 0 & 0 & 1 & 0 & 1 & 0 \\ 0 & 0 & 1 & 0 & 0 & 0 & 0 & 0 & 0 \\ 1 & 0 & 0 & 0 & 1 & 0 & 0 & 0 & 0 \\ 0 & 0 & 0 & 0 & 0 & 0 & 0 & 0 & 1 \\ 0 & 0 & 0 & 0 & 0 & 0 & 0 & 0 & 0 \\ 0 & 0 & 1 & 0 & 0 & 0 & 0 & 0 & 0 \\ 0 & 0 & 0 & 1 & 0 & 0 & 0 & 0 & 0 \\ 0 & 0 & 0 & 0 & 0 & 0 & 1 & 0 & 1 \end{bmatrix} \tag{9-40}$$

根据故障区域判断原则 1)：

$f_{9,9} = 1$，且 $f_{9,7} = 1$、$f_{7,7} = 1$，则故障区域为开关节点 7 和开关节点 9 之间。对应到系统结构图，判断故障区域为节点 6 与节点 9 之间。

9.4.2　线路故障精确定位方法

对如图 9－10 所示 9 节点船舶综合电力系统线路图进行仿真，仿真系统采样频率为 1 kHz，两个采样时刻相差 1 ms，均值滤波数据窗为 1/4 周波时长，则数据处

理周期共为 7 ms。

（1）故障类型

（a）单相接地故障

在线路 line4 上距离节点 7 端 100 m 处设置 A 相线路接地故障 $F1$，过渡电阻为 1 Ω，故障发生在 t = 0. 5 s 时刻。由式（9－21）及判断原则知，故障发生在节点 5 和节点 7 之间。将节点 7 标记为 M 端，节点 5 标记为 N 端（后文 M 和 N 泛指区域层定位方法确认的故障节点）。

单相接地故障后，M 端和 N 端的电压情况和电流情况如图 9－12 和图 9－13 所示。

由于是 A 相的单相接地故障，因此会产生零序分量，如图 9－14 所示，为 M 端和 N 端的零序电流的情况。

利用之前的理论分析，可以进行故障相阻抗的测量计算，其阻抗测量结果如图 9－15 所示，作出 M 端故障距离曲线如图 9－16 所示。

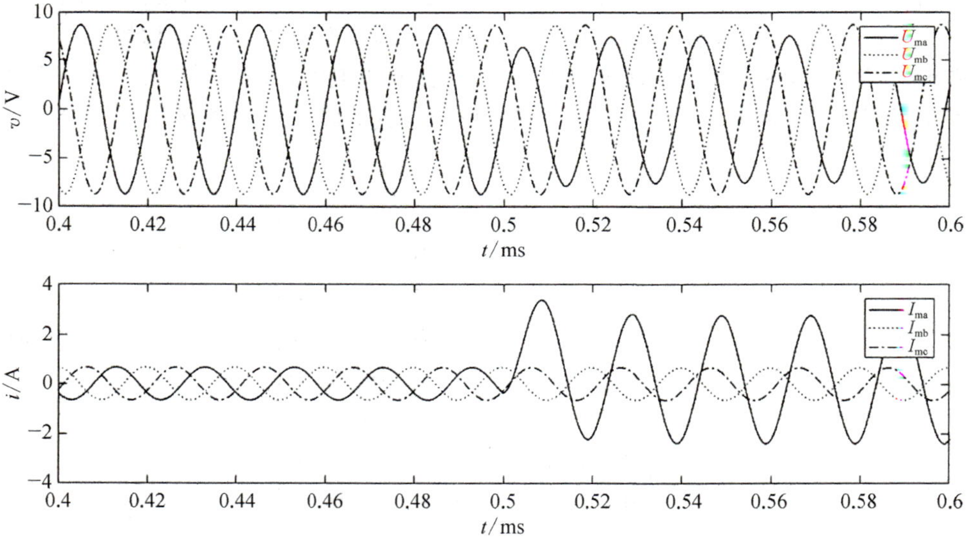

图 9－12　M 端电压和电流

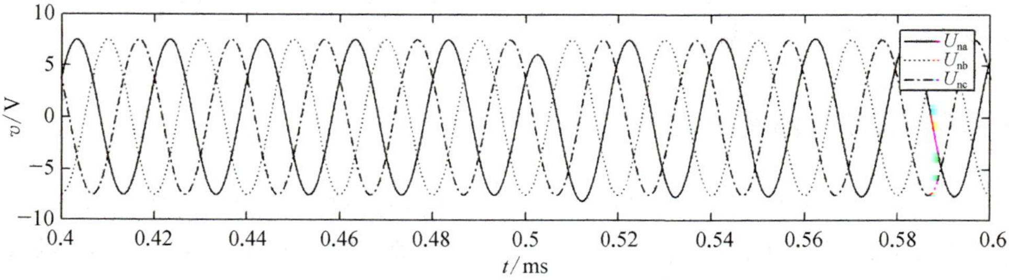

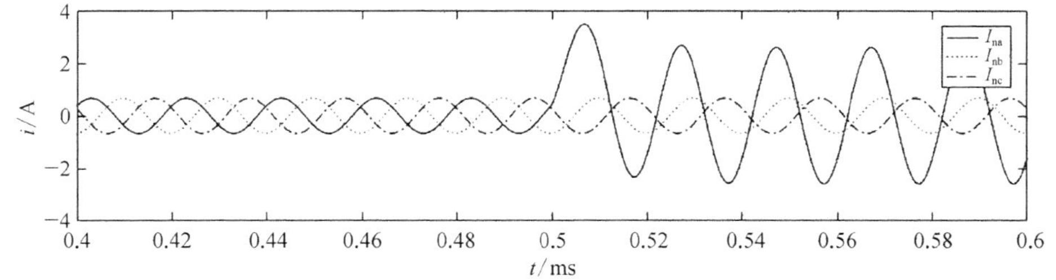

图 9－13　N 端电压和电流

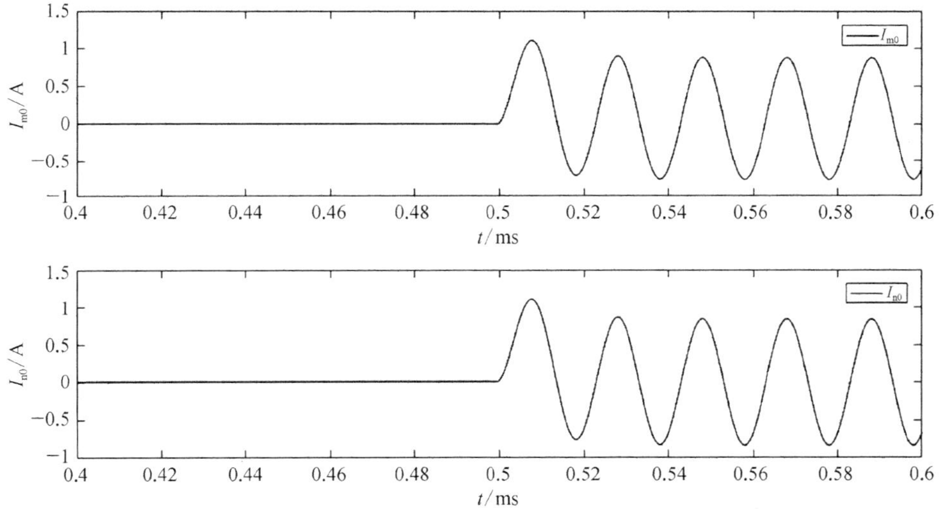

图 9－14　M 端和 N 端零序电流波形

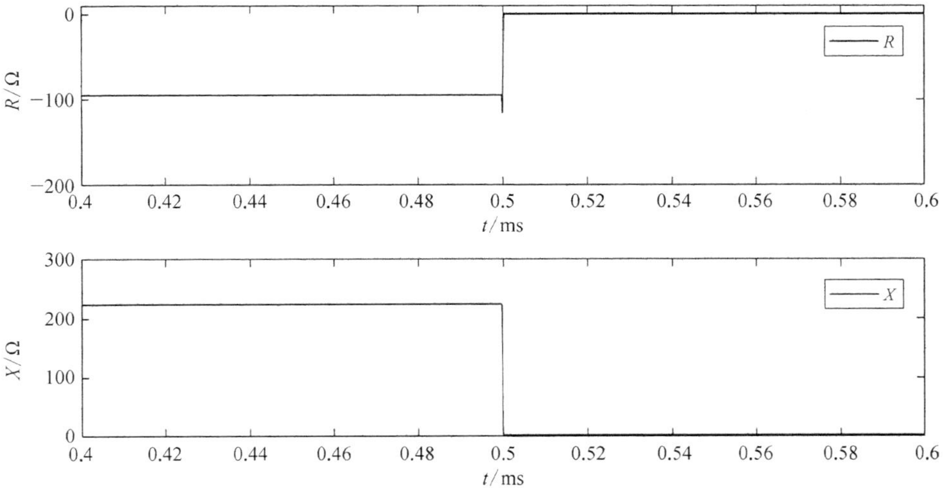

图 9－15　M 端测量阻抗变化

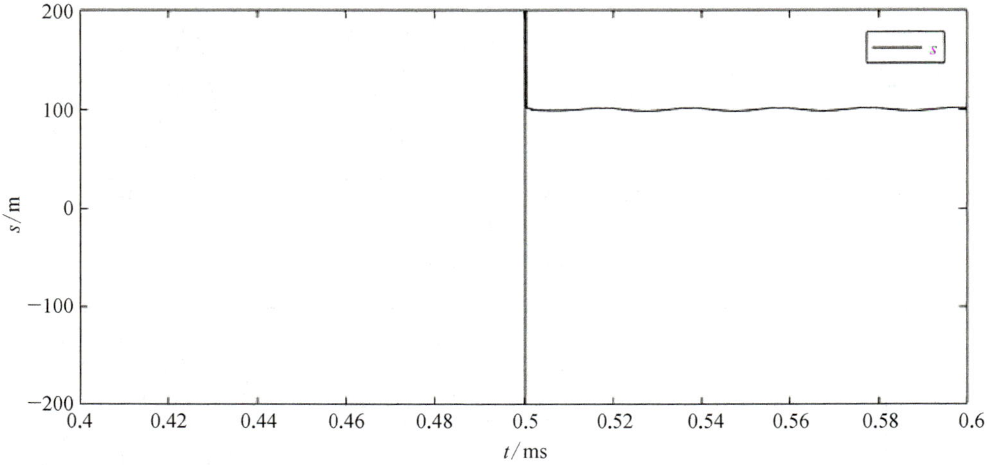

图 9－16　M 端测量故障距离

（b）相间故障

暂态仿真时间设置为在 0.5 s 开始发生 AB 相故障，过渡电阻设置为 1 Ω。1 s 时故障结束。

单相接地故障后，M 端和 N 端的电压情况和电流情况如图 9－17 和图 9－18 所示。

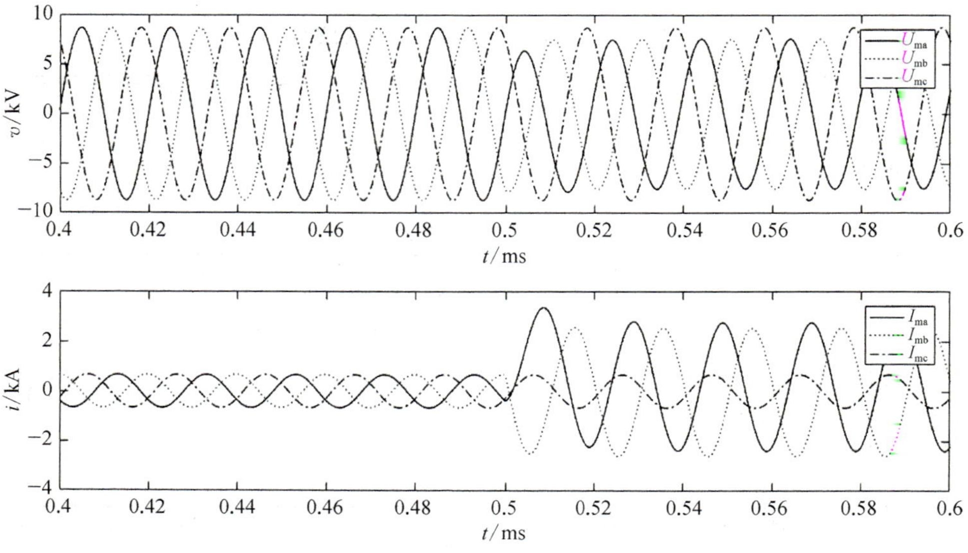

图 9－17　M 端电压和电流

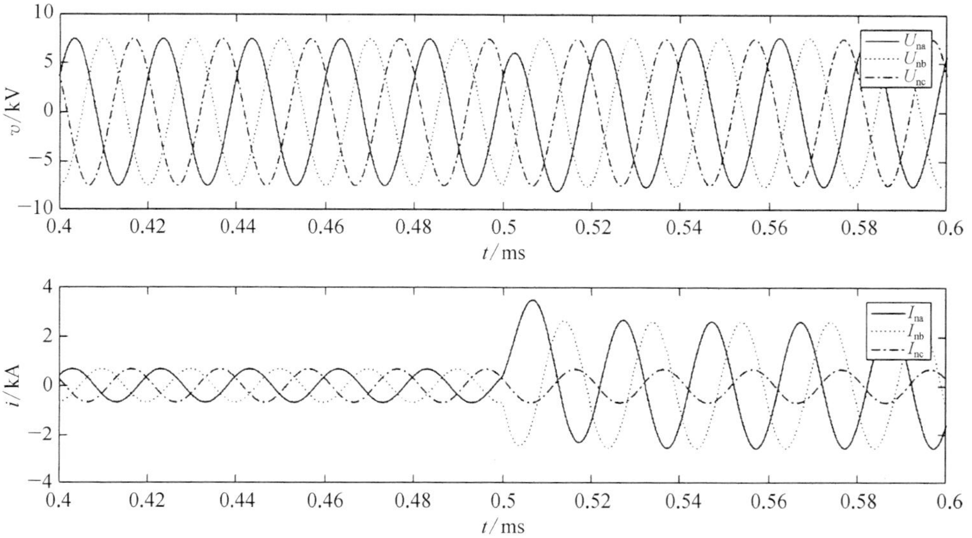

图 9－18　N 端电压和电流

利用之前的理论分析,可以进行故障相阻抗的测量计算,其阻抗测量结果如图 9－19 所示,作出 M 端故障距离曲线如图 9－20 所示。

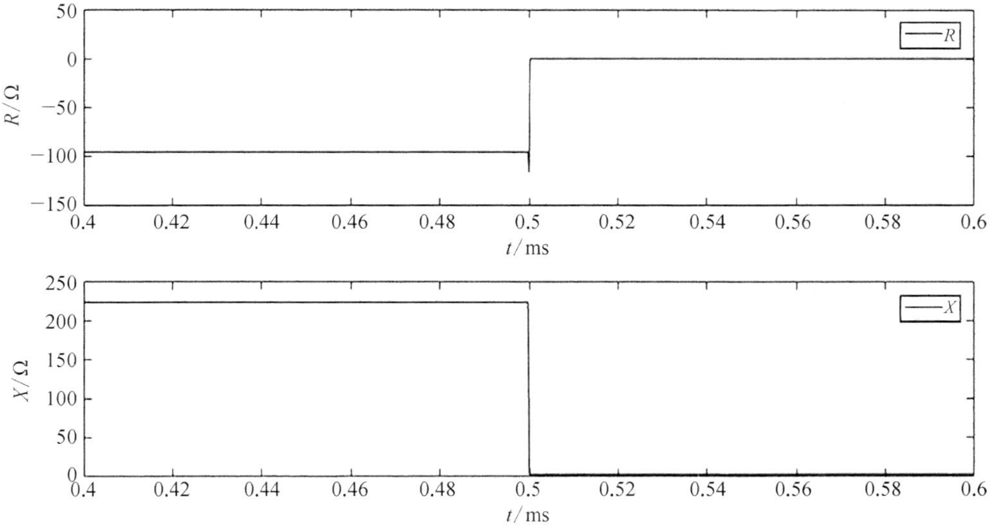

图 9－19　M 端测量阻抗变化

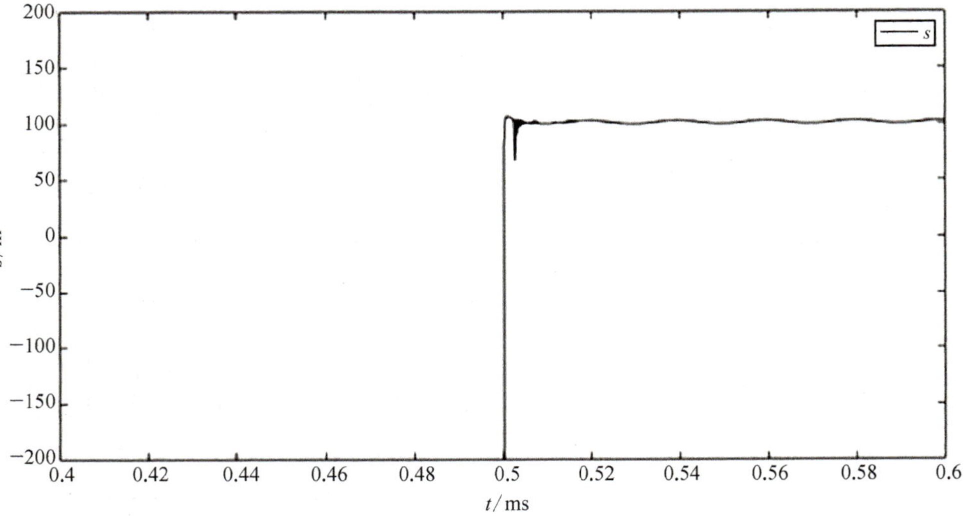

图 9-20　M 端测量故障距离

(c) 三相故障

暂态仿真时间设置为在 0.5 s 开始发生三相金属性故障。1 s 时故障结束。

单相接地故障后，M 端和 N 端的电压情况和电流情况如图 9-21 和图 9-22 所示。

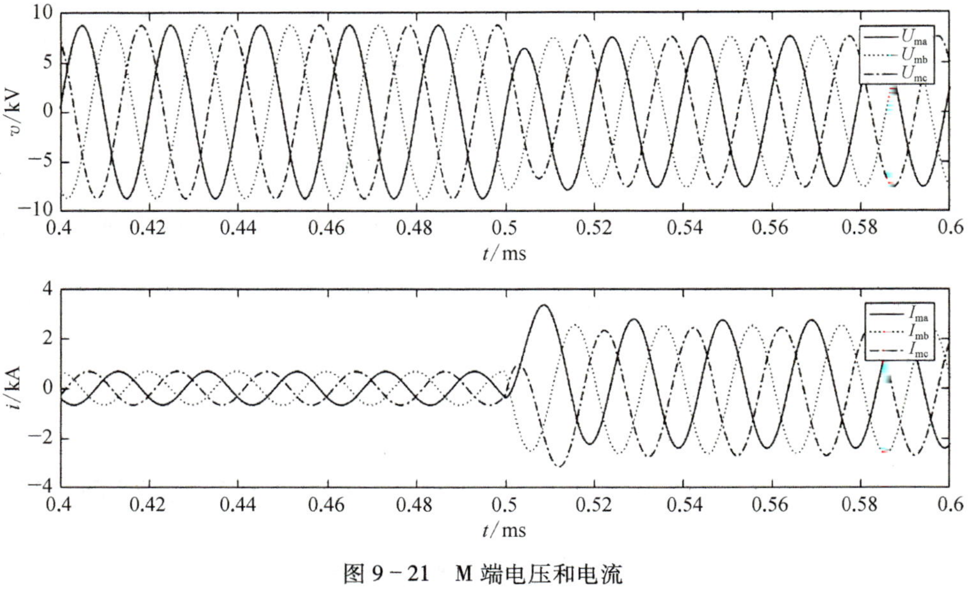

图 9-21　M 端电压和电流

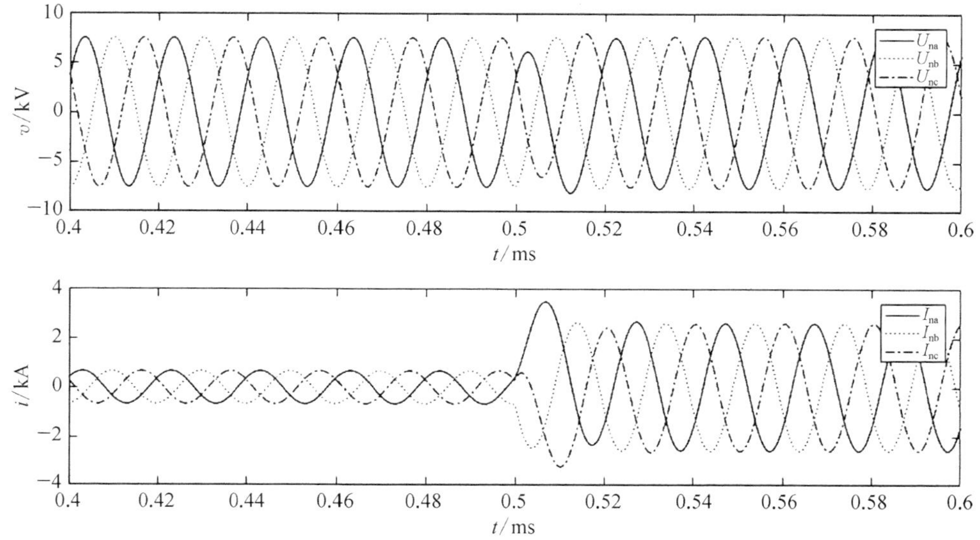

图 9－22　N 端电压和电流

利用之前的理论分析,可以进行故障相阻抗的测量计算,其阻抗测量结果如图 9－23 所示,作出 M 端故障距离曲线如图 9－24 所示。

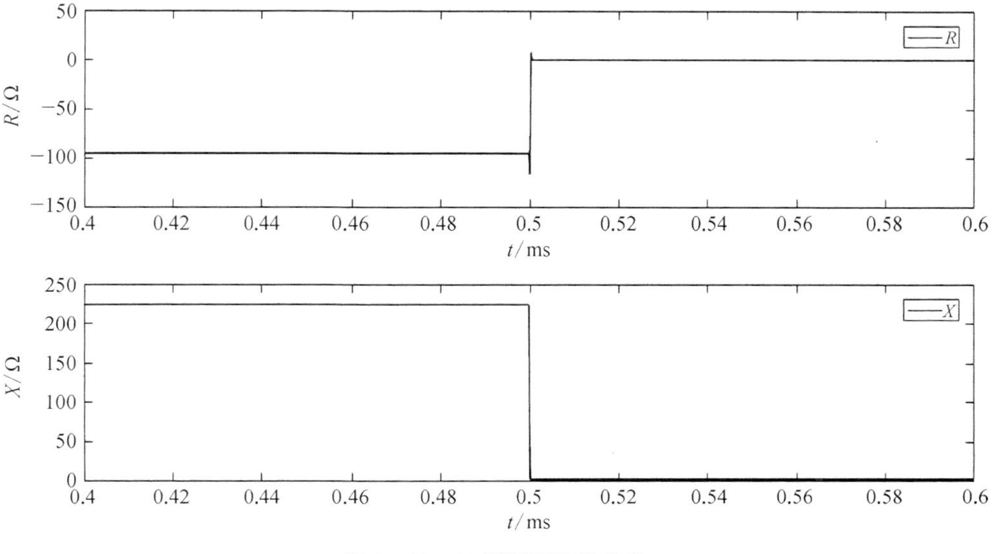

图 9－23　M 端测量阻抗变化

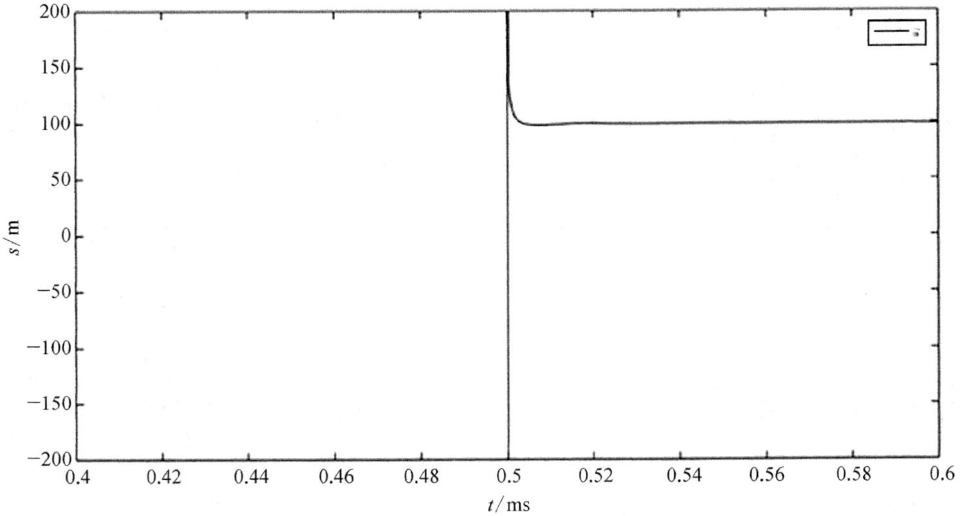

图 9 − 24　M 端测量故障距离

（2）故障位置

利用之前的理论分析，在过渡电阻为 1 Ω 的前提下，以三相故障为研究，在不同故障距离下，对算法进行验证，得到故障距离在 50 m、100 m 和 150 m 处的故障距离图像如图 9 − 25、图 9 − 26、图 9 − 27。

（a）距离 M 端 50 m 处

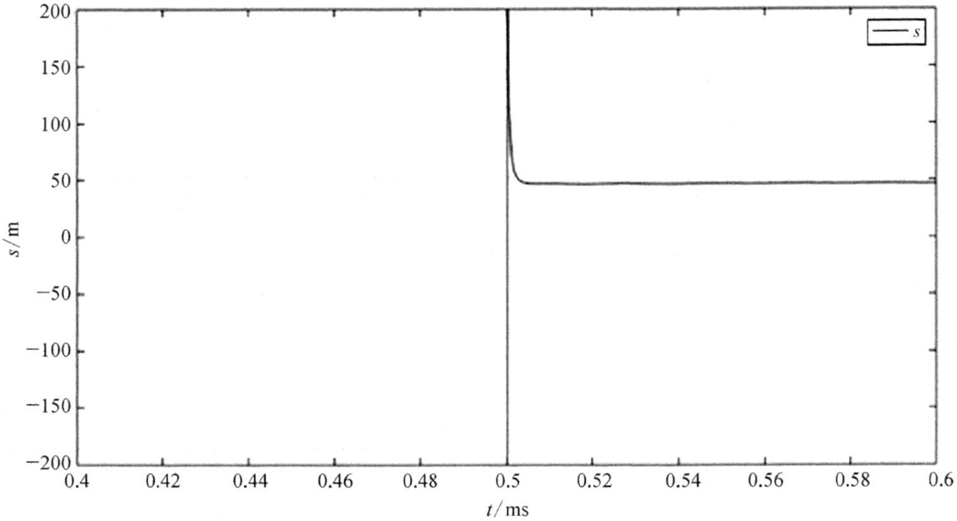

图 9 − 25　M 端测量故障距离

(b) 距离 M 端 100 m 处

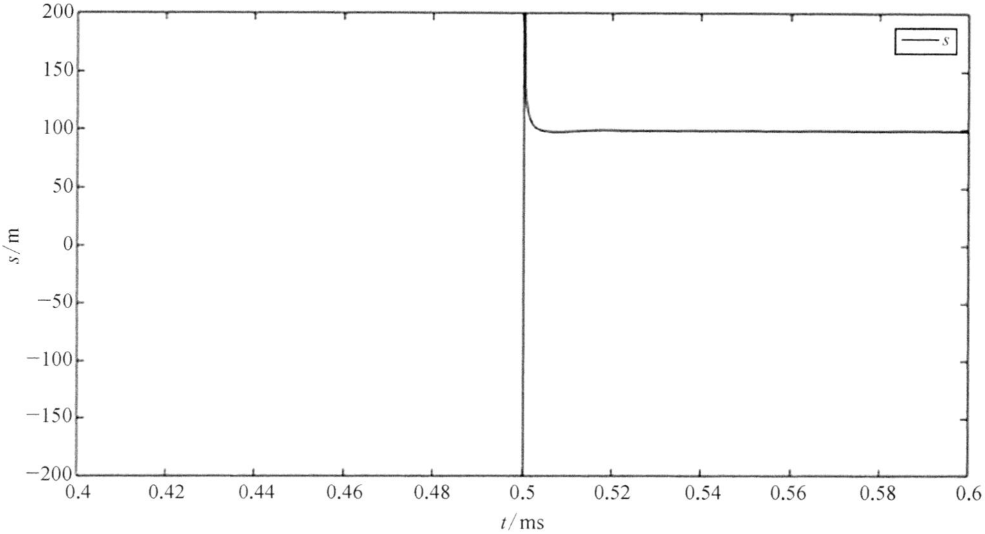

图 9 - 26　M 端测量故障距离

(c) 距离 M 端 150 m 处

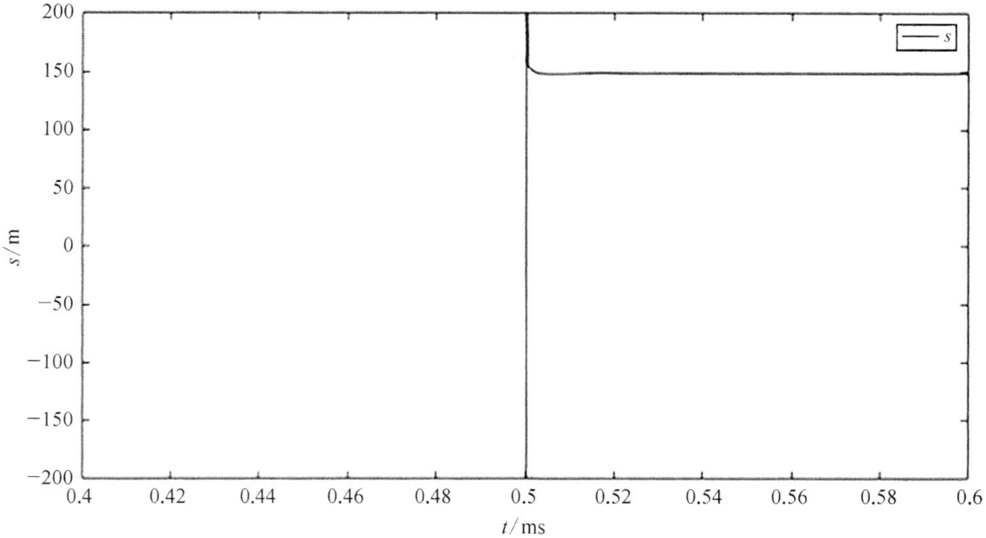

图 9 - 27　M 端测量故障距离

(3) 过渡电阻

利用之前的理论分析,在故障距离为 100 m 的情况下,以 A 相接地故障为研究,在不同过渡电阻下,对算法进行验证,得到故障距离图像如图 9－28、图 9－29、图 9－30。

1) 金属性故障。

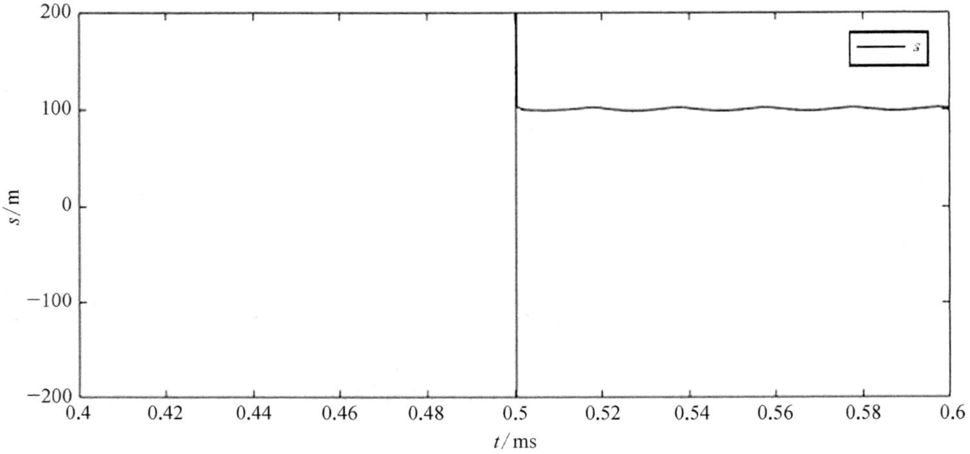

图 9－28　M 端测量故障距离

2) 过渡电阻为 1 Ω。

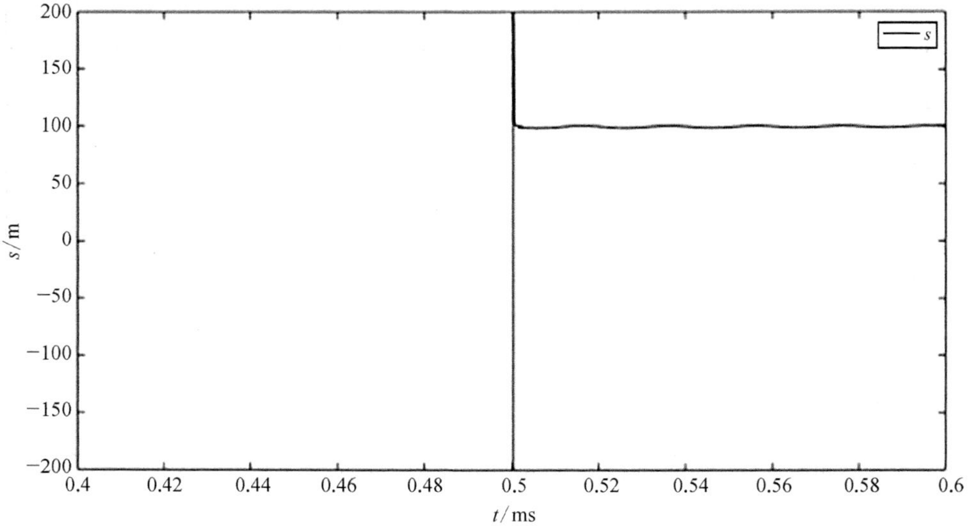

图 9－29　M 端测量故障距离

3）过渡电阻为 10 Ω。

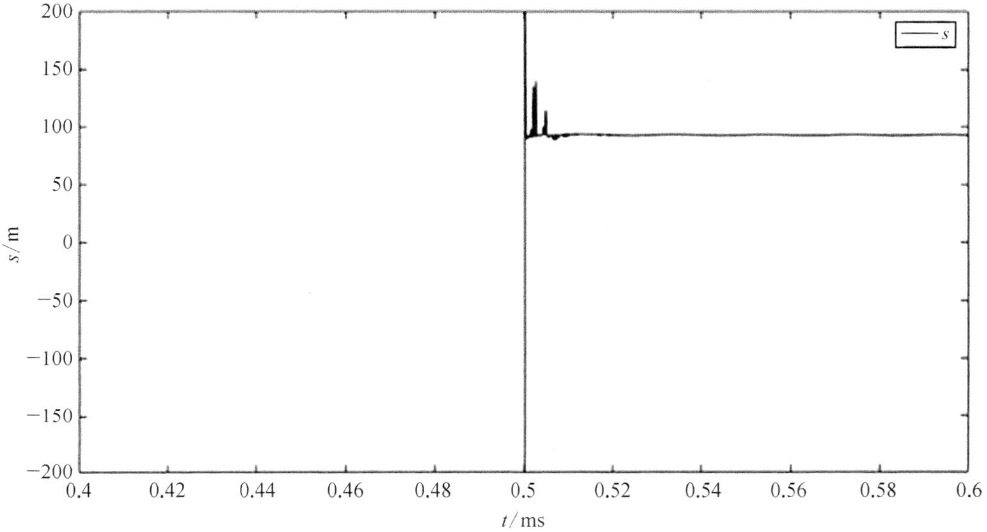

图 9－30　M 端测量故障距离

在线路不同位置、不同过渡电阻下设置 A 相接地故障，考察故障分层定位方法的可靠性。故障条件和仿真结果如表 9－1 所示，其中 R_g 为过渡电阻，s 为运用改进方法得到的最终故障距离结果。误差计算采用公式：

$$E\% = \frac{s - s_{real}}{s_{real}} \times 100\% \tag{9-41}$$

其中，s 为线路故障距离结果；s_{real} 为故障距离实际值。

表 9－1　不同故障条件下故障仿真结果

类　型	s_{real}/m	R_g/Ω	测量结果 s/m	$E\%$
接地故障	50	0	49.460	1.08
		10	48.568	2.86
		50	47.802	4.40
	100	0	992.23	0.78
		10	983.06	1.69
		50	958.58	4.14
	150	0	149.257	0.50
		10	145.820	2.80
		50	143.667	4.22

从表 9 - 1 中可以看出,在仿真实验中,采样率不高,因而利用差分替代微分的方法具有误差,故障距离会受过渡电阻的影响。但是该故障分层定位方法能够满足测量误差在 5%以内,不受故障发生位置的影响,同时具有较强的抗过渡电阻能力,能够快速实现故障定位。

9.5 本 章 小 结

传统综合电力系统故障判断依赖于保护或开关信息,这种方法操作简单,但无法实现故障影响范围、属性、位置与严重程度的快速诊断,对于不断复杂的大容量高压综合电力系统不再适用。因此,本章建立融合数据模型与物理模型的故障“区域判别-设备辨别-属性识别-定位计算”分层递进诊断方法。利用综合电力系统多源数据,形成电气量时序随机矩阵,建立基于随机矩阵特征谱半径的故障诊断模型,利用故障前与故障时系统电气量相关性变化特征,预测并判别故障区域,确定故障影响范围;提出基于 Kalman 滤波的故障特征提取算法[11],建立供船舶综合电力系统核心设备故障特征库,形成基于特征比对的故障设备辨别方法,提出基于机端测量阻抗特征和 Elman 动态神经网络的发电机转子绕组短路在线识别方法[12];提出基于电压幅值比对的故障相识别方法,提出暂态方向检测和间歇性检测的系统高阻接地诊断识别方法,算法以希尔伯特变换的暂态功率方向来辨识发生接地故障电缆,同时可通过间歇性检测来判断间歇性接地故障;针对含变频旋转负载线路的综合电力系统。

参 考 文 献

[1] Tai N L. Techniques of applying wavelet transform into combined model for short-term load forecasting[J]. Electric Power Systems Research, 2006, 5: 524 - 533.

[2] Tai N L, Chen J J. Wavelet-based approach for HIF Detection of high voltage transmission line [J]. European Transactions on Electrical Power, 2008, 18(1): 79 - 92.

[3] 邰能灵,侯志俭,李涛,等. 基于小波分析的电力系统短期负荷预测方法[J]. 中国电机工程学报,2003,1: 46 - 51.

[4] 邰能灵,侯志俭. 小波模糊神经网络在电力系统短期负荷预测中的应用[J]. 中国电机工程学报,2004,1: 24 - 29.

[5] 党晓强,邰能灵,王海田,等. 基于机端测量阻抗特征和 Elman 动态神经网络的发电机转子绕组短路在线识别[J]. 电力自动化设备,2012,6: 23 - 26.

[6] 刘瑞麟,邰能灵,范春菊,等. 基于正序分量的多端输电线路精确故障定位研究[J]. 电网技术,2018,(9): 3033 - 3040.

[7] Xu F, Huang W T, Zhou L B, et al. An intermittent high-impedance fault identification method based on transient power direction detection and intermittency detection[R]. Chicago: 2017 IEEE Power & Energy Society General Meeting, 2017.

[8] Sinopoli B, Schenato L, Franceschetti M, et al. Kalman filtering with intermittent observations [J]. IEEE Transactions on Automatic Control, 2004, 1(9): 1453 - 1464.

[9] Wang J, Wang J, Li Y, et al. Techniques of applying wavelet de-noising into a combined model for short-term load forecasting[J]. International Journal of Electrical Power & Energy Systems, 2014, 62: 816 - 824.

[10] Amjady N, Keynia F. Short-term load forecasting of power systems by combination of wavelet transform and neuro-evolutionary algorithm[J]. Energy, 2009, 34(1): 46 - 57.

[11] Chen S L, Lien K Y, Chen S L, et al. Energy variance criterion and threshold tuning scheme for high impedance fault detection[J]. IEEE Transactions on Power Delivery, 1999, 14(3): 810 - 817.

[12] 丁坚勇,陈允平. 基于 ELMAN 神经网络的同步电机动态参数在线辨识[J]. 电网技术, 2002,26(4): 22 - 25.

第十章　总　　结

本书中相关研究内容共取得70余项核心知识产权，相关技术已成功应用于我国自主研发的12缆物探船、16缆物探船、981半潜式钻井平台、东方红3号、嘉庚号、雪龙2号无限海域综合科考船、26000 D甲板运输船、多功能海上特种作业船、大型集装箱船系列、多类型港口岸电等。

技术应用的经济效益达10亿余元，相关设备与系统应用至今仍运行稳定、性能良好，源网载在多种工况下达到最优运行，实现了系统运行的安全性、可靠性、稳定性与经济性。项目技术开发的应用一方面填补了我国海洋开发利用技术与装备的不足，保障了海洋经济的持续、稳定、快速发展；另一方面，完成了核心自主知识产权的布局，提高了我国高新技术船舶的国际竞争力与影响力，促进了船舶工业的优化转型，为我国步入世界造船强国行列夯实基础。

本书主要内容来源于国家科技重大专项"12缆深水物探船设计关键技术研究"、工信部高新技术船舶专项"大型液化天然气船工程开发-总体设计开发研究""极地重型破冰船关键技术研究"、科技部"海洋石油981半潜式钻井平台开发与应用"、教育部"'东方红3'深远海综合科学考察船电能质量与电磁兼容系统"，以及省、市人才计划合计2项。本书章节作为主要内容获2019年上海市科技进步一等奖。

10.1　本书内容总结

(1) 船舶综合电力系统数学模型与仿真

针对综合电力系统"电站-电网-负载"，抓取大型船舶电源、电网、负载的特征，建立了柴油机、发电机、多脉波整流、推进负载、普通负载等数学模型，可用于稳态计算与暂态分析；基于PSCAD/EMTDC仿真软件，建立了船舶综合电力系统源网载仿真模型，并利用实例，分析验证船舶综合电力系统数学模型与仿真模型，为系统控制与保护的研究提供基础。

(2) 船舶综合电力系统分级协调自主趋优控制

1) 开发的大功率全电推进系统变频装置与多工况自主优化控制技术解决了

电力推进负载启停、突加、突卸与波动对系统稳定运行的冲击，优化了推进系统功率与角速度暂态过渡过程，降低了推进负载对系统的干扰；在波动或冲击等扰动时实现系统动态优化供电，解决了已有控制方法响应速度慢、调节不经济等问题。

2）电力推进系统通过采用多电平功率模块及调制方法，具备电压波动或跌落保护功能及推进功率突增平抑功能，系统输出的谐波含量低，配合电网侧的混合滤波器，系统谐波含量平均下降 12%，降低了对电网的谐波干扰。

3）多级协调自主趋优控制技术充分利用了船舶电力系统源网载的互补与调控能力，大大降低了负载突变、励磁涌流的冲击、谐波的影响，提升了系统在不同类型扰动下的稳定能力，实现了频率变化不超过 4%、电压波动不超过 6% 的技术水平，系统运行优化能力优于国内外同类型船舶。

（3）船舶综合电力系统故障保护与诊断

1）交流船舶综合电力系统的自适应保护方案，兼具主保护、后备保护与漏电流保护，能够最大化保护性能，有效提高不同运行状态下对船舶电网的保护能力，改善上下级保护的速动性、可靠性和稳定性，在故障时快速准确地切除故障，保证系统非故障部分的连续供电，提高船舶的安全可靠性。

2）直流综合电力系统高频功率保护方法，可有选择性的快速切除故障区段，极大限度地减少故障对船舶综合电力系统的危害，并可确保非故障区域能够安全稳定运行，尽可能地减少失电区域，可有效避免重要负载电网脱载，提高综合电力系统的动态稳定性。

3）故障分层递进诊断方法，提高系统故障检测、隔离与恢复的能力，一方面保障了推进设备、水下声学探测设备、科考实验室等重要负载的供电可靠性，另一方面提升了全船生存能力。

10.2 本书创新点总结

本书以大型船舶综合电力系统共性关键技术的研究、开发与应用为目标，充分考虑综合电力系统源网载的协调互补特性，建立船舶电站、电网、推进负载等数学模型与仿真模型，以此为基础，针对负载与电源变化、电网结构调整、系统谐波、励磁涌流等扰动，考虑扰动程度及其影响范围，建立源网载分级控制架构与协调自主趋优化控制技术；根据故障特征与系统运行特点，提出自适应保护与故障分层智能诊断方法，实现综合电力系统故障的快速诊断、隔离。其主要创新点归纳如下：

1）提出了负载自适应优化、供配电网电能质量动态优化与多源电站主动功率优化分级协调的船舶综合电力系统自主趋优控制体系与技术。

2）提出了多重自适应智能广域协调保护，建立了“区域判别-设备辨别-属性识别-定位计算”分层递进诊断方法。

10.3　技术应用成果

本书技术成果为大型船舶综合电力系统控制与保护提供了新的技术方案，包括自主趋优控制与故障保护及诊断，实现了综合电力系统源网载的协调互动，提升了大型船舶综合电力系统运行的可靠性、稳定性、安全性、经济性与灵活性。相关成果已成功应用于十余个船型，取得了巨大的经济收益与社会效益，具有非常广阔的应用前景。

多级协调自主趋优控制技术充分利用了船舶电力系统源网载的互补与调控能力，大大降低了负载突变、励磁涌流的冲击、谐波的影响，提升了系统在不同类型扰动下的稳定能力，实现了频率变化不超过4%、电压波动不超过6%的技术水平，系统运行优化能力优于国内外同类型船舶。船舶电网多层协调自适应保护原理与分层递进诊断方法实现对运行工况、故障类型、拓扑结构的多重自适应，提升了保护的整体性能，故障平均切除时间缩短至0.1 s以下，有效防止了大功率变频负载脱网，保障了船舶运行的可靠性与安全性；故障“区域判别-设备辨别-属性识别-定位计算”分层递进诊断方法实现故障影响范围、属性、位置与严重程度的快速诊断。

以本书共性关键技术为基础，进一步融合信息技术和人工智能等新技术，下一步重点推广应用至特大型船舶、特种船舶与智能船舶，配合工信部、交通部、国防科工局联合制定的《智能船舶发展行动计划》，为各类船舶提供智能的综合电力系统全套技术方案，实现船舶安全可靠、节能环保、经济高效运行。

10.4　展　　望

在经济全球化的大背景下，船舶的型号、吨位和数量不断增加，对电力系统的要求越来越高。信息、计算机、通信、网络、新能源、人工智能等技术的发展以及物联网、大数据、综合船桥系统和信息物理系统的应用，大大推进了船舶智能化的进程，绿色、安全、高效的智能综合电力系统技术是大型船舶发展的必然和需求。一方面，船舶综合电力系统的能量形式更加多样化，除传统的柴油发电机外，风、光等新能源也是船舶电力系统的能量来源，构建风、光、柴、储一体化的船舶综合电力系统，利用多种能源之间的耦合互补特性，可有效降低柴油发电机容量，提高系统能量利用效率，减少船舶温室气体排放，显著降低系统运行的成本，提高船舶全寿命周期的经济性。另一方面，以船舶信息化为基础，利用多元数据构建船舶电力大数据的智能应用，建立综合电力系统的运行感知、故障诊断、能效管控等技术，实现船舶综合电力系统智能化发展，最终可完成由智能系统设备逐步转变为会思考的智能船舶,促进船舶安全、高效航行。

长期以来,我国船舶电力系统的许多技术和装备仍处于跟随的地位,以本项目在综合电力系统的技术积累与储备为基础,借助当前新能源、人工智能的快速发展为契机,借鉴相关经验,重点突破可再生能源、人工智能与综合电力系统的融合,大力开展船舶智能综合电力系统技术研究,从顶层设计、关键技术、应用提升三个层面分步实施,逐步推进,必将实现我国船舶工业装备技术水平的整体飞跃和提升。